KB038874

응답할 수 없는 유토피아 2016

이 도서의 국립중앙도서관 출판예정도서목록(CIP)은 서지정보유통지원시스템 홈페이지(http://seoji.nl.go.kr)와 국가자료공동목록시스템(http://www.nl.go.kr/kolisnet)에서 이용하실 수 있습니다.
(CIP제어번호 : CIP2016028837)

2016 좋은 방송을 위한 시민의 비평상 수상집

응답할 수 없는 유토피아 2016

| 방송문화진흥회 엮음 |

한울

발간사

방송문화진흥회는 시청자들이 방송을 비판적으로 바라보고 분석함으로써 올바른 시청관을 가지는 데에 도움이 되고자 '좋은 방송을 위한 시민의 비평상'을 제정했습니다.

올해로 19회를 맞이한 '좋은 방송을 위한 시민의 비평상'은 시민 비평가들이 프로그램에 대한 비평과 시청자의 생각을 제작자에게 전달할 수 있도록 토대를 마련해주고 조금이나마 방송 발전에 도움을 주는 데에 그 의의가 있다고 생각합니다.

비평이란 프로그램을 탁상 위에 올려놓고 기획 의도부터 제작된 내용, 구성 형식, 편집에 이르기까지 프로그램의 요모조모를 관찰하고 평가하는 작업입니다. 좋은 점은 칭찬하고 부족한 점은 지적함과 동시에, 적절한 대안이 있다면 제시함으로써 더 좋은 프로그램이 될 수 있도록 채찍질하는 것입니다.

이번 응모작들에서 시청자들은 엔터테이너로서 방송의 역할도 중요시하지만, 우리가 당면한 각종 사회문제를 짚어주고 그 대안을 제시함으로써 많은 사람이 희망을 갖고 행복해질 수 있는 사회를 만드는 데에서 방송이 제 역할을 해주기를 기대하고 있었습니다.

그러나 응모작 중에는 자신만의 창의적인 분석이나 의견을 제시하기보다는 인터넷이나 SNS 등에서 돌고 있는 프로그램 내용 중심의 의견을 인용한 글도 있었습니다. 한층 더 깊이 있는 자신만의 창의적인 비평이 부족하다는 것이 아쉬웠습니다. 또한 일부 응모자들은 너무 어려운 용어를 사용해 프로그램을 분석했는데, 전문가의 어려운 비평보다는 일반 시청자가 프로그램을 시청하면서 느끼는 생각을 자신만의 언어로 쉽고 참신하게 서술한 비평에 상을 수여하는 것이 '좋은 방송을 위한 시민의 비평상'의 제정 취지를 살리는 것이라고 생각합니다.

수상집에는 심사위원들의 엄정한 심사를 거쳐 선정한 40편의 비평문을 수록했습니다. 이 수상집이 좀 더 건전한 방송비평 문화에 일조할 수 있기를 바라면서 수상하신 분들께는 축하의 말씀을, 응모해주신 분들께는 깊은 감사의 인사를 드립니다.

바쁜 일정 속에서도 응모작들을 꼼꼼히 살펴봐 주시고 좋은 작품을 선정해주신 유의선 심사위원장님과 심사위원님들, 공동 주최로 본 상을 알차게 만들어준 MBC 관계자분들과 수상집 발간에 도움을 준 한울엠플러스 관계자분들께도 깊이 감사드립니다.

좋은 방송 프로그램은 시청자들의 애정과 관심 속에서 탄생합니다.

앞으로도 시청자분들의 많은 참여와 격려를 바라면서 방송문화진흥회는 건전한 방송비평 문화가 뿌리내리고 제작자에게도 도움이 될 수 있도록 더욱더 노력하겠습니다. 감사합니다.

2016년 12월

방송문화진흥회 이사장 고영주

심사평

'제19회 좋은 방송을 위한 시민의 비평상'에 응모한 비평문을 정독하면서, 비평가의 전문적 식견을 서열화하는 심사 행위에 고통이 컸지만, 한편으론 시청률이란 잣대에 묻혀버린 많은 프로그램의 진정한 가치를 새삼 깨닫고 반추하는 기쁨을 누렸습니다.

프로그램 비평은 보석의 원석을 가공하는 세공의 과정과 같습니다. 깊은 땅속에서 오랜 기간 엄청난 열과 압력을 견뎌 탄생한 보석의 원석, 이러한 산고를 거친 원석의 가치는 태생적으로 결정됩니다만, 보석으로서의 가치는 세공의 과정을 거쳐 완성됩니다. 원석은 어떻게 절삭되고 연마되느냐에 따라, 그 본연의 아름다운 보석으로 변화되기도 하고 때론 가치 없는 광물로 남게 되기도 합니다.

프로그램도 비평을 통해 한층 더 주제와 의미가 정연하게 형상화되고 내재된 가치가 설득력 있게 드러나게 됩니다. 그런 만큼 비평가에게는 프로그램의 플롯을 비판적으로 읽어내는 안목과 새로운 시각을 찾아 관찰하려는 끊임없는 노력이 요구됩니다.

비평문은 주된 독자가 공감할 수 있도록, 발상과 비유에 억지스러운 면이 없이 최대한 객관적인 관점을 유지해야 합니다. 문장은 간결하면서도 명쾌해야 합니다.

그러기 위해서는, 개인의 지극히 주관적인 사색의 결과를 검증이나 여과 없이 타인에게 강요해선 안 됩니다. 참고문헌 내용을 장황하게 소개하거나, 낯선 단어를 모두가 잘 알고 있는 개념인 것처럼 곳곳에 사용하는 현학적인 태도 또한 지양해야 합니다.

이러한 관점에서, 응모작들이 읽는 이가 대체로 공감할 수 있도록 논리적 근거를 갖추고자 했는가, 문장 구성과 어휘는 적절했는가, 비판에만 그치지 않고 향후의 해결 대안까지도 고민했는가를 깊게 살펴봤습니다.

심사위원들의 논의를 거쳐, 「응답할 수 없는 유토피아 2016」을 최우수작으로 선정했습니다.

어찌 보면 흔한 이야기이지만, 늘 보던 것이 아닌 창의적인 시선으로 프로그램의 사회적·문화적 가치를 잘 드러냈습니다. tvN 드라마 <응답하라> 시리즈를 통해 시대사와 가족의 의미를 분석하는 과정에 거부감 없이 동조할 수 있었고 기승전결의 짜임새 있는 구성과 명쾌한 문장이 높은 평가를 받았습니다.

그리고 MBC <무한도전>을 소재로 한 「희망의 가치는 무한하다」 등 프로그램의 성과와 한계를 잘 특징짓고, 발전을 위한 대안도 적절히 제언한 4편의 작품을 우수작으로 뽑았습니다.

올해 응모작에서 가장 많이 다룬 프로그램은 드라마 <청춘시대>와 <디어 마이 프렌즈>였습니다. 드라마는 동시대의 규범과 가치, 사상을 반영하는 문화적 공론장의 역할을 수행하는 특성을 가지고 있다는 일반적 정의를 입증하듯, 시대의 화두인 성별 간·세대 간 문제를 다룬 작품들입니다.

반면에, 지역의 프로그램 비평과 지역의 시청자 참여는 예년과 마찬가지로 저조했습니다. 지역에도 국민 과반의 시청자가 있고, 각종 평가에서 좋은 프로그램으로 선정되거나 비판을 받은 많은 프로그램이 있습니다. 사회구조를 적확하게 통찰하고 '좋은 방송'을 구현하기 위해서는 지역 프로그램에 대한 비평도 활발히 이뤄져야 합니다.

수상하신 분들께 축하를 드립니다. 아울러 응모해주신 모든 분들께 박수를 아끼지 않습니다.

비평은 비판의 이면에 기대와 애정을 담고 있습니다. 응모작 한 편, 한 편에 프로그램의 질적 제고를 위한 치열한 고민과 열정이 담겨 있음을 느낄 수 있었습니다. 심사 결과로 이러한 소중한 과정이 결코 폄하될 수 없습니다. 다시 한번 각별한 감사와 격려의 뜻을 전합니다. 감사합니다.

2016년 12월

심사위원 일동

차례

가작

입선

최우수작

응답할 수 없는 유토피아 2016

tvN <응답하라 1988>을 통해 본 가족 드라마의 신화

윤나리

2012년 <응답하라 1997>(이명한 기획, 신원호 연출, 이우정 극본)이 방영된다. 일명 '빠순이'라고 불렸던 아이돌 팬덤을 둘러싼 하위문화와 1997년의 역동적 시기를 적절히 배합해낸 드라마는 tvN 드라마의 새로운 역사를 쓰게 된다. 다음 해 2013년, 지방 사람들의 상경기와 당시 붐을 이룬 농구대잔치를 다룬 <응답하라 1994>가 방영되면서 일명 <응답하라> 시리즈는 더욱 견고히 자신들의 신화를 구축해간다. 시리즈의 마지막일지도 모른다는 예측 속에 2015년 <응답하라 1988>이 방영된다. '쌍팔년도 쌍문동'이라는 운이 맞아떨어지는 드라마는 tvN 개국 이래 가장 높은 시청률을 기록한 드라마가 되었다. 최근 기사에 따르면 <응답하라 1997>의 배경이 되었던 아이돌 그룹 젝스키스가 재결합하여 콘서트 후 앨범까지 발매하며 그 시절의 인기를 재현하고 있다. 급변한다는 말로는 더 이상 설명이 불가능한 동시대 대중의 욕망을 그려내는 미디어의 재현은 어째서인지 점점 더 과거로 향하고 있다. <응답하라> 시리즈는 왜 계속해서 과거를 재현해내는 것일까? 우리는 과거에서 무엇을 보고자 하는 것일까?

가족 드라마의 신화화

"내 끝사랑은 가족입니다." <응답하라 1988>의 홍보 문구는 '가족'에 방점을 찍는다. <응답하라> 시리즈가 골몰했던 것 중 하나는 바로 그 시대를 얼마나 충실히 재현하는가였다. PC통신을 중심으로 팬픽 문화가 활발했던 1997년, <응답하라 1997>의 성시원(정은지 분)은 학업 성적은 뒤처지지만 자신이 쓴 팬픽이 유명해진 후 방송 작가로 취업하게 된다. <응답하라 1997>은 1997년이라는 시기에 등장한 문화적 텍스트들을 에피소드에 적절히 분배하여 사회적 산물로서 드라마의 위치를 재확인시켰다. 이후 <응답하라 1994>는 문화적 텍스트와 함께 정치적 사건과 같은 세대의 주요한 공감 포인트를 표현하는 것에 주력하며 번역이 따로 필요 없을 정도의 시대적 묘사를 완성시켰다. 그럼에도 불구하고 <응답하라 1997>과 <응답하라 1994>는 시리즈의 유효한 긴장으로서 '남편 찾기'의 과정 속에 역사적 표현들이 드라마 서사의 장식으로만 존재한다는 비판을 받곤 했다. <응답하라 1994>에서 다뤄진 IMF나 삼풍백화점 붕괴와 같은 국가적 단위의 비극적 사건들은 단순히 시대를 알려주는 서사의 배경으로만 등장할 뿐 주로 <응답하라> 시리즈가 주시하는 것은 그 안에서 일어나는 서민들의 일상이었다. <응답하라 1988>은 이 서민의 개념이 급진적으로 변화를 이루던 시기인 1988년으로 돌아간다. 극 중 정환(류준열 분)은 단칸방에서 살다 우연히 형 정봉(안재홍 분)이 산 복권이 당첨되어 계급 상승의 꿈을 이룬다. 정환이 학급비로 그 몇 배에 달하는 돈을 달라고 거짓말을 해도 정환의 엄마(라미란 분)는 전혀 개의치 않는다. 길거리 깡패에게 빼앗긴 6만 원 정도의 학급비는 정환의 지갑에서 충당되기도 한다. 하지만 정환의 집 아래 반지하에서 살고 있는 덕선(혜리 분)의 사정은 그에 비하면 상당히 열악한 수준이다. 게다가 선의를 강박적으로 베푸는 부친 때문에 필요 없는 물건들이 집 안을 채워가는 것은 일상다반사이고, '계란 후라이'를 모든 가족이 머릿수대로 먹기란 불가능한 상황이다. <응답하라> 시리즈가 다룬 다른 시기보다 더욱 과거로 간 시리즈의 세 번째, <응답하라 1988>은 이처럼 중산층이 본격적으로 생겨나고 빈부 격차가 발생하기 시작한 시기를 다루었다. 강력 범죄를 보도하는 뉴스로 시작한 3회의 타이틀은 "유전무죄, 무전유죄"로 경제적 격차로 인한 시대의 비극이 시작되었음을 알린다. 하지만 경제적 격차로 인한 갈등은 가족 내에서 소극적으로 서사화될 뿐, 시리즈 전체의 주요한 갈등으로 다뤄지지 않는다.

1997년의 아이돌 문화와 1994년의 국가적 사태에 비해 비교적 단순해 보이는 1988년이라는 시기는 '88올림픽'이라는 국가적 이벤트와 종로 일대의 학생운동으로 대표될 뿐 다른 시리즈에 비해 시대의 서사는 별다른 이점이 없어 보인다. 이에 응답이라도 하듯 제작진은 새 시리즈의 특징으로 '가족'을 부각시킨다. 가족의 보편적인 사랑을 전면적으로 내세우며 드라마는 초반(1~8화)의 분량에 1988년의 사건들을 재서사화해내고, 이후 분량에는 1994년까지의 변화들을 드라마 속 인물들을 중심으로 점진적으로 그려낸다. 왜 <응답하라 1988>은 가족 드라마로서 기획을 심화한 것일까. <응답하라 1988>이 만들어진 2015년은 이 시리즈가 만들어지던 어떤 시기보다도 더한 경제적 침체와 재난이 일상화된 시기였다. 청년 실업률은 언급하기도 민망할 정도로 개선될 여지가 보이지 않으며, 빈부 격차의 정도는 언제, 어디서나 체감이 가능할 정도로 일상화되어버렸다. 과거를 전유하면서도 동시대를 반추할 수 있는 상징으로서 <응답하라 1988>에서의 1988년은 현시대가 극복하고자 하는 해답을 신화화된 가족이라는 공동체 내에서 찾기를 요청한다. <응답하라 1994>가 하숙집이라는 자발적 공동체를 제시한 데 비해 <응답하라 1988>은 지리적 단위의 마을 공동체로 단위를 확장시킨다. 쌍문동 일대의 주택가는 저녁 무렵늘 함께 식사 준비를 하고, 식사를 위해 만든 음식을 서로 나누는 가장 기본적인 공동체이다. <응답하라 1988>은 현재 2016년의 세분화된 가족 단위들이 전유할 수 없는 이상적인 형태로서 가족 공동체를 지향한다. 각박한 시대에 사라진 '정(情)'과 이에 기초한 관계를 제시하는 미디어의 욕망은 현재의 부재와 결핍을 은유하는 것이다. <응답하라 1988>이 내세운 "끝사랑은 가족"이라는 말은 분화된 사회의 비극 속에서 그들을 연대하게 만들 수 있는 강력한 명제로서 시대를 진단하는 중요한 메타포로 기능한다. <응답하라> 시리즈가 지향하는 것은 과거의 노스탤지어로 현재를 상상하는 것이다. 그렇다면 미디어의 재현에서 과거가 상상하게 하는 것은 무엇일까. 노스탤지어가 봉합해야 하는 현재의 사회란 무엇일까. 이 글은 현재의 트라우마를 진단하는 과거의 노스탤지어가 현재와 과거를 어떻게 잇는지를 살펴보는 기회가 될 것이다.

'지금 - 여기'와 '미래 - 없음'

동시대의 대중은 직접 경험하지 못한 것들을 미디어를 통해 경험하게 된다. 이를 테면, 1988년을 기억하지 못하는 1980년대 후반에 태어난

세대는 그들이 기억하는 최초의 시대적 풍경과 유사점을 찾으며 미디어를 통해 가공된 1988년의 노스탤지어를 향유한다. 최초로 기억하는 텔레비전 프로그램, 어린 시절 사진첩에서 찾은 일상의 풍경과 <응답하라 1988>의 이미지는 비교 가능한 재현으로 존재하는 것이다. 하지만 <응답하라> 시리즈가 늘 과거를 지향하며 과거로 세대의 감각을 전이시키는 것만은 아니다. <응답하라> 시리즈는 과거가 경유하지 못하는 현재의 감성을 돌출시키게 된다. 과거의 경험은 트라우마적 현재를 드러내는 기호로 활용되는 셈인데, 가령 삼 남매 중 중간에 낀 덕선은 학교에서도 999등으로 거의 꼴찌 신세를 면하지 못하고 있다. 이처럼 '낙오된' 덕선은 88올림픽 개막식에서 '피켓 걸' 역할을 따낸다. 마다가스카르의 피켓 걸로 오랜 연습을 해왔지만, 정치적 이해관계로 마다가스카르가 올림픽 참가를 보이콧하게 되면서 덕선은 다시 한번 실패의 순간을 맞이한다. 영문도 모른 채 뉴스 인터뷰에서 이 사실을 알고 눈물을 흘리는 덕선은 당시 국가적 이벤트로서 올림픽이라는 시대적 재현보다는 '인정받고 싶은' 딸로서의 눈물을 강조하게 된다. 덕선의 인정 욕구는 동시대의 청년세대의 실패와도 상응한다. <응답하라 1988>의 노스탤지어는 현 사회에 잠식된 트라우마를 봉합하기 위해 사용된다. 과거라는 공간 속에 재서사화되는 사건들은 과거가 지시하는 맥락과는 다른 방향으로 현재의 문제와 사태를 드러내는 것이다.

그렇다면 <응답하라 1988>에 내재되어 있는 현재의 트라우마란 무엇일까. <응답하라> 시리즈를 필두로 최근의 대중문화의 경향은 약속이라도 한 듯 모두 과거를 향해 있다. <토토즐(토요일! 토요일은 즐거워)>은 MBC 대표 예능 <무한도전>의 "토토가(토요일! 토요일은 가수다)"로 변주되고, 이를 시작으로 1990년대를 주름잡은 가수들을 소환해낸다. JTBC의

<서칭 포 슈가맨>은 한 뮤지션의 신화적 일대기를 그린 다큐멘터리의 동명 타이틀로 과거, 주로 1980~1990년대에 신화처럼 등장했던 가수들의 자취를 다시 찾아내 인기를 끈 프로그램이었다. '밤과 음악사이'라는 추억의 노래들을 틀어주는 클럽은 이미 유행의 시기를 충분히 보냈다. 문화의 역동적 자장과 함께 동시대의 미디어는 '지금-여기'라는 지표를 나타내기 위해 과거를 대체시킨다. 즉, 과거 자체가 아닌, '과거를 그리워함/추억함'이 '지금-여기'의 감성을 상징하게 되는 것이다. 흥미로운 것은 '지금-여기'가 지시하는 현재의 '부재'가 <응답하라 1988>을 역설적인 방식으로 드러내고 있다는 점이다. 과거로 새겨진 동시대의 문화는 단순히 과거를 불러오는 것에 그치지 않고, 과거와 현재가 어떤 연결고리로 서로를 지탱하고 있는지를 보여주는 것이다.

'지금-여기'의 부재는 드라마 마지막, 덕선의 가족이 향하는 판교의 상징성을 '미래-없음'이라는 이에 부응하는 기호로 그려낸다. 2016년 현재, 대형 백화점이 들어서고, 고층 아파트들로 즐비한 판교는 부유한 도시적 상징을 가지고 있다. 현재의 판교가 소구되는 방식은 복잡하지 않고 간단하다. 하지만 1988년, 즉 판교라는 상징이 결정되기 전의 세대가 상상하는 판교는 마치 복권처럼 어떻게 될지 모르는 상황에 걸어보는 승부수와도 같다. 판교는 말마따나 1등짜리 복권과도 같다. "어디로 가시나요?"라는 이삿짐센터 직원의 말에 성동일은 잔뜩 설렌 표정으로 "판교, 판교로 가요"라고 대답한다. 이에 이삿짐센터 직원은 "농사지으러 가시나 봐요"라 응수하고 성동일은 허탈한 표정을 짓는다. 하지만 드라마를 보는 대중은 단박에 알아차릴 것이다. 퇴직금을 모두 털어 개발 이전의 공간인 판교로 가는 덕선의 가족은 결국엔 해피엔딩을 맞이할 것이다. 하지만 <응답하라 1988>에 새겨진 판교는 전혀 다른 방식으로 현재를 드러내게

된다. 현재 미디어의 재현을 통해 이해하는 판교는 현시대의 비극을 풀어 나갈 하나의 돌파구와도 같다. 이미 희망이 예정되어 있는 최적의 답안지로서 1988년의 판교는 현재 2016년에 기능하게 되는 것이다. 다시 말해, '유토피아'로서의 미래를 상징하는 판교를 과거 속에서 불러냄은 현재에는 판교와 같은 희망적 미래가 전혀 없음을 역설적으로 드러내는 셈이다. 판교는 이미 자리 잡은 현재에, 과거라는 미디어의 공간에서 '미래 - 없음'으로 기능하며, 이는 결국 '지금 - 여기'의 부재를 설명해줄 실마리가 된다. 동시대는 이상적으로 완료되지 않은 괄호의 공간으로서 판교를 요청한다. 판교의 미래는 <응답하라 1988>에서 확정된 것이 아닌, '미래 - 없음'이라는 부정적 기호를 동반하지만, '없음'은 아직 일어나지 않음과 동의어로서 언젠가 희망의 서사로 귀결될 동시대의 욕망을 발화시키는 것이다.

'가족 드라마'로서의 시대사

<응답하라 1988>은 다른 시리즈처럼 1988년을 복원해내는 미디어의 욕망에 충실한 작품이다. 지금은 거의 사라진 음악 재생 기기 '마이마이'의 전성시대, "내 귀에 도청장치가 있다"는 시대를 호명하는 가시적인 요소들이 활용된다. 당대를 풍미했던 텔레비전의 광고와 뉴스로 보도되는 사건들. 하지만 이런 요소들이 단순히 1988년을 가공하는 기호로서만 재현되는 것은 아니다.

<응답하라 1988>은 시대사의 단면을 가족 드라마로서 통과시킨다. 서울대 수학교육과에 재학 중인 보라(류혜영 분)는 뉴스로 보도될 만큼 학생운동에 적극적이다. 성동일은 퇴근길에 학생운동의 발생지인 종로를 지나다 우연히 경찰을 피한 학생을 보게 되고, 그에게 용돈을 건네기도

한다. 하지만 성보라에게만은 용인할 수 없다는 태도로 일관한다. 그는 자신이 근무하는 은행에 월차를 내고 성보라가 학생운동을 하지 않게 감시한다. 세대 간의 갈등으로도 확대된 이 관계가 해소되는 지점은 드라마의 횡단을 지켜보는 시선의 주요한 기점이 된다. 성보라를 검거하려는 경찰들이 성보라를 포위할 때 성보라의 모친(이일화 분)은 "내 딸은 이 동네에서 제일 똑똑한 학생"이라며 성보라가 그럴 리 없다고 경찰을 저지한다. 이때 성보라는 비를 맞아 피로 번진 이일화의 발가락 상처를 보게 된다. 그 순간 이일화는 성보라에게 부끄러우면서도 미안한 모순적인 대상임과 동시에 학생운동을 중심으로 발생한 가족 간의 갈등을 일축하는 전화의 지점으로 작용하게 된다. 시대적 비극의 일면이자, 세대의 갈등으로 확대된 학생운동은 철저하게 가족 드라마 내에서 소구되는 것이다.

가족 드라마로서의 신화화는 특정 인물에 이입하는 방식에도 영향을 미친다. 쌍문동 골목길의 최택(박보검 분)은 다른 인물들과 달리 정규 교육을 받지 않는 천재 바둑 기사이다. 그는 6화 "첫눈이 온다구요"에서 불가능해 보일 것 같은 대국을 승리로 이끄는 장본인이다. 노을(최성원 분)의 말에 따르자면 '대통령보다 더한 대접'을 받는 최택은 국제 대회에서 5연승이라는 신화적 우승을 거두게 된다. 뉴스에 나온 최택은 동네 친구들에게 일명 '등신'으로 불리는 인물이지만, 그 동네를 벗어난 사람들에게는 국가적으로 영웅 취급을 받는 인물이다. 최택의 승리는 시대가 욕망하는 성취의 아이콘으로 기능하게 된다. 드라마는 최택의 천재성을 비범한 측면으로서 다루는 데 주력한다. 이는 '금수저'론에 따른 동시대의 청년세대들이 노력만으로는 얻을 수 없는, 절대로 실현시킬 수 없는 성취와 성공의 이데아로서 존재하는 것이다. 하지만 최택의 서사가 귀결되는 지점 또한 가족 드라마에서 크게 벗어나지 않는다. 최택이 신화적 승리를 성취해낸 후, 최택의 부친(최무성 분)은 한 기자와 인터뷰를 하게 된다. 하지만 아들의 생시, 태몽을 기억하지 못하게 되고 그는 자책하며 자신의 처지를 비관한다. 최택의 존재는 불가능해 보이는 시대의 승리를 끌어내는 절대적인 성취의 기호이지만, 결국에는 가족 드라마의 테두리에서 가족의 사랑을 재확인시켜주는 인물로 기능하는 것이다.

성보라와 최택은 시대를 횡단하는 사건으로서 1988년을 은유하지만, 그들의 경험은 가족이라는 이상적 공동체의 구성원으로서만 귀결된다. 불온한 현시대의 난관을 극복하는 기제로서 <응답하라 1988>의 인물들은 공동체의 이상과 신화화를 통해 새롭게 2016년을 호명하는 것이다.

"모든 것은 기어코 지나가 버린다"

"모든 것은 기어코 지나가 버린다, 청춘이 아름다운 이유는 그 때문일 것이다." 덕선의 내레이션은 카메라가 응시하는 모두가 떠난 공허한 쌍문동의 풍경과 함께 흘러나온다. <응답하라 1988>은 언제나 과거를 과거 그 자체로 전달하기보다는 과거를 살아간 '우리'라는 대상을 강조한다. 몇 번이고 리메이크된 산울림의 '청춘'이 <응답하라 1988> 시대의 음악을 자처하고, 2016년의 덕선과 최택은 쌍문동의 추억을 이야기한다. 불온한 동시대의 비극은 과거라는 이상적인 공간을 욕망하지만 '유토피아'라는 말은 존재할 수 없는 것의 동의어라는 비극을 안고 있는 단어가 아니던가. 연대 불가능한 동시대의 비극은 가족이라는 절대적 이상을 지지하며 과거의 신화를 복원해내려 하지만, 부름에 응답할 시대의 빈곤은 과연 온전히 메꿔질 수 있을까. 응답을 요청하지만, 응답할 수 없는 것은 과거가 아닌 '현재'라는 아이러니는 미디어가 재현하는 동시대를 수놓은 노스탤지어의 존재를 탐구하게 만든다.

하지만 응답의 여부는 중요하지 않다. 응답을 요구하는 시대의 정서를 희망적으로 읽을 수 있기 때문이다. <응답하라 1988>은 시리즈 중에서도 가장 적확한 방식으로 현재의 불안을 드러낸다. 시리즈의 기본 포맷인 남편을 찾아가는 과정만큼이나 중요한 것은 드라마 속의 시대가 동시대의 어떤 필요에 의해 그려지고 있는가이다. <응답하라 1988>뿐만 아니라, <응답하라> 시리즈의 기본 포맷 '남편 찾기'는 드라마 전체를 소비하게 만드는 중요한 장치 중 하나이다. 드러나진 않았지만, 언제나 극을 활보하는 '남편'을 발견해내는 것. 어쩌면 이처럼 동시대가 욕망하는 미래는 유사한 형태로 우리 주변에서 이미 온기를 더하고 있는 것은 아닐까. "모든 것은 기어코 지나가 버린다." 이 말은 '모든 것은 우리와 함께 했음을, 혹은 하고 있음'을 의미하는 것일지도 모른다.

우수작

희망의 가치는 무한하다

MBC <무한도전> "무한상사"

손정은

발터 벤야민(Walter Benjamin)은 그의 저서 『기술적 복제시대의 예술작품』에서 '아우라 상실의 시대'를 애도했다. 그림을 대신해 사진이 등장하고, 영화가 등장하면서 복제품이 늘어나고, 결국 원본만이 가질 수 있는 예술적인 분위기, 즉 '아우라'가 붕괴되었다는 것이다. 아우라 상실의 시대에 대중은 원본의 고유성을 인지하지 못한다.

10년 넘게 지속되어온 MBC <무한도전>에 '아우라 상실의 시대'를 접목해본다. <무한도전>만이 가졌던 리얼 버라이어티라는 참신한 포맷은 이제 흔한 포맷이 되었다. <무한도전> 이후로 <1박 2일>과 <런닝맨>을 비롯한 수많은 리얼 버라이어티 프로그램이 쏟아졌다. 수많은 복제품 속에서 <무한도전>만이 가질 수 있었던 아우라는 사라진 시대다.

그러나 여전히 <무한도전>의 정체성을 담아내고 있는 <무한도전>

만의 이야기가 있다. “무한상사”다. <무한도전>의 한 코너로 시작했던 역할극이 “무한상사” 특집으로 이어졌다. <무한도전>이 수많은 미션에 도전하고 성공과 실패를 반복하는 동안, “무한상사”는 수차례에 걸쳐 방영되고 있다. 어느새 “무한상사”는 <무한도전>의 대표적인 에피소드로 자리매김했다. 리얼 버라이어티라는 아우라는 사라졌을지언정, “무한상사”는 그 누구도 쉽게 흉내 낼 수 없는 <무한도전>만의 아우라다.

<무한도전>과 “무한상사”의 사이

콘셉트는 명확하다. 무한그룹의 계열사 무한상사. 직급에 따라 서열이 결정되는 피라미드 형태의 조직, 위계질서와 생존경쟁이 당연한 ‘회사’라는 공간이다. “무한상사”는 이 위계질서 속에서 일어나는 일상과 부조리를 웃음의 소재로 차용한다. 이를 위해 부각되는 것은 각각의 캐릭터다. 일 잘하지만 깐깐한 유부장, 만년 차장 박차장, 눈치 없는 정과장, 야심 많은 하사원까지, 주위에서 쉽게 찾아볼 수 있을 것만 같은 회사원들이다.

<무한도전>의 역할극이지만, <무한도전>과는 명확히 구별된다. 유부장은 “내가 유재석인 줄 알아? 난 유부장이야!”라고 외치며 부하 직원을 외면한다. 정대리는 TV에 출연한 연예인 정형돈을 보며 연민의 감정을 느낀다. 새로운 캐릭터를 설정하는 방식으로 “무한상사”는 그만의 세계관을 공고히 구축한다. 이 덕분에 <무한도전>에서는 크게 느껴졌던 노홍철, 길, 정형돈의 빈자리가 “무한상사”에서는 ‘정리해고’라는 한마디로 설명된다. 새로 들어온 황광희 인턴, 양세형 과장 역시 회사의 새로운 사원일 뿐이다. 시청자 역시 “무한상사”에서 <무한도전>의 역할을 요구하지 않는다. 평소 조율의 역할을 하는 유재석이 잔소리를 일삼는 유부장

이 되어도, 뺀뺀한 박명수가 굽실거리는 박차장이 되어도, 시청자들은 이상하게 여기지 않는다. <무한도전>과 "무한상사"의 캐릭터가 다르다는 사실을 인지하고 있기 때문이다.

물론 <무한도전>과 "무한상사"의 경계가 허물어지는 순간도 존재한다. 지나친 애드리브에 유부장은 "이건 받아줄 수 없지"라며 면박을 준다. <무한도전> 내의 역할이 잠깐 등장하는 순간이다. 정형돈은 "무한상사"에서 캐릭터를 만들어달라며 떼를 쓴다. "무한상사"에 몰입했다면 나올 수 없는 장면이다. 멤버들이 <무한도전>과 "무한상사" 사이를 넘나들며 "무한상사"의 콩트를 완성하는 과정이다.

"2016 무한상사 - 위기의 회사원"은 이러한 점을 영리하게 이용한다. "2016 무한상사 - 위기의 회사원"이라는 프로젝트를 완성하기 위한 과정은 <무한도전>의 콘텐츠다. <무한도전>의 멤버가 "무한상사" 촬영을 위해 오디션을 보고, 배역을 정하는 장면은 <무한도전> 멤버들의 몫이다. 반면, 완성된 프로젝트는 "무한상사"의 독립된 에피소드다. <무한도전>의 멤버들은 전혀 개입하지 않고, "무한상사"의 세계관을 존중한다. 제작진은 <무한도전>과 "무한상사"의 경계가 명확히 구분된 순간, 경계가 허물어진 순간을 효율적으로 이용한다. 경계의 무너짐은 시청자의 웃음을 유발하는 장치이기도 하고, 캐릭터 설정을 더욱 강화하는 장치이기도 하다. 시청자가 <무한도전>과 "무한상사"를 더욱 즐길 수 있도록 "무한상사"가 차지하는 비율을 조율한다.

예능과 드라마 사이

회사의 사람들이 연달아 죽는다. 유부장은 의문의 쫓김을 당하다 결국 교통사고로 의식을 잃는다. 이에 의문을 품은 영업3팀의 사원들이 죽음의 비밀을 풀기 위해 나선다. 언뜻 스릴러 영화처럼 보이는 이 줄거리가 “2016 무한상사 - 위기의 회사원”의 내용이다. 기존의 “무한상사”가 멤버들의 애드리브로 이루어진 역할극이었다면, “2016 무한상사 - 위기의 회사원”은 철저하게 각본을 짠 드라마다. 제작 과정도 다르지 않다. 영화감독이 연출을 맡았고, 드라마 작가가 각본을 집필했다. 쟁쟁한 배우들이 카메오로 등장했다. 진지한 멤버들의 연기까지 더해져 기존의 콩트가 정극 한 편으로 구성되었다. 오랜 기간 동안 콩트의 캐릭터를 차근차근 구축해온 “무한상사”만이 시도할 수 있는 예능과 드라마의 콜라보다.

<무한도전>의 고민이 시작되는 지점이다. 예능이라는 장르에 스릴러는 너무나 이질적이다. 자칫, <무한도전>의 장르적 특성이 사라질 수 있다. 그리고 “무한상사”는 이를 정확하게 캐치해낸다. 자칫 드라마와 예능 사이에서 균형을 잃을 수 있는 지점에서, <무한도전>의 해결책은 웃음이다. 드라마의 전개에 예능적인 요소를 배치한다. 카메오 이제훈은 ‘무전기가 고장 났다’며 드라마 <시그널>을 패러디하고, 영화 <곡성>의 배우 김환희도 갑자기 등장해 “뭣이 중헌디!”라는 명대사를 선보인다. 진지함 속에서도 시청자의 웃음을 유발시키는 요소다. 그래서 “2016 무한상사 - 위기의 회사원”에서 나타나는 멤버들의 어색한 연기는 큰 흠이 아니다. “무한상사”의 역할은 웃음이지 진지함이 아니기 때문이다. 어설픈 개연성도 큰 문제가 아니다. 권전무가 왜 하필 김과장에게 전화를 했는지 의문이 남고, 간호사를 어떻게 매수했는지 알 수 없다. 그러나 예능이기에 허용되는 범위다. 예능과 드라마의 콜라보가 이루어지는 순간, “무한상사”는 시청자의 웃음을 택한다.

예능과 현실 사이

“삶은 가까이서 보면 비극이지만, 멀리서 보면 희극이다.” 찰리 채플린의 코미디가 지금까지도 회자될 수 있는 이유다. 그의 코미디에는 사회적 풍자가 투영되었다. 마냥 즐겁지만은 않은 웃음이 담겨 있었다. 희극과 비극 사이에서 줄타기를 하며 사람들의 웃음을 유발했다.

“무한상사” 또한 예능과 현실 사이에서 아슬아슬한 줄타기를 반복한다. 무한상사라는 회사의 모습은 지극히 평범한 우리들의 일상이다. 실적 압박에 스트레스를 받고, 서열에서 자유로울 수 없는 회사원의 현실을 희극의 소재로 사용한다. 스펙 경쟁에서 패배한 하사원은 승진을 하지 못한다. 구조조정으로 정과장이 해고된다. 그렇지만 슬픈 현실 속에서도 예능의 본분인 ‘웃음’은 잊지 않는다. 과장된 연기와 슬랩스틱으로 웃음을 이끌어낸다. 하사원은 열등감을 적나라하게 드러내는 개그 캐릭터로 활약한다. 해고 이후 사업가로 성공한 정준하의 결말은 꿈이다. 비극적인 요소가 해학으로 전환되는 지점이다. 그래서 “무한상사”를 통해 얻는 웃음은 마냥 즐거운 웃음이 될 수 없다. 가혹한 현실의 투영이기 때문이다.

“2016 무한상사 – 위기의 회사원”에서 권전무는 그의 죄를 김과장에게 덮어씌우려 한다. 회사원들의 잇따른 죽음 또한 권전무의 계략이다. 회사의 ‘갑질’이다. 사회의 정의보다 개인의 영달에 목맬 수밖에 없는 비정한 현실이기도 하다. 현실과 예능 사이, 줄타기를 하던 “무한상사”가 이번에는 ‘희망’을 이야기한다. 수많은 유혹 속에서도 유부장과 하사원은 가치 있는 인간이기를 택한다. ‘쪽팔리게 사는 것보다 바보처럼 사는 게 낫다’고 토닥인다. 수년간 예능과 현실 사이에서 줄타기해온 “무한상사”의 메시지이기도 하다. 아직은 인간적인 회사가 옳고, 아직은 바보처럼 사는 게 가치 있다는 것, 희망이 아직은 건재하다고 이야기하는 것 또한 예능의 본분일 테다.

<무한도전>이라는 이름의 무게

어느덧 500회를 넘겼다. 여러 가지 사정으로 멤버들은 교체되었다. 전성기의 시청률은 반 토막이 났고, 매주 <무한도전> 위기론이 흘러나온다. 그래서 지금 시점에서 "무한상사"는 재미 이상의 의미를 가진다. "무한상사"의 시작은 '야유회'였지만 지금은 실적 경쟁에 시달리는 회사원의 모습으로 변모했다. 여섯 명만의 무한상사가 어느새 무한그룹이라는 대기업의 소속이 되었다. <무한도전>의 성장과 함께 "무한상사"도 변했다. 실적을 올리라며 잔소리하는 유부장의 모습은 시청률을 가지고 타박하는 시청자의 모습과 다르지 않다. 쟁쟁한 배우들을 섭외하고 PPL이 삽입되는 장면 또한 이제 더 이상 여섯 명만의 <무한도전>이 아님을 시사한다. 제작진도, 출연진도 <무한도전>의 무게가 버거워질 시간이다.

그럼에도 "무한상사"는 희망을 이야기한다. 회사라는 현실을 마주하는 동시에, 이를 극복하는 것 또한 서로의 인간성임을 이야기한다. "2016 무한상사 - 위기의 회사원"에 등장한 정형돈은 "부장님, 힘내세요. 지금은 고통스럽고 힘겨워도 이겨내셔야 됩니다. 그리고 빨리 회복하셔서 다 같이 웃으면서 꼭, 꼭 다시 만나요"라고 위로한다. <무한도전>을 향해 던지는 메시지이자, 모두를 위한 응원이다.

10년 넘게 이어온 <무한도전>과 시청자의 유대감은 변하지 않았다. 화제성은 여전히 1위를 달리고, 대한민국을 대표하는 TV 프로그램이라는 데에는 이견이 없다. 시청자의 전폭적이니 지지가 있었기에 "무한상사"도 그 자리를 꾸준히 지킬 수 있었다. "무한상사"가 희망을 말하는 한, <무한도전> 또한 희망의 가치를 품을 수 있다. <무한도전>이라는 이름의 무게는 시청자에게도 결코 가볍지 않다. 이 무게를 함께 나눌 수 있는 공고한 팬덤이 있다는 것만으로도, <무한도전>의 가치는 무한하다.

우수작

'셰어', 고통과 희망의 경제학

김은하

청년 여자의 이야기

19세기 말 영국의 소설가 토마스 하디(Thomas Hardy)는 『비운의 주드』에서 청년 주드의 삶을 '꿈꿀 권리도 없는 젊음'이라고 한 바 있다. 석공인 주드는 젊지만 그의 삶은 가난과 희망의 부재로 훼손되어 있다. 그는 결국 현실의 개선책을 찾지 못한 채 스스로 자기 생을 몰수한다. 이렇듯 '짧고 억눌린 젊음'은 젊음에게 주어진 특권, 즉 자율적인 자기 형성의 시간을 빼앗긴 노동계급의 어두운 현실을 반영한 것이었다. 그런데 더 이상 꿈꾸지 않는/못하는 젊은이의 존재는 오늘날의 새로운 주제가 되었다. 오래전 노동계급에게 주어진 멍에는 이제 21세기 평범한 젊은이들 대다수에게 지워졌기 때문이다. 젊다는 것은 더 이상 '청춘, 얼마나 아름다운 이름인가'라는 감탄의 대상이 되지 못한다.

얼마 전 JTBC에서 방영한 <청춘시대>는 환한 빛의 정오인 양 환하고 밝기는커녕 저물녘의 어둠처럼 쓸쓸하고 불안한 청년들의 삶을 이야기한다. 특히 이 작품은 젊고 아름답기 때문에 관음의 대상이 되어온 여자 청년들에 대해 이야기한다. 그간 청춘의 성별(gender)은 남성으로 규정되어 왔기 때문에 청년기 여성에 대한 사회의 관심은 상대적으로 크지 않았다. 젊은 여성에 대한 사회적 무관심이 유도된 데 방송문화의 영향력도 없지 않다. 특히 드라마는 젊은 여성들이 주요 관객층임에도 여성들을 시각적 쾌락의 대상으로 삼고, 가부장적인 사회가 권장하는 성 역할이나 규범적 여성성을 문화적으로 이상화해왔다. 청춘 여자의 갈등과 방황은 연애 갈등으로 환원되고, 실장님이나 재벌 같은 재력을 가진 남자와의 결혼을 통해 해결될 수 있는 듯한 착각마저 유발했다. 이는 사회가 청년 여자들과 공감하는 데에 실패해왔음을 뜻한다.

트라우마 세대의 청춘기

언뜻 보면 <청춘시대>는 진부해 보인다. 아름다운 셰어하우스와 젊고 예쁘기까지 한 여대생들의 동거기는 이 작품을 소프트한 청춘물로 짐작하게 한다. 그러나 드라마가 전개될수록 이 작품이 그저 어느 시대에나 볼 수 있는 명랑한 활기가 넘치는 장르물이 아님을 알게 된다. 서로의 맨 얼굴을 보게 됨에 따라 낯선 이들이 서로 친구가 되는 것과 마찬가지로 이 드라마는 관객에게 청년 여자가 아름다운 얼굴 뒷면에 감추어둔 불안과 두려움, 죄책감과 모멸감을 마주하게 한다. 이러한 맥락에서 드라마의 배경인 '셰어하우스'가 중요한 의미를 갖는다. 셰어하우스란, 최근 이동이 보편화되고, 신자유주의 경제 불안에 따라 개인의 경제적 부담이 가중되면서 등장한 청년층의 도시형 대안 주거의 모델이다. 그러나 이 드라마에서 셰어하우스는 단지 새로운 주거의 형식에 머물지 않는다. 이야기가 전개되면서 여러 명의 동거인은 갈등과 불화를 넘어 서로에 대한 깊은 이해에 도달하고, 서로에게 기대어 성장을 시작하기 때문이다. 관객 역시 무방비 상태로 청년 여자의 이야기를 그저 들여다보다가 어느새 이들이 남 같지 않게 여겨지는 낯설지만 따뜻한 경험을 하게 된다.

신자유주의 시대의 불안한 경제 상황은 우리 모두를 생존의 전장으로 내몰면서 내면을 강퍅하게 만들고 있다. 생존이 최고의 정언명령이 되어버린 세상에서 우정이나 공감 같은 도덕 감정들은 무겁고 화려해 걸리적거리기만 하는 장신구처럼 여겨지기도 한다. 사실 인간은 타인과 함께하는 사회적 존재라는 점에서 '홀로주의' 문화는 이상적인 것으로 추앙되어서는 안 된다. 최근 문화적 유행을 주도하는 '혼술', '혼밥' 등 '홀로주의' 문화는 그간 한국인들이 개인성, 개인주의를 인정받지 못하고 집단 속에서 자기를 감추어야 했던 데 따른 자유의 표현임이 분명하다. 그러나 '저녁이 없는 삶'이나 결혼, 취업, 아이, 친구마저 포기한다는 '사포 세대' 같은 신조어들이 암시하듯 우리 시대가 타인과 함께 무언가를 같이한다는 것이 가능하지 않은 상황이라는 점이 혼자 문화가 탄생한 진짜 이유이다. 친구가 없는 삶은 덜 좋을 뿐이지만 생존 안전망을 확보하지 못해 서울역 노숙자로 전락하는 것은 최악이기 때문이다. '혼자'는 경제 불안의 시대에 개인이 상처받지 않기 위해 불가피하게 받아들일 수밖에 없는 강요된 선택인 것이다.

그러나 인간은 타인에게 의존하지 않으면 자기로 설 수조차 없기에 인간은 본질적으로 타자 지향적이다. 우리가 고독하고 이기적인 혼자임을 면하기 위해서는 타인을 관찰하고 이해하는 과정이 필요하다. 타인의 불행에 대해 느끼는 공감은 그 불행의 크고 작음에 의해서가 아니라 그것을 겪고 있는 사람에게 기울인 감정에 의해 측정된다는 말이 있다. 이는 그저 타인의 고통이 비참하다고 해서 타인의 고통 밖에 있는 사람이 타인을 이해하게 되는 것이 아니라, 타인의 상처에 충분히 마음을 기울여 자신의 것으로 느껴야 한다는 것을 뜻한다. 이 작품은 작중인물들의 내면에 자리한 트라우마를 중심으로 이야기를 풀어감으로써 인물에 대한 관객의 공감을 유도하고 있어 주목된다.

비록 낮은 시청률에도 불구하고 이 작품의 사회적 파급효과가 높았던 것은 공감형 스토리텔링과 이에 화답하는 충성도 높은 시청자 집단이 있었기 때문이다. 시청자의 마음을 사로잡은 것은 단지 젊고 아름다운 배우나 연애 서사가 아니라 작중인물 다섯 명의 내면의 상처이다. 청춘들의 마음을 사로잡고 있는 어떤 트라우마들은 표피적인 사건 너머로 인물의 삶에 깊이 있게 다다가게 만들었다. 이러한 판단을 뒷받침하는 것이 신발장 귀신 모티브이다. 신발장 귀신은 젊은 여성들의 마음속을 점령해 있는 죄책감과 불안을 표상화한 문학적 의장이라고 할 수 있다. 제작진은 마루 밑 어둠을 응시하듯 다섯 여자의 마음속에 숨겨진 비밀들을 하나씩 풀어가는 플롯으로 관객이 그녀들의 삶을 그저 구경하는 것을 멈추고 그녀들의 삶 속으로 침투하게 만든다.

각각의 인물이 안고 있는 비밀은 매우 개인적인 것처럼 보인다. 그러나 이들은 트라우마 세대라는 공통점이 있으며, 그중에서도 강이나의 이야기는 상징적이다. 강이나는 고등학교 시절에 배 사고가 난 후 겨우 구조되어 살아 돌아온 생존자이다. 그러나 그녀는 살아남은 자, 구조된 자임에도 불구하고 감사하기보다 오히려 삶과 자기를 방치한다. 그녀는 돈 많은 남자들과 원나잇 섹스를 즐기고 그 대가로 경제적 원조를 받으며, 명품을 소비하는 식으로 인생의 소중한 기회와 가능성을 버린다. 그러나 이러한 삶의 방식은 매우 위악적인 것이다. 왜냐하면 그것은 그녀가 물속 어떤 소녀의 손을 뿌리친 후 자신만 살아온 데 따른 죄책감의 표현이기 때문이다. 이른바 '된장녀'인 강이나는 희소 재화를 통해 타인에게 인정받기를 원하는 과시적 속물이 아니라, 자기 혼자 살고자 남의 생명을 외면한 스스로에 대한 재판관으로서 자기 식대로 스스로를 벌주어온 것이다.

이러한 경험은 극히 개인적인 것일 수도 있지만, 1990년대 이후 성수대교 붕괴, 삼풍백화점 붕괴, 최근의 세월호 참사 같은 재난 사고들이 한국인과 젊은 세대의 마음에 남긴 상흔의 의미를 암시하는 것으로도 해석할 수 있다. 기성세대에게 젊음은 지독한 가난을 벗어나고 식민주의의 잔재를 넘어서기 위한 기회이자 도전으로 여겨졌다. 성장의 목표는 뚜렷했던 것이다. 그러나 성수대교 붕괴나 삼풍백화점 붕괴 같은 대형 사고들은 사고를 지켜본 젊은이들에게 발전 국가에 대한 신뢰를 앗아감으로써 성장의 목적을 잃어버리게 한 사건일 수 있다. 왜냐하면 그것은 한국 사회를 대표하는 공간인 강남에서 일어났으며, 자연재해가 아니라 부실과 비리로 인해 벌어진 추악한 사고였기 때문이다. 재난은 우리가 언제든 죽을 수 있는 목숨이고, 삶이 그렇게 믿을 만한 것이 아니라는 허무 의식을 가져다주었다. 따라서 드라마 속 윤진명처럼 식물인간인 동생의 병원비를 마련해야 한다는 현실의 절박한 요구가 없다면 기실 우리 모두 삶의 의미를 언제든 상실할 수 있는 허약한 존재인 것이다. 이 작품 속 등장인물들이 삼풍 사건을 경험했는가 아닌가는 중요하지 않는다. 사건은 사람들의 삶 속에 쉬이 사라지지 않는 흔적을 남기고, 그것은 문화적으로 상속되기 때문이다.

이렇듯 재난이 위험한 것은 사람의 귀한 목숨이 희생되는 것만이 아니라, 삶과 사회에 대한 확신과 믿음을 송두리째 앗아감으로써 살아 있는 사람마저 시체로 만들기 때문이다. 그러므로 트라우마는 시간이 지나면 잊혀지는 게 아니라, 주체에게서 삶에 대한 열정을 빼앗고 그저 하루하루를 견디는 무기력한 삶의 태도를 가져다준다. 이는 젊은 세대들이 특정한 경험의 유무를 넘어 일정하게 트라우마적 불안과 허무에 사로잡혀 있을 가능성을 암시한다. 강이나의 이야기는 피로를 넘어 소진 중인 윤명의 이야기와 가장 가까이 있는 듯 보인다. 두 사람은 매우 다른 듯하지만 서로를 가장 잘 이해한다. 두 사람 모두 왜 이토록 무의미한 삶을 살아야 하는지 그 이유를 모르기 때문이다. 윤명이 동생이 죽자마자 자살을 생각하는 것은 단지 죄책감 때문은 아니다. 동생의 죽음으로 그녀를 삶에 묶어두었던 이유가 사라졌기 때문에 그녀의 이후 삶은 잉여가 된 것이다.

물론 이 작품에서는 하나도 아프지 않는 듯 보이는 인물도 있다. 정예은과 송지원은 적어도 경제적으로 큰 문제가 없어 보이고 이렇다 할 트라우마도 없는 듯 보인다. 즉, 그들은 '정상적'이고 운이 좋은 편이다. 그러나 송지원은 거짓말로 사람들을 놀래주고 싶어 하는 허언증자이다. 그녀의 거짓말은 삶의 어떤 비밀을 파는 존재, 즉 기자든 작가든 글 쓰는 이로서의 그녀의 면모를 보여주는 암시일 수 있다. 그러나 그녀가 유은재에게 정예은의 가짜 쌍둥이 이야기를 들려주는 데서 엿볼 수 있듯이 누군가가 어떤 이상한 행동을 하는 것은 다 제각각의 이유가 있기 때문이다. 다만 우리는 아직 그 이유가 무엇인지 맞닥뜨릴 용기가 없거나, 그럴 기회를 얻지 못했을 뿐이다. 아마도 자기 안의 비밀을 찾아내는 것은 젊음에 주어진 과제일 것이다. 정예은도 마찬가지이다. 그녀는 데이트 폭력의 후유증인 양 심리 치료를 받는다. 그러나 그녀는 심리 상담사에게 시종일관 자기가 아닌 다른 사람의 이야기를 들려준다. 자기 자신에 대한 그녀의 무지와 침묵은 그녀가 이렇다 할 이야기가 없는 평탄한 삶의 주인이라는 것이 아니라, 되레 어떤 무거운 비밀이 그녀를 억누르고 있을 수도 있음을 뜻한다. 그래서 청춘은 자기를 들여다보고 자신과 화해하는 시간인지도 모른다. 그리고 드라마 속 청춘들은 자신들을 명랑한 젊은이로 호명해 이데올로기 속에 가두지 말라고 말한다.

이토록 희소한 여성 간 우정

무엇보다 이 드라마는 여성 간 우정을 다룬다는 점에서 희소한 사례에 속한다. 그간 드라마에서 보여준 여-여 관계는 '탁월성으로서 우정(philia)'을 결여하고 있다. 아리스토텔레스의 "친구와 함께하면 더 잘 생각하고 실천할 수 있다", "최상의 정의는 우애에 바탕을 둔 것이다"(『니코마코스 윤리학』)라는 말이 암시하듯 본래 우정은 이익과 쾌락에 종속되지 않는 탁월한(arete) 성격 간의 교류로서 특정 집단의 패거리주의로 시민사회가 붕괴되지 않기 위해 아테네 폴리스가 귀족 남성에게 요구한 윤리적 덕목이었다. 이는 법적·경제적 권리도 불확실한 가부장제의 타자인 여성들 간의 우정은 사실상 불가능하다는 점을 암시한다. 수직 사회에서 여성이라는 취약한 측면 집단은 늘 서로를 견제하고 시기해야만 자신의 생존이 확보되는 비루한 상태에 묶여 있다. 물론 그렇다고 해서 여성들에게 우정은 원천적으로 가능하지 않으며, 우정은 역시 남성의 자질이라고 강조하는 것은 아니다. 남성들의 우정은 종종 특정 집단의 패거리주의와 구별하기 어려우며, 남성들이 서로를 굳이 시기·질투하지 않는 것은 부·권력·지위 등 사회의 희소 재화들이 협력하고 기다린다면 분배되기 때문이다. 따라서 우정의 젠더를 남성화하면서 여성들 간의 관계를 혐오해서는 곤란하다.

그간 한국의 로맨틱 드라마에서부터 막장 드라마들은 일관되게 여-여

관계를 이상적인 남자를 둘러싼 경쟁 관계로 다루어왔다. 여성들 사이에 깊은 사랑이 넘칠 때는 엄마-할머니 또는 딸-손녀같이 세대 간 격차가 클 때나 가능하다. 여성 간의 관계는 천편일률적으로 질투와 시기로 재현된다. 사회적으로 취약한 여성에게 사회적 지위가 높고 부를 확보한 남성은 욕망의 대상이며, 여성들은 그 남성에게 인정을 얻기 위해 서로를 견제하고 경쟁해야 할 대상으로 여겨져 왔다. 그러나 이 드라마는 구원자로서 남성을 지워버림으로써 여성들 간의 우정이 이야기될 수 있는 틈을 넓혔다.

물론 정예은은 강이나에 대한 선망과 시기로 그녀를 미워하며, 두 사람은 서로의 머리채를 움켜쥐기도 한다. 그러나 이러한 여-여 간 갈등은 여성의 본성으로 그려지거나 누가 착한 여자이고 누가 나쁜 여자인가를 가리기 위한 모티프로 제시되지 않는다. 정예은으로 하여금 강이나를 끊임없이 질투·시기하게 한 것은 남자친구의 바람기이기 때문이다. 여성이 얼굴이나 몸매 등 육체적 자본이 우월할수록 이상적인 남자의 사랑을 받는 것은 이성애 연애 시장의 교환 질서이기 때문이다. 따라서 정예은처럼 외모 자본이 취약하기 때문에 자존감도 낮은 조강지처형 여성들은 강이나 같은 섹시하고 도발적인 제도 바깥의 탕녀들에게 늘 선망과 시기심을 가질 수밖에 없다. 그러나 이 드라마는 구원자로서의 남성을 제거함으로써 여-여 간의 인간적인 관계 맺음을 유도한다. 이 드라마가 신선한 것은 20대의 연애는 있지만, 그곳에 모든 문제를 일거에 해결해주는 전능한 남성성, 즉 백마 탄 왕자님이 없기 때문이다. 그간 <내 이름은 김삼순> 이후 로맨틱 드라마들은 뚱뚱하고 나이 많은 노처녀와 젊고 멋진 재벌남의 연애를 통해 로맨스 드라마의 전형을 비틀고 풍자해왔다. 그러나 변형된 로맨스 드라마들은 착하지도 예쁘지도 심지어는 젊지도 않은 여자도 재벌남을 욕망할 수 있다는 점에서 욕망의 민주주의를 확산시켰을 뿐, 욕망의 가부장적 성격을 비판하지는 못했다.

그러나 이 드라마에서 구원으로서의 남성은 결코 존재하지 않는다. 윤진명에게 구애를 시도하는 박재완은 고졸의 이탈리아 레스토랑 셰프로 스쿠터를 타고 다니는 신분이 취약한 남자이다. 그는 깊은 밤 편의점 건너편에서 피로하고 지친 그녀를 응시하지만, 그녀가 성희롱을 당하고 어두운 시골 길을 걸어 나올 때 슈퍼맨처럼 나타나지는 않는다. 그녀에게 누군가 있으면 좋겠다고 할 순간조차 그는 그녀의 소식을 모른다. 그럼에도 연애는 달달하고 그녀의 상처를 어루만진다. 이렇듯 이 드라마는 연애에 대한 판타지를 증가시키되, 그것을 신분 상승을 위한 도약의 계기로 그리지 않는다. 진명은 혼자서 식물인간으로 오래도록 유령보다 못한 삶을 산 동생의 죽음을 맞고, 동생의 호흡기를 뗀 엄마를 감옥에 보내는 슬픔을 경험한다. 그리고 모든 일이 마무리된 후 재완과 상의 없이 중국행을 결정한다. 재완은 섭섭하다며 투덜대지만 어쩔 수 없다. 인생은 저마다 각자에게 맡겨진 과제이기 때문이다.

다른 한편으로 예은 같은 평범한 여자들이 기대고 싶어 하는 남자인 고두영는 스스로 자기 문제가 무엇인지 전혀 알지 못하기에 개선이 불가능한 미성년자일 뿐이다. 그는 아버지에게 인정받지 못한 아들로 아버지의 경제력에 기생하면서 시간을 소비할 뿐 어떻게 자립해야 할지 모른다. 그는 열등감에 시달리기 때문에 여자를 필요로 하지만 열등감 때문에 어느 누구와도 진정한 사랑에 빠질 수 없는 불쌍하지만 위험한 남자인 것이다. 이 드라마는 고두영에게 납치당하는 예은을 통해 로맨틱 드라마가 그간 침묵했던 데이트 폭력 등 연애의 어두운 측면을 이야기한다. 신자유주의 시대를 맞아 젊은 남자들이 모멸의 대상으로 여성화됨에 따라 연애와 여자를 자신의 남성성을 확인하고 증명하는 수단으로 삼는 경향이 늘어나고 있다. 데이트 폭력, 이별 살인 등 흉흉한 사건들은 연애가 더 이상 낭만적이지 않다는 점을 일깨워주고 있다. 이 드라마는 이렇듯 주체의 불안과 이로 인한 폭력의 충동으로 가득한 사회 속에서 젊은 여성들이 놓인 취약한 위치를 환기시킨다. 특히 이 모든 문제들은 통상적인 힘을 초과하는 우월한 존재가 나서서 해결하는 것이 아니라 셰어하우스의 여성들의 연대를 통해 해결된다. 비록 판타지적 성격이 강하지만 이는 그간 우리 사회가 지나치게 홀대하고 무시해온 여성 간 우정의 가능성에 주목한 것으로 의미가 있다.

공감의 힘

프로이트(Sigmund Freud)는 웃음이나 농담을 인간이 고통을 줄이기 위한 감정의 경제학이라고 한 바 있다. 웃음은 인간이 말할 수 없는 고통에 사로잡혀 있다는 것, 즉 인간의 상처 입을 가능성을 보여주는 한편으로, 인간에게는 상처를 극복해내 그것을 최소화할 에너지가 있음을 암시한다. '셰어'는 각자가 마치 칸칸이 나누어진 방 속에 고립된 듯 저마다의 슬픔이라는 병증에 사로잡히게 만드는 '홀로주의' 문화를 넘어설 단서가 될 수 있다. 비단 셰어하우스가 그렇다는 것이 아니라, 연민과 공감 같은 감정이 인간에게 큰 위로가 될 수 있다는 것이다. 인간은 타인의 보살핌 속에서 성장하고, 타인과의 대화와 소통 속에서 자기의 삶의 지평을 만들어가는 존재이다. 따라서 서로에 대한 방관과 무관심을 벗어나기 위해서는, 인간의 탐욕을 정당화하고 타인과 공동체에 대한 책임으로부터 면죄부를 주는 개인주의 철학에 대한 비판도 필요하다.

이 드라마는 인간의 삶에서 필요한 서로에 대한 공감과 그것이 삶에 주는 힘의 가능성을 보여준다. 계급도 처지도 과거의 기억도 경험도 각기 다른 다섯 명의 동거녀는 처음에는 그다지 끈끈한 관계를 맺지 못한다. 그러나 함께 있다는 것은 불가피하게 서로에게 자신을 노출하는 것이고, 그 과정에서 어떤 상처들은 서로 다른 인간을 얽어매 고립된 개인주의를 뛰어넘게 하는 측면이 분명히 있다. 그리고 서로의 상처를 응시하는 것만으로도 우리는 안개처럼 전진을 가로막는 고통으로부터 빠져나올 수 있다. 이 드라마의 미덕은 이렇듯 '홀로주의' 시대에 맞서 함께하는 것의 의미와 가치를 보여준다는 점이다. 우리 사회는 육체적으로 젊고 아직 성인처럼 소진하지 않은 탓에 불안과 고통을 잘 숨기고 있는 젊은이들에 대한 사회적 공감에 실패해왔다. 청년들에게 노마드 주체, 자기 계발하는 주체 등의 그럴듯한 이름을 던져두고 삶의 많은 문제들을 헤쳐가기를 강요해옴으로써 실상 청년이 겪는 고통을 외면해왔다는 점은 반성을 요한다.

우수작

포섭된, 신화에 대한 도전

나약한 언니들의 <언프리티 랩스타>와
강인한 소녀들의 <프로듀스 101>

김자양

센 언니들의 집합소

대한민국 예능에서 '센 언니'란 캐릭터는 꾸준히 진화해왔다. 과거에는 코미디언 이영자와 같이 물리적으로 힘이 센 사람이 이 캐릭터를 현시하였다면, 근래에 들어 센 언니의 의미는 확대되고 변형되었다. 여권이 신장됨에 따라 이 말에 정치적이고 문화적인 의미가 포함되었기 때문이다. 이후 텔레비전에서 남성 권위적 체계가 상정한 여성 표상을 거부하고 남성들에게 할 말은 하는 여성들이 센 언니란 닉네임을 얻기 시작했다. 즉 남성 우월주의 코드를 당연시하지 않고, 기호적으로 이에 저항하는 여성들을 지칭하는 용어로 사용된 것이다. 더불어 특정한 패션, 헤어, 화장법 등도 이 캐릭터를 구성하는 중요한 요소로 자리매김했다. 그리고 이제 특정

음악 장르가 센 언니의 이미지와 직결되기에 이르렀다. 바로 힙합 장르다.

올해로 세 번째 시즌을 맞이한 <언프리티 랩스타>는 기존의 힙합 장르에 대한 인식을 뒤집은 프로그램이다. 사실 그동안 한국 음악계에서 힙합은 일종의 마초성을 표출하면서 남성 중심적 장르로 정착해왔다. 단적으로 국내에서 대부분의 힙합 가사는 남성 중심의 세계관을 담고 있고, 이로써 여성이 지나치게 대상화되는 부작용을 낳았다. 힙합 장르가 남성과 여성에 대한 낡은 이데올로기 신화를 재생산하는 데 기능한 셈이다. 그러나 <언프리티 랩스타>는 여성 래퍼를 전면에 내세우면서 이러한 신화에 도전했다.

원형적으로 힙합은 반체제성과 자유로움을 그 특성으로 한다. 그렇기에 같은 힙합도 여성이 주체가 될 때 그것은 완전히 다른 의미를 획득할 수 있다. 남성 우월주의 문화를 그 뿌리로 하는 한국 힙합도 여성 래퍼들이 주축이 되면 변화할 수 있는 것이다. 실제로 오랫동안 언더그라운드에서는 여성 래퍼들이 힙합이란 매체를 통해 자신들만의 콘텐츠를 만들고 있었고, <언프리티 랩스타>가 선두가 되어 이를 수면 위로 끌어 올렸다. 그 속에서 제작진은 새로운 여성상을 실험했다. 프로그램은 여성 래퍼들의 성장과 그들 사이의 경쟁을 조명하면서 힙합이 남성들만의 장르가 아님을 보여주었다.

특히 매 시즌 소위 센 언니라 불린 출연자들은 이러한 메시지의 효과를 증폭하는 역할을 했다. 시즌 1에서 제시와 치타가 구축한 이 캐릭터의 유령은 이후의 시즌에서도 다른 탈을 쓰고 어김없이 등장했다. 이번 시즌 3에서 이 몫을 톡톡히 수행한 인물은 바로 '나다'였다. 그녀는 기존의 센 언니 캐릭터에 돌발적인 말과 행동 같은 사차원적인 요소를 가미했고, 그 결과 시즌 3의 이슈 메이커로 등극했다. 춘장 립스틱, 와사비 립스틱과 같은 그녀의 독특한 화장법도 이 캐릭터로서 그녀를 돋보이게 하는 데 효과적으로 작용했다. 이 외에도 '미료'나 '자이언트 핑크'와 같은 래퍼들 역시 센 언니의 전형성을 보여주었다.

포장지 속 소녀들

한편 올 상반기에 처음 선보인 <프로듀스 101>은 여성 아이돌이라는 가장 상업적이고 대중적인 소재를 활용한 프로그램이다. 제작진은 단순히 프로그램 아이템을 여성 아이돌 가수에서 여성 아이돌 연습생으로 발전시켰고, 이 시도는 적중했다. 데뷔라는 일생일대의 중요한 기회를 놓고 벌이는 이들의 도전과 경합은 많은 이들의 호기심을 불러일으키기에 충분했다. 무엇보다 아이돌 연습생들만이 경험할 수 있는 상황과 감정은 전에는 볼 수 없었던 신선한 이야깃거리였다. 101명의 연습생 사이에서 발생하는 관계와 에피소드 또한 매혹적이었다. 여기에 제작진은 국민 프로듀서라는 장치를 더해 시청자들의 적극적인 참여까지 이끌어냈다. 이러한 연출력에 힘입어 <프로듀스 101>은 4.4%라는 최고 시청률을 이뤄낼 수 있었다.

그러나 동시에 프로그램은 수많은 손가락질을 당해야 했다. 비판의 날은 출연자들을 상품화한 제작자들을 향해 있었다. 즉, 제작진이 시청자들의 관심을 얻기 위해 선정적 요소를 과도하게 끌어들인 것이 문제가 됐다. 선정주의는 별다른 고민 없이 쉽게 시청자들을 꾀는 장치이기 때문에 텔레비전이 빈번하게 사용하는 미끼이다. 하지만 동시에 텔레비전이 쉽게 빠질 수 있는 함정이기도 하다. 도가 지나칠 시에 방송의 공익성을 침해하기 때문이다. <프로듀스 101>도 이 함정에 빠지고 말았다. 실제로 제작진은 초반부터 출연진들의 몸매를 강조했고, 외모 지상주의에 입각한 장면들을 많이 집어넣었다. 출연자들 중에서는 미성년자들도 있었기에 이 사안은 결코 가볍게 넘길 수 있는 것이 아니었다.

사실 남성들에게 건전한 야동을 만들어주고 싶어서 프로그램을 기획했다는 해당 방송국 국장의 발언은 애초에 프로그램이 어떤 의도하에 만들어졌는지 가늠할 수 있게 한다. 대표적으로 프로그램의 공식 노래인 「Pick Me」는 이러한 말초적 코드를 적나라하게 표출하고 있다. 다른 누구도 아닌 바로 자신을 뽑아 달라는 내용의 다소 낯부끄러운 가사를 담은 이 노래는 프로그램의 콘셉트 자체를 상징하고 있다고 봐도 무방하다. 이렇듯 제작진은 여성 아이돌 연습생을 남성 판타지의 객체로 인식했고, 이를 바탕으로 남성적 관점에서 소구되는 여성 아이돌의 캐릭터와 이미지를 제조했다. 프로그램은 연습생들의 주체적인 캐릭터와 이미지를 말소하고 소녀들을 포장지 속 상품으로 전락시킬 위험성을 내포하고 있었다.

뒤집어 보기

지금까지, <언프리티 랩스타>는 남성 중심적인 힙합 문화에 도전한 반면 <프로듀스 101>은 여성을 상품화하는 현상에 일조했다는 견해가 널리 받아들여졌다. 이러한 입장은 그 논리가 탄탄했고 당위성도 분명했기에 대세론이 될 수 있었다. 그 결과 많은 사람들은 <언프리티 랩스타>를 전통적인 여성 표상에 도전한 진보적 프로그램으로 간주했던 것과 달리 <프로듀스 101>은 남성들에 의해 상품화된 여성 이미지를 재생산한 보수적 프로그램으로 치부했다.

그러나 이러한 분석으로 두 프로그램을 모두 설명했다고 단정 짓기에는 뭔가 석연치 않은 지점들이 남아 있다. 이 도식만으로는 프로그램 깊숙이 잠재해 있는 복잡한 코드를 놓칠 수 있기 때문이다. 한번 뒤집어 생각해보자. 어쩌면 <언프리티 랩스타>가 역설적으로 남성적 우월주의를 확고히 하는 데 기여했다는 생각이 터무니없는 이야기가 아닐 수 있다. 또한 <프로듀스 101>이 새로운 여성주의의 비전을 제시하고 있다는 견해가 상당히 일리 있을 수 있다.

<언프리티 랩스타>는 애초에 <쇼미더머니>의 여성판으로 출발했다. 이 과정에서 <쇼미더머니>의 전반적인 분위기와 기본 구조를 그대로 차용했다. 그러한 분위기와 구조는 앞에서 언급한 한국 힙합의 고질적 문화와 무관치 않다. 즉, 마초성과 약육강식의 논리가 프로그램의 근간을 이루게 된 것이다. 여기까지는 좋았다. 이러한 콘셉트가 여성 래퍼에 의해 구현될 때 색다른 매력으로 작용할 수 있기 때문이다. 그런데 <언프리티 랩스타>의 제작진은 <쇼미더머니>와의 연결 고리를 직접적으로 드러내는 전략으로까지 나아갔다. <쇼미더머니>에서 활약했던 프로듀서들과 래퍼들을 프로그램에 섭외했고, 이들을 여성 래퍼의 멘토로 위치시켰다. 여성 힙합을 남성 힙합과 별개로 상정하지 않고 그 둘을 수직적으로 배치한 것이다.

또한 중요한 순간에 여성 래퍼의 생사여탈권을 쥐고 있었던 이는 다름 아닌 남성 프로듀서였다. 그들은 여성 출연자의 퍼포먼스를 평가하고 누가 자신들의 트랙을 가질지 선택했다. 그 결과 여성 출연자의 실력은 곧 남성 프로듀서의 인정과 동일시되었다. 이러한 조건은 여성 래퍼들이 진실로 주체적이며 독립적인 존재가 되는 것을 방해했고, 그녀들이 남성 프로듀서들을 만족시키기 위해 랩을 하게끔 만들었다. <언프리티 랩스타> 속 여성 출연진의 진취적인 역할에도 불구하고 프로그램이 여전히

여성에 대한 남성의 시각을 견지하게 된 것이다.

다른 집합의 원소로 전락하다

그런데 미시적으로 프로그램을 살펴보면 문제는 복잡해진다. 특정한 지점들에서 <언프리티 랩스타> 속 여성 래퍼들의 주체적이고 독립적인 면이 부각되고 있기 때문이다. 에피소드 5에서 이러한 면이 잘 드러난다. 이 편에서 여성 래퍼들은 남성 래퍼들과 무대 공연 순위를 놓고 경합하였다. 처음에 남성 래퍼들은 여성 래퍼들을 자신들과 견줄 수 없는 상대로 백안시하였다. 여성 래퍼들 또한 동료 남성 래퍼들을 자신들보다 더 나은 실력을 가진 상대로 인식했고, 그들에 대한 두려움을 공공연하게 표현했다. 그러나 공연이 전개되면서 상황은 반전되었다. 자이언트 핑크를 필두로 몇몇 여성 래퍼들이 남성 래퍼와의 대결에서 선전하면서 그들과 어깨를 나란히 할 수 있다는 것을 증명했기 때문이다. 제작진이 의도했던 메시지가 빛을 본 순간이었다. 그리고 시청자들은 이 타이밍에서 일종의 카타르시스를 느꼈다.

대중들은 바로 이러한 장면들을 근거 삼아 <언프리티 랩스타>가 남성 중심의 신화를 해체하는 프로그램이라고 여겼다. 실력 대 실력으로 붙어 비등한 모습을 보여준 그녀들은 진정으로 센 언니 같아 보였다. 그러나 신화에 대한 도전은 오래가지 못했다. 이러한 도전이 더 강력한 다른 신화로 인해 무력화되었기 때문이다. 프로그램의 남성 권위적 체계에 대한 저항이 약한 정도에서 멈춰버린 것이다. 이러한 지점이 잘 드러났던 에피소드 7을 살펴보자.

7화는 여성 래퍼들 간의 '디스 배틀'이 주요한 내용이었다. 여성 래퍼

4인은 2대 2로 편이 갈려서 '디스 배틀'을 해야 했다. 그런데 여기서 눈여겨봐야 할 것은 무대와 관객석이 어떻게 배치되었냐는 점이다. 그중에서도 '디스 배틀'을 지켜보는 남성 프로듀서와 래퍼들이 위치하는 장소는 프로그램이 초반에 의도했던 신화에 대한 도전이 위협받고 있음을 강력히 암시한다.

우선 '디스 배틀'을 치르기 위한 격투기 링과 같은 무대가 보인다. 여성 래퍼 4인은 그 무대 위에 서 있다. 배틀이 시작되고, 그녀들은 랩을 통해 서로가 서로에게 험한 말들을 쏟아낸다. 강렬하고 짜릿하다. 센 언니가 강림한 순간처럼 느껴진다. 이런 그녀들을 저 위에서 누군가가 지켜보고 있다. 그들은 다름 아닌 남성 프로듀서와 래퍼들이다.

이러한 구조는 판옵티콘과 닮아 있다. 판옵티콘은 죄수들이 보이지 않는 감시자, 혹은 없을지도 모르는 감시자를 내면화하여 자발적 감시에 이르도록 고안되었다. 위에서 한눈에 죄수들을 내려다볼 수 있게 한 설계는 여기서 기인한다. 그런데 여성 래퍼들이 그러한 판옵티콘 속 죄수와 겹쳐 보인다. 그녀들은 자신들을 응시하는 남성 프로듀서와 래퍼들의 존재를 내면화했다. 그들의 반응과 평가는 그녀들이 다음 단계로 넘어가기 위해 받아들여야 하는 권위로서 작동하였다. 그녀들은 이렇게 남성 중심의 힙합 체계를 자신들이 처한 자연스러운 조건으로서 인정하게 된다.

이러한 이데올로기적 장치들로 인해 초반에 카리스마 넘쳤던 센 언니들도 어느새 남성 힙합의 권력 체계에 포섭되고 만다. <언프리티 랩스타>는 신화에 대한 진보적인 도전이 사회 내에서 큰 힘을 발휘되지 않도록 미리 예방하는 임무에 충실했을 뿐이었다. 피상적으로 프로그램 속 여성 래퍼들은 힙합이라는 채널을 통해 자신들만의 고유한 스토리를 만들었고, 이는 해방구로서 기능하는 듯했다. 그러나 이 통로는 다시 남성 힙합이란 권위에 의해 차단되고, 호기로운 도전은 문화적으로 예방 접종의 효과를 내는 정도에서 그쳐버렸다. 프로그램에서 의도했던 여성 래퍼들의 주체적이고 독립적인 이미지는 나중에 가면 온데간데없다. 종국에 <언프리티 랩스타>와 그 안의 여성 래퍼들은 <쇼미더머니>로 상징되는 남성 힙합의 수직적 배열 그 아래에 위치하게 된다. 대중들 기억에 남는 건 그녀들의 감정적이고 충동적인, 그래서 센 언니라 느껴지는 잔여 이미지일 뿐이다.

그 자체로 하나의 집합이 되다

이와 달리 <프로듀스 101>과 그 안의 멤버들은 <언프리티 랩스타>와는 완전히 다른 판을 만들어냈다. 모두가 처음에 1등에서 101등까지 줄을 세우는 방식으로 인해 소녀들이 원자화될 것이라 예상했다. 여기에 선정주의가 더해지면서 그러한 걱정은 더욱 심화되었다. 그러나 이는 기우가 되었다. 소녀들은 척박한 조건 속에서 뜻밖의 수평적 유대를 생성해냈다. 그녀들은 매주 주어지는 미션을 동료들과 협력하여 수행하였고, 서로가 서로를 보듬었다. 약육강식의 논리가 아닌 연대와 유대의 논리가 프로그램을 지배했다. 비록 방송이 거듭될수록 소녀들이 포장지 속 상품이 되어가는 상황에도 불구하고, 그 안에서 수평적 관계를 유지하면서 연대의 가치를 포기하지 않음으로써 인간적인 면이 존속될 수 있었다.

더불어 소녀들의 멘토 역시 여성이었다는 점도 차별화되는 전략이었다. 여성 멘토들은 소녀들이 남성적 권위에서 완전히 벗어나게 하는 조력자 역할을 하였다. 그 결과 소녀들은 어디에도 종속되지 않고 그 자체로 하나의 온전한 집합이 되었다. 처음에 유약해 보였던 소녀들은 프로그램이 진행될수록 동료 연습생들과의 협력과 여성 멘토의 도움으로 자신들만의 독립적인 이야기를 완성할 수 있었다. 여기에 남성 권위의 체계가 끼어들 여지는 없어 보였다.

진정한 센 언니를 향해서

여성학자 주디스 버틀러(Judith Butler)에 따르면 젠더란 태어나면서 주어지는 '자연'이 아니라 일종의 문화적 '산물'이다. 이는 단순히 생물학적인 여성/남성의 이분법으로 포괄할 수 없는 여러 부류의 이질적 존재들이 있다는 의미이다. <언프리티 랩스타>가 제시하는 여성상과 <프로듀스 101>이 보여주는 그것은 서로 다르다. 전자가 힙합이란 문화적 토양에서 생성된 모델이었다면 후자는 아이돌 문화에서 탄생한 표상이었다.

최초에 <언프리티 랩스타>의 제작진과 출연진들은 여성/남성의 이분법에 정면 도전했다. 무엇보다 프로그램 속 센 언니 캐릭터는 여성이 주체가 된 힙합 문화가 잉태한 한국 사회의 새로운 젠더 모델이었다. 그러나 프로그램이 진행될수록 센 언니들은 <쇼미더머니>로 대표되는 남성 우월주의 힙합 시스템에 종속되고 말았다. 반면에 <프로듀스 101> 속 소녀들은 수평적 관계와 연대 의식을 통해 자신들만의 고유한 체계를 생성하고 유지했다. 진짜 센 언니는 다른 데 있었다.

우수작

가족의 커뮤니티화

JTBC <청춘시대>, 정상 가족을 탈피한 청춘 연대

권지혜

대학생이 되어 셰어하우스(share house) '벨 에포크'에 살게 된 은재(박혜수 분)는 아침에 일어나 포스트잇 한 장을 발견한다. "잘 땐 불 끄고 자요." 룸메이트 진명(한예리 분)이 남긴 쪽지다. 낯선 룸메이트에게서 받은 건조한 어투의 쪽지에 은재는 내심 당황한다. 부엌으로 향하는 은재. 냉장고에는 아기자기한 반찬들과 음료수들이 각자의 이름표와 함께 빽빽하게 놓여 있다. 공금으로 사놓은 음식도 있지만, 각자의 영역이 확실해 보인다. 서로 다른 취향과 식성을 가진 5명의 여자들이 사는 이곳은, 언뜻 보기에는 개인주의가 철저하다. 늘 가족의 울타리 안에서만 살아가던 은재는 이곳의 질서가 익숙하지 않다.

얼마 후 일요일 아침, 은재는 재미있는 풍경을 보게 된다. 하우스메이트들이 함께 청소를 하고 있었던 것이다. 한 명은 거실을 쓸고, 한 명은 주방을 치우고, 나머지 한 명은 화장실을 닦고 있다. 얼마 지나지 않아 은재는 이들 역시 가족과 같은 친밀감을 공유한다는 것을 알아차린다. 이들은 서로의 속옷이 무엇인지 아는 것은 기본이고, 남이 들어간 화장실에 무작정 따라 들어가는 막역한 행동을 하기도 하고, 밤마다 식탁에 둘러앉아 맥주를 마시며 고민을 나누기도 한다. '벨 에포크'에는 그렇게 기존의 혈연 기반 가족들이 공유하던 정서가 있다. JTBC <청춘시대>는 그렇게, 가족의 커뮤니티화를 그려낸다.

공간을 공유하는 커뮤니티

미디어는 언제나 당대의 이데올로기나 가치관을 반영해왔다. 그중 가족이나 결혼에 대한 담론은, 미디어가 제시하는 모델이 시대적 욕망의 바로미터로 작동하는 경우가 많았다. 근대화 이후의 미디어는 중산층 정상가족에 대한 사람들의 욕망을 종종 다루곤 했다. 예를 들어, 1960년 개봉한 김기영 감독의 <하녀>는 신분 상승의 욕망을 품고 상경한 하녀의 시선으로 경제성장 시기에 자수성가한 중산층 가정을 담아내며 당대 사람들의 판타지를 재현하였다. 이후로도 수많은 드라마와 영화는 가부장적 성별분업이 이루어진 단란한 가정을 보여주며 대중적 욕망과 결합하였다.

경제성장 이후 미디어는 적극적으로 '4인 정상 가족' 이데올로기를 내면화했다. '정상 가족'이란, 보편적 부모와 두 자녀로 이루어진 핵가족을 말한다. 특히 베이비 부머 세대의 자녀들이 성장기에 접어들고, 신도시가 우후죽순으로 개발되던 1990년대부터 이런 형태의 가정은 드라마의 보편적인 배경으로 작동했다. MBC <보고 또 보고>(1998), KBS 2TV <장밋빛 인생>(2005), MBC <내조의 여왕>(2009) 등 많은 유명 작품이

'4인 정상 가족'에게 무슨 일이 생기고, 그들이 그 일을 어떻게 극복하는지를 바탕으로 이야기를 전개해왔다. 그것이 당대 시청자들의 수요와 부합했기 때문이다.

그랬던 미디어가, 이제는 훨씬 다양한 가족과 주거 형태를 소개하는 방향으로 진화하고 있다. 이는 사회 변화와 관련이 있다. 실제로 '4인 정상 가족'의 형태를 띠지 않는 가구의 수가 늘어나고 있기 때문이다. 통계청에 따르면 지난해 말을 기준으로 국내 1인 가구의 수는 총 520만으로, 전체 가구의 27.2%를 차지했다. 이 비중은 1990년과 비교하면 3배 넘게 늘어난 것이다. 그리고 2005년에는 가장 흔했던 4인 가구가 이제는 1~3인 가구보다 적어졌다.• 이러한 사회 변화에 맞추어 '혼밥(혼자 먹는 밥)', '혼술(혼자 마시는 술)' 같은 개념이 유행어가 되었고, 이를 기민하게 포착하여 담아내는 제작자들도 있었다. 지난 9월에 첫 방송을 시작한 tvN 드라마 <혼술남녀>는 지친 하루를 '혼술'로 위로받는 수험생들의 일상을 그린다.

이번 여름 JTBC에서 방영된 드라마 <청춘시대> 역시 바로 이런 맥락에서 주목할 수 있다. <청춘시대>는 셰어하우스에 살고 있는 다섯 명의 젊은 여자들을 그린다. 이들은 혈연에 기반을 둔 가족은 아니지만, 어떤 의미에서는 생물학적 의미의 가족보다도 친밀하다. 가치관이나 성향은 각기 다르지만 같은 공간 안에서 일상을 나누고 비슷한 사회문제를 겪으며 연대하기 때문이다.

물론 <청춘시대>가 젊은 학생들이 한 공간 안에 살아가면서 겪는 에피소드를 보여주는 최초의 작품은 아니다. 셰어하우스가 아닌 '하숙'을

• 이호건, "4인 가족은 옛말… '나 홀로 1인 가구' 가장 많다", <SBS 8뉴스>, 2016년 9월 7일.

배경으로 하는 시트콤이나 드라마는 훨씬 이전부터 주목을 받았다. MBC <논스톱>이 대표적인 예다. <논스톱> 시리즈는 하숙집 청춘들의 고민과 일상을 유머러스하게 그려냈다는 평과 함께 한국 시트콤사에 한 획을 그었다. 그런데 <청춘시대>는 <논스톱>보다 조금 더 쓸쓸한 분위기를 풍긴다. <논스톱>이 대학생의 일상을 유쾌한 판타지로 그려내는 것에 주안점을 두었다면, <청춘시대>는 보다 현실적인 유사-가족 공동체를 그려내고 있기 때문이다.

진명은 '벨 에포크'에서 경제적으로 가장 어려운 처지에 있다. 아르바이트를 3개나 할 정도로 성실하지만 학비를 감당하지 못하는 관계로 28살이 되도록 대학을 졸업하지 못했고, 어렵게 번 돈마저 식물인간 동생의 병원비나 엄마의 빚 청산에 쓰이곤 한다. 이러한 진명이 지독한 현실을 극복하기 위해 대기업에 입사 원서를 내고, 서류 전형을 통과해 면접을 보러 간다. 하우스메이트들은 자신의 일처럼 진명을 응원한다. 이나(류화영 분)는 진명의 낡은 구두를 보고 못내 마음이 쓰여 자신의 새 구두를 들고 버스 정류장까지 전력 질주한다. 그럼에도 불구하고 구두는 진명에게 전해지지 못하고, 진명은 최종 면접에서 떨어진다. 이후 진명의 기분을 살피며 슬퍼하는 하우스메이트들의 모습이 카메라에 담긴다. 가족의 대소사 앞에서 한마음 한뜻으로 연대하는 모습은 기존의 가족 드라마에서 많이 보이던 설정이다. 물론 이런 설정은 우정이나 사랑을 주제로 한 청춘물에도 있다. 그러나 <청춘시대>는 젊은이들의 그러한 감정적 연대가 '거실'에서, '식탁'에서, '현관'에서 일어난다는 것이 특징이다.

<청춘시대>의 '가족적인' 분위기는 tvN <응답하라 1994>(2013)와도 유사성을 갖는다. 두 작품 모두, 상경한 학생들이 신촌의 하숙 또는 셰어하우스에서 가족처럼 함께 지내는 상황을 보여주기 때문이다. 하지만

두 작품에는 미묘한 차이가 있다. 그 차이는 셰어하우스의 주인 할머니(문숙 분) 캐릭터에서 부각된다. 분량만 보면 카메오 출연처럼 보이지만, 이 주인 할머니 캐릭터가 시사하는 바는 크다. 주인 할머니는 철저히 개인주의적이다. <응답하라 1994> 속 신촌 하숙집의 '정 많은 서울 엄마' 캐릭터와는 대조적으로, 신촌 '벨 에포크'의 주인 할머니는 우아하게 음악을 듣고, 와인을 마시고, 여행 짐을 싸며 오직 자신의 일상에만 열중한다. 그뿐만 아니라 그는 학생들의 공간과 자신의 공간을 확실히 분리한다. 청소든 빨래든 밥이든 모두 학생들의 몫이다. 주인 할머니는 공적인 업무가 아니면 그들의 살림에 일절 신경을 쓰지 않는다. 배경은 똑같은 신촌인데, 1994년과 2016년 사이에 무슨 일이 벌어진 것일까? '하숙'과 '셰어하우스'의 단순한 구조적 차이일까. '셰어하우스'에는 '하숙집 엄마'와 같은 '유사-부모'가 존재하지 않는다. 어쩌면 이는 이 시대의 청춘들이 더 이상 정상 가족의 안정감에 기대지 않는다는 것을 보여주는 지표일지도 모른다. 그들에겐 그저, 마음 맞는 이들과 함께 있을 공간이 필요할 뿐이다.

변화한 여성상이 드러나는 커뮤니티

<청춘시대>는 여성들이 남자의 연인이나 엄마 역할을 넘어 각자의 주체적이고 개성 있는 삶을 꾸려나가고, 서로 연대한다는 점에서 징후적이다. 기존의 많은 드라마가 남성 중심적 사회구조에 순응하는 수동적 여성상을 그려왔던 것과는 대조적이다. '여자는 그저 예쁘게 태어나서 결혼을 잘 하면 된다'는 식의 신데렐라 서사들이 그간 얼마나 많았던가. 10여 년 전 흥행한 KBS 2TV <풀하우스>(2004)나 MBC <파리의 연

인>(2004)을 떠올려보자. 당시 군산 여성의전화 민은영 사무국장은 그 시기 시청률이 50%를 넘은 <파리의 연인>에 대해 "여자주인공을 통해 여성의 능력과 성취를 다루기보다 착하고 가난한 여성이 그룹의 사장을 만나 신분이 상승하는 신데렐라의 환상을 심어준 드라마", <풀하우스>에 대해 "여성이 지니고 있는 내면의 잠재력이나 능력을 비하하는 장면이 최종회에 이르기까지 전개되었다"라고 지적하였다.• 그러나 이러한 비판에도 불구하고 비슷한 서사를 담아낸 작품들은 대중의 현실적 판타지와 결합하며 계보를 이어갔다.

하지만 작년부터 사회적으로 '페미니즘', '여성혐오' 등이 사회적 이슈로 재부상하면서, 일부 드라마의 성차별적 연출에 대한 비판의 목소리가 훨씬 높아졌다. '그래도 재미있다'는 이유로 드라마의 성차별을 감내하던 시청자들이, 고질적인 미디어 속 성 역할에 반기를 들기 시작한 것이다. 대표적인 예가 KBS 2TV <함부로 애틋하게>(2016)다. <함부로 애틋하게>는 신준영(김우빈 분)이 노을(배수지 분)에게 한 행동을 두고 논란이 되었다. 준영이 을과 다투던 도중 을을 침대에 밀어 넘어뜨리고 위에 올라타 상의를 벗긴다든가, 난폭 운전으로 을에게 겁을 주는 장면들이 시청자들의 비판을 받은 것이다. 이에 대해 김선영 대중문화평론가는 "1990년대 신데렐라 로맨스에서 벽에 밀치기, 기습 키스하기, 주변 집기 부수기 등 가부장적 모습이 낭만적인 것으로 표현되곤 했다"라고 지적하는 한편, "최근에는 로맨스의 폭력성을 은폐해온 '나쁜 남자' 판타지가 마침내 시효를 다하고 있다"••라고 말했다.

• 최대환, "<풀하우스>는 신세대 성차별 학습용 드라마", ≪헤럴드POP≫, 2004년 11월 26일 자.

•• 이세아·변지은, "강제 키스·손목 잡아끌기…나쁜 남자 판타지는 끝났다", ≪여성신

<청춘시대>는 이러한 사회적 변화를 배제하지 않는다. 다섯 여자는 남자를 위해 살기보다는, 각자의 삶 속에서 치열하게 고민하며 꿈을 꾼다. 학보사에서 일하는 지원(박은빈 분)은 똑똑하고 당찬 캐릭터로, 용감한 언론인이 되고 싶어 한다. 이나는 한때 조건 만남을 하며 방황하는 삶을 살았으나, 종국에는 이전의 삶을 청산하고 자립하기 위해 디자인 학원에 다닌다. 예은(한승연 분)은 극 중에서 나쁜 남자 연인에게 시달리기는 하지만, 푸드 칼럼니스트가 되어 성공하고 싶다는 야심 또한 간직한 캐릭터다.

이 중 예은은 극이 진행되는 내내 '나쁜 남자' 성향의 연인에게서 쉽게 헤어 나오지 못하고 힘들어한다. 이런 모습이 시청자가 예은을 전통적이고 의존적인 여성으로 인식하게 만들 수도 있다. 그러나 예은은 후반으로 갈수록 연애 문제에서 성장하는 모습을 보인다. 힘들게 이별을 고한 이후 영어 학원을 등록하고, 친구들을 만나고, 봉사를 하러 다니며 온전한 자신의 삶을 살기 위해 투쟁한다. <청춘시대>는 점차 변화하는 예은의 모습을 통해, 성평등 문제에서 시대적 과도기에 봉착한 현대사회의 여성들을 응원한다.

<청춘시대>의 진가는 예은에게 연대하는 하우스메이트들의 태도에서 드러난다. 남자친구 두영(지일주 분)에게 이별을 통보한 예은은 다시 두영에게 납치를 당한다. 하우스메이트들은 두영이 예은인 척하며 본인은 잘 있다는 문자를 보냈음에도 불구하고, 두영을 의심하며 함께 그의 오피스텔을 기습한다. 이 장면에서 은재는 두영이 휘두른 칼에 맞아 쓰러지기도 한다. 여성들의 관계를 '남자의 사랑을 독차지하기 위해 싸우는 관계'가 아닌, '서로 연대하는 공동체'로 그려낸 셈이다.

문≫, 2016년 10월 5일 자.

이런 <청춘시대>에도 일말의 한계는 있다. 주체적인 여성 캐릭터들의 연대를 통해 차별화를 시도하지만, 대중성을 잃지 않기 위한 과정에서 나온 실수였는지 가끔 기존의 젠더 고정관념이 그대로 드러나는 대사들이 튀어나온다. 가령 늘 주체적이고 똑똑하고 당찬 모습을 보이는 지원은 극 중에서 유일하게 다른 남자와의 연애 라인을 만들지 못한다. 이런 지원을 향해 사람들은 "네가 너무 말이 많아서"라고 놀린다. 반면 신입생 신분으로 학과 선배의 사랑을 받고 있는 은재는 인물 중 가장 우유부단하고 말수가 적은 편이다. 이는 여자가 앞에 나서지 말고 남자의 말을 고분고분 들어야 사랑받는다는 젠더 통념과 맞닿아 있다. 그럼에도 불구하고 전체적인 캐릭터 구성과 서사의 흐름이 여성주의적 공동체를 보여준다는 점에서는 혁신적이다. 강력한 자매 커뮤니티를 바탕으로 연대를 표현하는 인물들을 통해, <청춘시대>는 동시대 여성들의 '리얼리티 판타지'로 자리매김한다.

교감과 공감의 커뮤니티

그런데 이토록 당차게 연대하는 인물들의 활기찬 에너지에도 불구하고, 이 작품에는 희미하게 깔린 쓸쓸한 정서가 있다. 캐릭터 각각에게 그림자가 있기 때문일까. 어느 봄날, '벨 에포크'의 가족들이 함께 맥주를 마시던 시간, 지원은 장난삼아 '신발장에 귀신이 있다'는 거짓말을 한다. 그것이 순전히 장난이었음에도 불구하고, 인물들 각각은 그 귀신을 자신의 트라우마와 연결하여 믿어버린다. 배 침몰 사고에서 극적으로 살아난 이나는 생사를 가르던 당시에 자기 옆에서 서서히 바다 속으로 빠져 죽어간 여자아이를 떠올린다. 비극적인 가정사를 가진 은재는 아버지가 귀신일 것이라 확신한다. 식물인간 동생으로 인해 생활고를 겪는 진명은 동생의 영혼이 거기에 있다고 믿는다. 각각의 개인사가 주는 느낌은 다소 극단적일 수 있다. 그러나 <청춘시대>는 이러한 극단적인 전사를 자연스러운 방식으로 풀어낸다. 인물들의 어두운 비밀을 처음부터 밝히지 않고, 극 전반부에서는 모두가 열심히 일상을 영위하도록 내버려 두는 것이다. 캐릭터 각각의 비밀은 극이 진행되는 동안 조금씩 드러난다. <청춘시대>는 각각의 개인사가 얼마나 비극적인지 피력하지 않는다. 그보다는 누구나 비밀은 있지만, '다들 그냥' 살아간다는 사실을 천천히 보여주는 것에 집중한다. 역설적으로, 이러한 태도는 <청춘시대>를 더욱 현실적인 드라마로 만든다. 대부분의 사람은 비극의 처연한 주인공이 되기보다는 비극을 '끌어안은 채' 일상을 아등바등 살아갈 수밖에 없기 때문이다.

이나의 에피소드는 2016년의 한국 시청자들에게 유독 의미가 컸을 것이다. 이나가 10대 때 겪었던 배 침몰 사고가 자연스럽게 세월호 사고를 연상시키기 때문이다. 이나의 옆에서 죽어간 10대 여자 고등학생, 시간이 흘러도 트라우마에 시달리는 이나, 자기 딸의 죽음에 관한 진실을 밝히기 위해 이나에게 접근하며 근처를 맴도는 아저씨의 존재. 이 모든 요소들이 세월호 사고 이후의 한국 상황과 유사성을 띤다. 인간은 가끔 이전의 자신으로는 절대 돌아갈 수 없는 어떤 사건이나 계기에 봉착한다. 보편적인 한국인들에게, 세월호 사고는 바로 그런 일 중 하나다. 이나의 배 침몰 사고를 보며, 특정 기억을 떠올릴 수밖에 없게 된 것이다.

이나에게 접근하는 아저씨의 존재는 처음에는 위협적으로 비추어진다. 초반에는 아저씨의 전사가 밝혀지지 않기 때문이다. 하지만 진실이 밝혀진 이후 아저씨의 존재는 그 자체로 치유되지 못한 시대적 슬픔의 현현이다. 그는 이나만 없었다면 자신의 딸이 살 수 있었을지도 모른다는 생각에 처음에는 이나를 원망한다. 그러나 곧 누구의 잘못도 아니라는 결론에 다다르고, 이나에게 부디 열심히 살아달라고 한다. 배 침몰 사고 이후 인생에 대한 깊은 무력감으로 조건 만남을 하며 방탕하게 살던 이나는 그날 이후 자신의 삶을 정리하고 자립을 위한 공부에 매달린다.

요즘 세대를 두고 '정이 없다'거나 '자기밖에 모른다'고 평하는 경우가 많다. 각박한 사회구조를 생각할 때, 실제로 그런 사람들이 있을 수 있다. 그러나 조금만 애정을 가지고 들여다보면, 꼭 그런 게 아니라는 것을 알 수 있다. 세월호 사고 앞에서, 지진이나 태풍 앞에서, 억울하게 죽은 스크린도어 청소 노동자의 사연 앞에서, 많은 이들이 자신의 일처럼 슬퍼하지 않았나. 요즘 사람들이라고 휴머니즘의 정서를 모르는 것은 아니다. 다만 사회 변화로 인해 고독을 기본 값으로 갖다 보니, 그것이 드러날 기회가 적을 뿐이다.

이런 시대에, <청춘시대>는 연대에 관한 질문을 던진다. 전통적 의미의 가족이 점차 해체되는 우리 시대에 공동체의 의미는 무엇인가? 서로 공감하고 지지하는 사람들이 있다는 것은 무엇을 뜻하는가? 셰어하우스 '벨 에포크'에는 그에 대한 나름의 답이 숨어 있다.

가작

탐사 보도의 성장통, 진실을 찾아가는 롤플레잉

SBS <그것이 알고싶다>

안소현

탐사 보도는 다큐멘터리의 꿈을 꾸는가

TV 속 다큐멘터리의 경계가 모호해지고 있다. 특정인을 관찰하는 시사교양 프로그램은 물론, 연예인이 출연하는 예능에 이를 교접한 '관찰예능'도 흔하다. 그중에서도 탐사 보도 프로그램은 특히 다큐멘터리와 긴밀한 관계다. 많은 다큐멘터리가 그랬듯 VCR과 제작진 시점의 내레이션을 사용하고, 증언을 통해 사안을 추적한다. 그런데 정작 '탐사 보도는 다큐멘터리다'라며 적극적인 가정을 세우는 일은 드물다. <나는 자연인이다>와 <PD수첩> 중 어느 쪽이 더 다큐멘터리에 가까울까? <생활의 달인>과 <추적 60분>을 비교하면 어떨까? 왠지 대답하기 곤혹스럽다.

흔히들 다큐멘터리를 현실을 객관적으로 담아내는 도구라 여긴다. 하지만 '객관성'은 신화에 불과하다. 연극적인 내레이션을 차용하고 스튜디오

쇼에서 볼 법한 실험을 벌이는 <나는 자연인이다>와 <생활의 달인>을 다큐멘터리와 동떨어져 있다고 볼 수도 있겠지만, 웹 사이트의 기획 의도에 따르면 이들은 엄연히 스스로를 '다큐멘터리'라 규정한다. 반면 탐사 보도 프로그램은 흥미 위주의 연출보다 진상을 밝히는 데 주목하며 현실을 객관적으로 담아내는 것처럼 보인다. 객관성을 중요하게 여긴다면 이 쪽이 더욱 '다큐'스럽겠지만, 탐사 보도 프로그램은 스스로를 다큐멘터리로 지칭하지 않는다. '시사교양', '저널리즘', '탐사 보도' 등의 표현을 붙일 뿐이다.

마침 탐사 보도 프로그램의 인기가 시들하다. 전국을 들썩이게 하던 <PD수첩>의 '황우석 사건', '광우병 파동'은 옛일이 됐다. 지난 6월에는 <추적 60분>마저 자체 최저 시청률(닐슨코리아 기준 1.1%)을 경신했다. 2010년대 들어 두드러진 탐사 보도 프로그램의 침체 속에서 한 프로그램만이 예외적인 약진을 보인다. 바로 SBS <그것이 알고싶다>(이하 <그알>)다. 토요일 밤이면 <그알>에 대한 내용이 포털 사이트와 SNS를 메우고, 동시간대 프로그램과의 시청률 경쟁에서도 밀리지 않는다.

본래 <그알>의 제목에는 "미스터리 다큐멘터리"라는 표현이 붙어 있었다. 중대한 사회문제에 주목했던 타 탐사 보도 프로그램과 달리, "집단 최면, 히틀러와 뉴키즈"(1992), "피의 전설, 드라큘라"(1994)처럼 미제에서 오컬트에 이르는 흥미 본위의 소재를 포착했다. 그러던 <그알>이 어느 순간 "다큐멘터리"라는 표현을 폐기했다. 에피소드 선정 방식도 달라졌다. 지난 1년간 <그알>은 조현아 대한항공 부사장 회항 사건, 형제복지원 문제, 세월호 참사 등 묵직한 사회문제를 조명했다.

<그알> 홈페이지에 공개된 "토요일 밤의 진실 찾기, 진실의 눈으로 세상을 지켜보겠습니다"라는 기획 의도에 주목하자. <그알>은 자신의

역할(role)이 무엇인지를 확실히 알고 있으면서도 초기의 기획과는 다른 모습을 보인다. 사실(fact)이 아니라 진실(truth)을 찾겠다는 태도는 탐사 보도가 가져야 할 미덕인 동시에 다큐멘터리의 미덕이기도 하지만, 다큐멘터리라는 이름은 돌아올 기미를 보이지 않는다. 이쯤 되면 다큐멘터리라는 이름의 무게를 버거워하는 건 아닌가 싶다. TV 다큐의 홍수 속에서 탐사 보도 프로그램과 <그알>은 왜 다큐멘터리라는 명명을 주저하는 걸까? 지난 1년간 <그알>이 소개한 두 편의 에피소드를 진단하며 물음에 답해보자.

'알고 싶은 그것'은 바뀌었지만

어린 시절 주말 밤이면 꼭 잠을 설치곤 했다. 방에서 나와 TV를 켜면 기묘한 음악이 거실을 메웠다. 그렇게 한참 TV를 보다 잠자리에 누우면 좀 전의 음악이 뇌리에 오싹하게 울려 퍼져 도통 잘 수가 없었다. 괜히 본 건가 몇 시간을 무서워하다 보면 그제야 겨우 잠들 수 있었다. 십수 년간 흥미진진한 사건이 소개됐지만 정작 <그알>에 대한 가장 선명한 기억은 스릴러 영화에서 들을 법한 유서 깊은 타이틀 BGM이다. 오랜 시간 <그알>은 탐사 보도 프로그램이자 장르 드라마라는 이중 역할을 수행했고, <그알> 열풍 역시 내용보다는 특유의 형식에서 기인한다.

<그알>은 장르 드라마 중에서도 사건을 추리하는 탐정물이다. 법·제도·관행과 사실관계를 통해 사건을 수치적으로 분석하는 데 힘쓰기보다는 탐문 수사와 프로파일링, 현장 재현 등의 연출이 적극 도입된다. 대화체 내레이션과 재연·실험 VCR도 시청자를 추리 과정에 끌어들인다. 최근에도 마찬가지다. 진행자인 배우 김상중에게 '중년 탐정'이란 별명이 붙고

단골 멘트인 "그런데 말입니다"가 유행어가 된 것은, 진중해진 내용만큼이나 "진실 찾기"의 형식이 두드러진다는 점을 방증한다. 제목은 바뀌었지만 여전히 외형은 탐정 수사물의 성격을 빌린 '미스터리 다큐멘터리'다. '알고 싶은 그것'은 바뀌었지만 알아내려는 방식은 그대로다.

최근 한국 사회의 최대 화두는 단연 여성혐오(misogyny)다. '옹달샘 여성혐오 발언 논란'에서 보듯 여성혐오는 한국 방송가에서 중대하게 다뤄지는 문제인 동시에 쉽게 건드릴 수 없는 역린(逆鱗)이기도 하다. 그런데 <그알>은 여성혐오 문제를 경유하는 에피소드를 두 차례 방영했다. 성인사이트 '소라넷'("위험한 초대남-소라넷은 어떻게 괴물이 되었나", 이하 "소라넷", 2015. 12. 26)과, 2015년 5월 17일 강남역 인근에서 발생한 이른바 '강남역 살인 사건'에 대한 에피소드("검거된 미제 사건-강남역 살인 사건의 전말", 이하 "강남역", 2016. 6. 4)였다. 왜 이런 선택을 했을까?

PD나 기자가 주제를 브리핑하는 PD 저널리즘 계통의 탐사 보도 프로그램과 달리 <그알>은 사건에 대한 영상을 먼저 제시하고 그 속에서 원칙을 찾는 귀납 구조로 이루어진다. 사안에 대한 판단을 내리고 주장과 논리를 유연하게 엮기 위해서는 피해자-가해자의 선악 구도가 반드시 필요하다. 일종의 롤플레잉(role-playing)을 작동하는 것이다. "소라넷" 편은 그런 롤플레잉이 분명한, '잘 만든' 탐정물이었다. 제작진은 피해 여성들을 인터뷰하는 한편 '야노' 등의 소라넷 유저와도 접촉하며 롤의 조직을 명확히 한다. 야노는 자신이 '소라넷 작가(속칭 '골뱅이' 상태의 여성을 대상으로 한 몰카나, 리벤지 포르노를 올리는 네임드 유저를 일컫는 말)'임을 과시하며 '피해 증거가 없으니 피해자도 없다'고 발언하는데, 이 인터뷰는 피해 여성들의 증언과 재연 VCR 사이에 교차 편집되거나 보이스 오버로 겹쳐진다. 김상중의 내레이션, 소라넷 게시글과 회원 간의 문자메시지는 가치판단을 더욱 확고하게 만든다.

이제 진짜 배후(소라넷의 운영 주체)를 찾는 일만이 남았다. 국회의원, 인터넷 기록 삭제 업체, 소라넷 고발 프로젝트 팀, IT 전문가, 법률 자문가, 프로파일러 등의 인터뷰는 추리에 증언을 덧붙이는 보조역이다. 프로그램 말미, '중년 탐정' 김상중은 "소라넷이 (중략) 미국 법에서도 심각한 범죄에 해당하는 (중략) 곳이라는 것을 입증할 증거들을 수집하고 처벌 사례를 축적해나갈 때 미국 사법 당국과의 공조도 원활해질 수 있다는 것입니다" 라고 추리의 결과를 전한다. 수사물의 내러티브가 빛을 발하는 순간이다. 2015년의 마지막 방영분이었던 해당 에피소드는 많은 시청자에게 강간 모의, 몰카, 리벤지 포르노의 온상인 소라넷의 존재를 알리며 화제가 됐다. 소라넷의 트위터 계정을 정지해달라는 해시태그가 트위터상에서 도는 등 반응이 빗발쳤다.

하지만 "강남역" 편에 대한 반응은 달랐다. 방영일 하루에만 <그알>의 시청자 게시판에 1400여 개의 글이 게시되며 여러 의견이 대립했다. 지난 7월 방송통신심의위원회는 "강남역" 편이 '여성과 남성을 이분법적으로 나누어 남성 혐오를 방조했다'는 민원에 '문제없음' 판정을 내리기도 했다. 화제와 연대에 논쟁까지 뒤따른 것이다. 이는 방영일에서 가까운 날짜에 벌어진 참사를 다루어서도, 여성혐오 범죄냐 정신 질환자의 '묻지마 범죄'냐로 의견이 나뉘어서도 아니다. "강남역"에 대한 논란과 비판은 여성혐오에 반대하고 개선을 주장하는 이들에게서도 나타났다. "강남역" 편으로 인해 역설적으로 <그알> 자체가 논쟁이 되는 사안처럼 번져나간다. 이것은 실패한 롤플레잉이다. 패인은 내용이 아니라 형식과 구성에 있다.

"강남역"의 무리수는 어디서 왔을까

다큐멘터리라는 용어를 고안한 영화감독 존 그리어슨(John Grierson)은 다큐멘터리를 "현실의 창조적 처리(creative treatment of actualities)"•라고 했다. 다큐멘터리의 '롤(role)'을 정한 셈이다. 그조차도 그 롤이 이렇게나 넓고 모호해지리라고는 예상하지 못했을 것 같지만, 방점을 찍을 부분은 현실이 아니라 '창조적(creative)' 처리다. 마찬가지로 탐사 보도를 '탐사'와 '보도'로 쪼개보자. 단순 보도가 아닌 개별 작품으로서의 가치를 부여하는 것 역시 탐사의 몫이다. "소라넷" 편에서 보듯 <그알>은 탐사 과정에 탐정물이라는 크리에이티브를 끌어온다. 타 탐사 보도 프로그램이 단순히 현실의 처리(treatment of actuality)에 머무르는 것과는 대조된다.

그러나 장르물에는 필연적으로 장르의 변주가 요구되기 마련이다. 명쾌한 추리는 해당 사건이 단선적이고 피아 구분이 손쉽다는 사실을 반증한다. 진부한 정통 내러티브의 동어반복만으로는 시청자를 설득하지 못한다. 경쟁 프로그램의 출현까지 고려하면 더욱 여유가 없다. 승승장구를 이어온 지도 수년째, 이제 <그알>은 단순히 탐정물을 차용함으로써 얻는 것과는 다른 새로운 크리에이티브를 요구받고 있다.

그런데 선택의 기로에 선 "강남역" 편은 탐정물로서의 <그알>을 즐기는 이들의 기대를 가장 먼저 저버린다. 강남역 살인 사건은 사건 자체만으로는 어떤 추리도 성립하지 않는다. 모두가 사건의 범인이 누구인지를 아는 상황에서 여성혐오 논쟁을 소재로 삼은 것 자체가 장르를 위반하는 일이다. 불완전한 사건이 제시되자, "강남역"은 프로그램 안의 롤플레잉

• John Grierson, "The First Principles of Documentary," *Cinema Quarterly*, Vol. 1, No. 2(1932).

을 설득하기 위해 액자식 구조를 차용한다. 살인자와 희생자가 존재하는 사건을 다루는 한편 여성혐오라는 컨텍스트와 강남역 10번 출구에서의 추모 집회를 함께 다룬다. '사건을 둘러싼 사건'을 스토리텔링하는, 다소 혼란스러운 내러티브다. 그에 따라 <그알>이 주던 장르적 쾌감은 자연히 약화된다.

"강남역"의 내러티브 구성을 비판하기 이전에 보도 윤리에 대한 부분을 지적해볼 수도 있다. 피해자의 사생활을 과도하게 노출시킨다는 점은 "강남역"에 대한 주요 비판이다. "강남역"은 사건 당일 피해자와 술을 마시다 살해 현장을 발견하고 오열하던 CCTV 속 남자가 그녀의 연인이 아니라는 사실을 공개한다. 이것이 악의적인 이유는 김상중의 멘트가 "개인의 사생활이므로 공개해야 할 이유는 없습니다"라면서도 "그녀가 왜 강남역에 갔는지"와 "쓰러진 채 발견되기까지 어떤 일이 있었는지"라는 상치(相馳)하는 근거로 남자의 정체를 밝히는 일을 정당화하기 때문이다. 그렇지만 이는 어떤 진실도 말해주지 않는 단순 사실에 불과하다. 피해자의 무구함(innocent)을 조성하거나, 가해자가 신경정신과적 치료를 계속했더라면 사건이 일어나지 않았을지도 모른다는 주장에 러닝타임을 소비하는 것 또한 마찬가지다.

"진실 찾기"의 역할을 자청하던 <그알>이 이런 '무리수'를 저질렀던 건, "소라넷"과 다르게 "강남역"의 컨텍스트상 룰은 완결적으로 받아들여지지 않기 때문이다. 소라넷에서 자행되는 일들은 소라넷 유저가 '피해자가 없다'고 주장하더라도 명백히 피해자와 가해자가 존재하는 불법 범죄다. 이는 강남역 살인 사건도 마찬가지다. 그렇지만 강남역 살인 사건을 둘러싼 여성혐오 논쟁은 "소라넷"과 같은 선악 구도로 사안을 설명하기 어렵게 한다. "강남역"은 설명의 보조 장치로 두 종류의 실험을 소개한다.

미러링(mirroring)과 실험 카메라다. 실험 카메라를 도입하는 일이야 많았지만 미러링의 영상화는 전례가 없었다.

여성혐오에 대한 피해를 토로하는 여성들의 인터뷰와 재연 VCR이 이어지는 가운데, "지금부터 보실 얘기는 어쩌면 질문에 대한 답이 될 수 있을지도 모르겠습니다"라는 멘트와 함께 한 남성의 인터뷰 VCR이 등장한다. 그는 아파트 길가에서 여성들에게 성기를 만져지는 성추행과 성희롱을 당했고, 가족과 친구에게 이를 말했더니 수치스러우니 숨기라거나 네가 바보 같아 당했다는 소리를 들었다고 증언한다. 또 다른 인터뷰이는 자신을 쫓아온 여성에게 폭행과 성추행을 당하고 지갑을 빼앗겼으며, 경찰과 가족의 냉대까지 더해지자 충격으로 7년 넘게 사회생활을 하지 못했다고 말한다. 그런데 곧이어 김상중은 이 두 인터뷰가 여성의 인터뷰 음성 파일을 변조한 뒤 남자 배우를 섭외해 남성의 경험담처럼 재구성한 것이라고 밝힌다.

이 실험은 분명 충격적으로 다가온다. 그렇지만 중요한 질문을 간과하고 있다는 생각을 지우기는 어렵다. 복잡한 사건을 자극적으로 연출하면서 정작 결론과 대안 제시는 미진해진다. 여성혐오에 대응하는 주된 전략인 미러링을 탐사 과정에 도입한 것은 꽤 그럴듯하지만, 정작 사건에 대한 결론은 새벽 강남역 10번 출구에서 남녀가 모여 각자 경험담을 이야기하며 토론하는 모습을 비추는 데서 머무른다. "소라넷" 편이 사법적인 해결 가능성을 제시하는 반면 "강남역" 편은 별다른 해결책을 제시하지 않는다. 추모 현장에 참석한 두 남성 시민의 인터뷰에서, "강남역"은 "그냥 개인이 해결할 수 있는 문제가 아니라 사회 전체적인 조명을 해봐야 하지 않을까"와 "남녀 분들이 어울려서 (중략) 가지고 있던 생각을 공유하는 걸 보면 어쩌면 남녀 문제의 새로운 진보고 발전하는 계기가 아닌가"

하는 대답 중 후자에 대해서만 응답한다. 전자에 대해서는 김상중의 멘트로 정부의 대응을 짧게 비판할 뿐이다.

반쪽의 성공, 이제는 역할극을 벌일 차례

"강남역" 편은 <그알>의 전매특허였던 장르적 쾌감을 잃어버리고 말았다. 호기롭게 시도했던 실험마저 아쉽다. 그렇지만 '실패했다'와 '아쉽다'라는 표현 사이에는 본질적인 차이가 있다. 프로그램의 크리에이티브였던 장르적 쾌감을 약화시키면서까지 <그알>이 얻고자 했던 건 무엇이었을까?

<그알> 1000회를 맞아 ≪PD저널≫이 진행했던 류영우·배정훈 PD의 인터뷰에서, 배 PD는 "시사프로그램이 진화하고 있다고 생각한다"•라는 말을 남겼다. 그 말대로 <그알>은 진화하고 있다. "강남역"은 실험을 통해 탐사 보도 프로그램에서의 판단의 롤을 시청자에게 부여했다는 점에서 작지만 귀중한 성과를 거둬들인다. <그알>은 탐정물에서 나아가 결론이 채 해소되지 않는 부조리극으로의 변화를 꾀하고 있다. 구조적으로 완결된 "소라넷" 편에 대해, 시청자는 수용자나 연대자가 될 수는 있겠지만 판단하는 입장에 놓이기는 어렵다. 우리는 "소라넷" 편에서 김상중의 멘트를 받아들이는 데 거리낄 게 없지만, 선악 구도가 명쾌한 롤플레잉 속에서 관객에 머무를 뿐이다. 그러나 "강남역"은, 비록 미숙하지만 실험을 통해 시청자를 판단의 주체로 만들고 있다. 단골 멘트인 "여러분은 어떻게 생각하십니까?"라는 질문이 직접 TV 너머의 우리에게

• 이선민, "사체 사진 보며 묵념한다…너무 죄송해서", ≪PD저널≫, 2015년 12월 3일 자.

향한다. 이런 변화에 불편함을 느끼는 건 당연하다. 하지만 당연하게 여겨야 하는 것은 불편함이지 불편함을 느끼는 내가 되어서는 안 된다. 이제 우리는 누가 선이고 악이냐의 롤을 관전하는 것뿐만 아니라, 시청자 스스로의 롤을 찾아야 한다. 그렇게 해야만 비로소 정해진 스토리텔링을 초월할 수 있다.

탐사 보도의 위기 속에서 <그알>은 인정하길 거부하던 다큐멘터리 롤로 회귀해 크리에이티브를 찾고 있는 것처럼 보인다. 그리어슨은 다큐멘터리 제작자가 현실이 어떻게 개선되어야 하는지를 보여주었을 때 다큐멘터리가 임무를 완수할 수 있을 것이라고 말했다.• 하지만 표현을 조금 고쳐보자. 현실이 어떻게 개선되어야 하는지를 시청자가 판단하였을 때 다큐멘터리는, 그리고 탐사 보도는 힘을 가지게 될 것이라고 말이다. "진실의 눈으로 세상을 지켜보겠습니다"라는 기획 의도는 곧 '진실의 눈으로 세상을 지켜보게 하겠습니다'로 나아가야 한다. TV 속에서 한바탕 역할극이 열리고 있다. 이제는 그 판으로 뛰어들어 놀 때다.

• 최영묵, 『텔레비전 화면깨기』(한울, 2003).

가작

혁신도 반복되면 진부하다

MBC <마이 리틀 텔레비전>을 통해 본 TV 매체와 1인 방송 융합의 한계

한승아

MBC <마이 리틀 텔레비전>, 혁신의 신호탄

그야말로 혁신이었다. 2015년 2월 파일럿 프로그램으로 첫 출발한 MBC <마이 리틀 텔레비전>(이하 <마리텔>)은 종전에 볼 수 없던 참신한 포맷으로 방송가에 새바람을 일으켰다. <마리텔>은 서로 대립되는 축이라 여겨지던 인터넷 UCC와 지상파 방송을 성공적으로 융합시켰다. 스타 게스트 여러 명이 프로그램 연출을 맡아 저마다 콘텐츠를 제작했고, 이를 인터넷과 TV 두 매체를 통해 각각 성공적으로 선보였다. 고리타분한 제작 방식과 방송 프로의 몰개성에 지루해하던 한국 시청자는 크게 환호했다. <마리텔>은 정규 편성 이후 방영 10회 만에 두 자릿수 시청률을 돌파했고 한국PD대상 TV부문 실험정신상, 한국방송대상 연예오락 TV부문 작품상 등 그해 온갖 시상식도 휩쓸었다.

그러나 1년 6개월이 지난 지금, <마리텔>에서 과거와 같은 명성을 찾아보긴 힘들다. 2015년 6월에 최고 시청률을 기록한 후 등락을 반복하더니 올해 들어선 뚜렷한 하락세를 보이고 있다. 급기야 2016년 9월에는 전국 기준 2.9%(닐슨코리아)란 역대 최저 시청률을 기록했다. 인터넷 생중계 성적도 처참하긴 마찬가지다. 지난해 외식 사업가 백종원의 출연 당시, <마리텔>이 생중계되는 다음tv팟에는 20만 명의 동시 접속자가 몰렸다. 그러나 올해 4월 이후로는 평균 2만 명 수준으로, 접속자가 10분의 1로 급감했다. 최근에는 게스트 다변화 등으로 시청률 반등을 꾀하고 있으나 아직까진 회복의 기미가 보이질 않는 게 사실이다.

그렇다면 <마리텔>은 실패한 혁신인가? <마리텔>은 TV 매체의 고질적 한계로 지적돼온 '일방향 소통', '생산자 위주의 콘텐츠' 등을 상당 부분 극복하는 데 성공했다. 인터넷 댓글로 시청자와 쌍방향 소통을 실현했고, 프로그램 제작진이 아닌 게스트들이 주도적으로 콘텐츠를 생산했다. 예능 프로의 금기와도 같던 '생중계 방송'도 가능케 하며 여러 혁신을 선보였다. 그러나 아이러니하게도 <마리텔>만의 이 혁신적 특징이 성장의 발목을 잡았다.

일정치 못한 재미, 고정 시청자의 부재(不在)

모든 방송 프로그램은 대개 방영 직후에 시청자의 관심을 가장 많이 받는다. 새로운 것에 대한 호기심이 크게 작용하기 때문이다. 하지만 방송 초기를 지나 안정기에 들어서면 그 후 프로그램의 수명을 결정하는 것은 '고정 시청자'다. 고정 시청자를 확보해야 외부 요건에 흔들리지 않는, 안정적인 시청률을 확보할 수 있다.

그런데 <마리텔>은 방송의 일정치 못한 재미 때문에 고정 시청자가 부재(不在)하다. <마리텔>은 '1인 방송 간 콘텐츠 경쟁'이란 기본 포맷은 그대로 둔 채 매주 출연진을 바꿔 프로그램에 변주를 준다. 이 포맷 덕분에 <마리텔>은 단 한 번의 방송에서도 다채로운 콘텐츠를 선보일 수 있었으나, 게스트 역량에 따라 콘텐츠의 질(質)이 천차만별이라는 치명적인 약점을 얻게 됐다. 회마다 방송의 재미가 극심하게 차이 나니, 많은 시청자들이 게스트 라인업을 보고 <마리텔>의 시청 여부를 판단한다. 자연히 매주 꾸준히 <마리텔>을 시청하는 사람은 점차 줄어들었고 이는 '고정 시청자의 부재'라는 치명타로 돌아왔다.

편집 기법도 악재가 됐다. <마리텔>은 인터넷으로 선보인 다양한 콘텐츠를 TV 방영을 위해 60분짜리 한 회 분량으로 압축한다. 그리고 이 과정에서 여러 게스트의 콘텐츠는 특정한 규칙 없이 교차 편집된다. 이 같은 편집 기술의 한계는 TV 방영에서 분명하게 드러난다. 시청자는 재미를 느끼는 특정 콘텐츠만 보고 싶은데, 교차 편집 때문에 원치 않는 콘텐츠까지 강제 시청해야 하는 상황이 벌어지는 것이다. <마리텔>은 '맞춤형 콘텐츠'에 목마른 시청자가 대다수다. 이들이 원하는 콘텐츠를 보겠다고 원치 않는 콘텐츠까지 소비할 확률은 적다. 결국 <마리텔>은 TV 방영 중 채널 전환이 빈번하게 일어나고, 시청자를 방송 말미까지 잡아두기 어렵다. 제작진 입장에선 재미를 막론하고 게스트 콘텐츠를 전부 TV방송에 노출해야 하니 이는 해결되기 어려운 문제다.

'방영 매체 이원화' 역시 성장의 발목을 잡았다. <마리텔>은 정식 방영 전 인터넷을 통해 콘텐츠를 생중계하고, 이를 갈무리해 TV 방송에 내보낸다. 그리고 이 과정에서 필연적으로 콘텐츠의 참신함과 재미는 크게 반감된다. 정식 TV 방영 전이라도 인터넷 방송을 본 시청자에게는 이미 결말까지 다 봐버린 진부한 콘텐츠가 되기 때문이다. 더군다나 <마리텔> 인터넷 방송과 TV 방송의 차이점은 근원적으로 제작진의 '편집 기술'뿐이다. 아무리 그 기술이 화려하더라도 전문 지식이 없는 일반 시청자에겐 큰 흥밋거리가 되지 못한다. 콘텐츠가 아닌 '콘텐츠 편집 기술'에 시간을 쓸 시청자는 그리 많지 않다. 결과적으로 <마리텔>의 '방영 매체 이원화'란 혁신은 시청률의 분화를 불러일으킨 양날의 검이었다.

외형은 '혁신', 내용은 '식상'

시청자가 1인 방송을 소비하는 이유는 단순하다. 타인의 개성이 가미된 콘텐츠를 통해 기존과 다른 특색 있는 즐거움을 느끼고 싶은 것이다. 그러나 <마리텔>은 형식은 참신했으나 그 내용은 식상한 경우가 더 많았다. 출연자 대다수가 배우·개그맨·가수·아나운서 등 연예인에 한정돼 만들어낼 수 있는 콘텐츠에 한계가 있었기 때문이다. 실제로 <마리텔> 파일럿 1회(2015. 2. 8)부터 35회(2016. 9. 18)까지 누적 출연자 수는 총 87명이며 이 중 약 54%인 47명이 연예인에 해당하는 것으로 나타났다. 특정 분야의 전문가가 아닌 연예인 게스트들이 만들어내는 콘텐츠는 요리·음악·노래·연기 등 매우 일상적인 소재에 머물렀다. 누구나 만들 수 있는 일상적인 콘텐츠를 단지 행위 주체가 '연예인'이라는 이유로 꾸준히 시청할 사람은 적을 수밖에 없다.

<마리텔> 제작진도 이를 인지하고 방송 중기부터 한계 극복을 위해 꾸준히 노력했다. 김구라만 고정 출연자로 설정하고 매회 새로운 게스트를 섭외했다. 콘텐츠가 비슷하다면, 콘텐츠를 만드는 '사람'이라도 매번

바꿔 새로움을 주겠다는 전략이었다. 연예인 외에 외부 전문가 섭외에도 공을 들였고, 실제로 이를 통해 일정 성과를 거두기도 했다. 메이크업 아티스트 정샘물과 웹툰 작가 이말년이 동시 출연한 2016년 1월 16일 방송은 전국 시청률 10.0%(닐슨코리아 기준)를 기록, 1월 중 최고 시청률을 갱신했다. 그 이전 시청률은 7.8%(2016. 1. 2), 8.7%(2016. 1. 9)였다. 또한 애견 전문가 강형욱이 출연한 2016년 9월 10일에도 전국 시청률 5.6%를 기록, 지난 2주간의 방송보다 상승한 수치를 보였다.

그러나 게스트 다변화도 내용의 식상함을 극복하기엔 부족했다. 아무리 호응이 좋은 콘텐츠였더라도 방송 3, 4회만 지나면 시청률은 여지없이 고꾸라졌다. 종이문화재단의 김영만 이사장이 대표적인 사례다. 2015년 7월 11일 <마리텔>에 첫 출연한 김영만 이사장은 2030 세대의 추억과 향수를 자극해 큰 호응을 불러일으켰다. 요리 연구가 백종원을 누르고 첫 출연에 우승을 차지했고, 곧 이어 2015년 7월 25일 두 번째 방송에서도 1위 자리를 지키며 승승장구했다. 그러나 세 번째 방송이었던 2015년 8월 8일부터 하락세를 보이기 시작했고 결국 8월 22일 마지막 방송에서는 최하위를 기록했다. 아무리 참신한 콘텐츠라도 반복되면 이 역시 쉽게 식상해진다는 것을 여과 없이 보여준 사례였다.

문화적 맥락을 이해해야만 웃을 수 있는 예능

<마리텔>의 또 다른 한계는 협소한 시청자 포용력이다. <마리텔>은 1인 인터넷 방송에 익숙한 10대에서 30대의 시청자를 겨냥해 제작됐다. 프로그램 구성, 게스트 선정, 편집 기술 등 콘텐츠 곳곳에 젊은 세대의 취향과 문화가 반영됐다. 콘텐츠에 녹아든 문화적 맥락을 이해해야만

<마리텔>을 보고 웃음과 재미를 느낄 수 있다. 인터넷 방송과 댓글 문화가 익숙한 젊은 세대는 <마리텔>이 추구하는 재미를 쉽게 이해하고 즐길 수 있다. 그러나 그것이 생소한 40대 이상의 시청자로선 이를 향유하기 어렵다. <마리텔>은 결국 다른 예능 프로보다 포용할 수 있는 시청자 연령대가 제한적이다.

문제는 제한적인 시청자 연령대가 TV 시청률에까지 악영향을 미치고 있다는 점이다. <마리텔>이 타깃으로 하는 10대에서 30대 사이 시청자는 TV 매체에 소비하는 시간이 극히 적다. TV 콘텐츠라도 웹이나 모바일을 통해 소비하는 게 더 익숙한 세대다. 그렇다고 중·장년층이 쉽게 접근할 수 있는 콘텐츠도 아니다 보니 <마리텔>의 TV 시청률엔 채울 수 없는 공백이 생긴다. 물론 이는 <마리텔>뿐만 아니라 현재 방영되는 대부분의 예능 프로가 갖고 있는 고민이다. 그러나 타 예능 프로는 젊은 세대를 타깃으로 하더라도 다른 세대가 쉽게 접근할 수 있다. 누구나 이해할 수 있는 단순한 포맷과 슬랩스틱 등 세대를 초월한 웃음이 중심이 되기 때문이다. <마리텔>이 <런닝맨>, <무한도전> 등의 예능보다 더 빨리 시청률 하락을 맞이하게 된 이유다.

현대 방송 환경에서 TV 시청률은 프로그램의 수익성을 대변한다. 아직까지 방송 광고 단가는 TV 시청률을 기초로 산정되며, 방송사는 이를 통해 수익성을 판단하고 방영의 지속 여부를 결정한다. 젊은 시청자가 웹과 모바일에서 아무리 <마리텔>의 콘텐츠를 많이 소비한다 하더라도, 광고 단가가 결정 나는 TV 시청률에 반영되지 못한다면 계속된 방영을 담보받을 수 없다. 방송사도 결국 경제 논리를 무시할 수 없는 이윤 추구 조직이다. <마리텔>이 지금처럼 계속해서 2%대의 낮은 시청률을 유지한다면, 프로그램의 종영은 어쩌면 생각보다 더 빨리 다가올지 모른다.

차별화 안 되는 차별성, 정체 없는 정체성

<마리텔>의 차별성은 인터넷과 TV 매체의 융합에서 나온다. 1인 방송 콘텐츠로 두 매체를 연결해 기존과 차별되는 <마리텔>만의 독창성을 획득했다. 그러나 문제는 이 차별성은, TV·인터넷 두 방송을 모두 소비해야만 알 수 있다는 것이다. <마리텔>을 기존 TV 프로와 다르게 만드는 것은 실시간, 쌍방향 등 인터넷 고유의 성질이다. 그리고 이런 성질은 TV 편집 과정을 거치면서 함께 제거된다. 시청자의 댓글은 더 이상 실시간으로 생성되지 않으며, 콘텐츠의 생산자와 수용자 간 쌍방향 소통은 다시 일방향으로 전환된다.

결국 시청자가 <마리텔>의 차별성을 제대로 느끼기 위해선 인터넷과 TV 방송 모두를 시청하는 작업이 필요하다. 이를 통해 두 매체의 융합 과정을 파악하고 매체별 콘텐츠 표현 방식을 비교해 공통점과 차이점을 깨달아야 한다. 둘 중 어느 한쪽 방송만 시청해서는 결코 <마리텔>만의 독창성과 차별성을 알 수 없다. 사실상 TV 시청자들이 보는 것은 가공된 형태의 반쪽짜리 인터넷 방송인 까닭이다. TV 방송만 시청한 사람들 눈엔 <마리텔>은 그저 숱한 TV 예능 프로 중 하나로 비춰질 수밖에 없다.

<마리텔>의 위태로운 차별성은 곧 정체성 구축의 실패로도 이어졌다. 현재 <마리텔>의 '실시간 1인 방송'이란 정체성은 프로그램 그 자체가 아닌, 프로 출연진에 의해 지탱되고 있다. 인터넷 방송 출신인 MC 김구라의 고정 출연, 중간마다 방송 중계를 해주는 MC 서유리, 이 두 출연진이 <마리텔>이 동시다발적으로 여러 콘텐츠가 생성되는 '인터넷 방송'을 접목한 TV 프로그램임을 상기시켜준다. 이 두 출연진을 제외하면 사실상

<마리텔>은 기존 TV 예능 프로와 다를 게 없다. 아무리 많은 게스트들이 동시다발적으로 콘텐츠를 생성하더라도, 시청자에겐 시간에 따라 순차적으로 보여지기 때문이다. '매체 융합' 대신 '출연진'이 프로그램의 정체성을 대변하고 있는 지금, 과연 <마리텔>의 본래 기획 의도가 무엇이었는지 의문이 남는다.

그럼에도, <마이 리틀 텔레비전>은 혁신이었다.

그럼에도 <마리텔>은 혁신이었다. '일방향성'이라는 TV 매체의 한계를 능동적으로 극복하고 최신 트렌드인 1인 방송과 전통 매체인 TV를 결합한 사실만 놓고 봐도 <마리텔>은 분명 한국 방송계에 한 획을 그었다고 할 수 있다. 비록 <마리텔>이 매체 간의 궁극적인 융합에는 실패했다고 할지라도, 그 시도만으로도 충분히 의미 있는 일이자 방송계의 혁신이었다.

<마리텔>이 한국 방송계에 시사하는 바는 분명하다. 한국 방송계는 <마리텔>을 통해 시청자들의 '맞춤형 콘텐츠', '1인 방송'에 대한 수요와 욕구를 확실히 확인할 수 있었고, TV 매체의 '일방향성'과 '생산자 주도 콘텐츠'라는 한계를 극복하는 방향 한 가지를 배웠다. 동시에 선정적이고 폭력적인 인터넷 1인 방송의 '저품질 콘텐츠'의 규제 방안으로 TV 편집 기술이 어느 정도 활용될 수 있음을 확인했다. 한국 방송계는 이러한 <마리텔>의 선례를 바탕으로 계속해서 TV 매체의 한계를 보완하고 혁신을 이어나가야 한다. 인터넷 고유의 성질을 해치지 않는 새로운 TV 편집 기술을 개발하고, '1인 방송'이라는 본래 기획 의도와 정체성에 맞게 프로그램 포맷을 수정해야 한다. 특히 1인 방송이 '원하는 누구나

콘텐츠 생산자가 될 수 있다'란 뜻임을 고려할 때, TV 프로그램 안에서 콘텐츠 생산자로서의 시청자 역할을 고민할 필요가 있다.

<마리텔>은 한국 사회에서 TV의 판타지적 가치를 재확인시켰다. TV는 실현되지 못한 욕망을 대리 실현해주는, 동시에 어떤 것을 어떻게 욕망하는지 보여주는 판타지다. 이런 관점에서의 <마리텔>은 최근 대중들의 욕망이었던 '1인 방송'을 실현해줬다는 의의가 있다. 단순히 콘텐츠를 소비하는 것을 넘어, 직접 콘텐츠 생산의 주체가 되는 1인 방송을 TV와 성공적으로 융합시켰다. <마리텔>의 혁신은 결과적으론 좀 더 보완이 필요했지만, 향후 전통 매체의 환경을 극복하려는 또 다른 이들에게 소중한 이정표가 될 것이다.

가작

소녀들의 헝거게임, '당신의 소녀에게 투표하세요'

<프로듀스 101>

김다예

<프로듀스 101>은 국내 46개 기획사에서 모인 101명의 여자 연습생들이 참가한 초대형 프로젝트로 '제작하다'라는 뜻의 '프로듀스'와 '입문'이라는 뜻의 '101'을 결합, 최종적으로 11명으로 구성된 유닛 걸 그룹을 만드는 프로그램이다. "당신의 한 표가 소녀들의 운명을 결정한다!" <프로듀스 101>의 홈페이지 메인에 걸려 있던 캐치프레이즈이다. 방송을 보면 이 문구가 결코 과장이 아닌 것을 알 수 있다. <프로듀스 101>은 국내 50여 개의 엔터테인먼트사에서 모인 소녀 연습생 98명이(101명 중 3명은 방송 이전에 출연을 포기했다) 허리를 90도로 굽히며 "국민 프로듀서님 잘 부탁드립니다!"를 외치며 시작한다. 98명의 연습생은 100% 시청자 투표로 1등부터 98등까지 순위가 매겨지고, 최종 상위 11명의 소녀만이 유닛 걸 그룹으로 데뷔하는 기회를 얻는다.

<프로듀스 101>은 2016년 1월 22일에 방영한 1회가 1%대(닐슨코리아 기준)에 불과한 시청률을 기록했으나 최종회는 평균 4.3%, 최고 4.4%의 시청률을 기록하며 8주 연속으로 케이블과 종편 채널 중 동시간대 1위를 차지했다. 대중이 이처럼 오디션 프로그램에 열광하는 모습을 보였던 것은 이번이 처음은 아니다. 동일 방송사 Mnet의 오디션 프로그램인 <슈퍼스타K>는 한때 100만 명 이상의 지원자가 참가하며 명실상부 '대국민' 오디션으로 불리기도 했다. <쇼미더머니>는 힙합이라는 매니악한 소재 선택에도 불구하고 5000여 명이 참가했고 발매된 음원은 음원 차트를 독식하는 등 힙합 신드롬을 일으켰다. 이처럼 오디션 프로그램 열풍의 이유를 참여의 개방성으로 해석할 수 있다. 하지만 <프로듀스 101>은 자유로운 참여와는 거리가 멀다. 누구나 참여 가능했던 <슈퍼스타K>나 <쇼미더머니>와는 달리 <프로듀스 101>의 참가자들은 이미 기획사를 통해 상업적으로 걸러진 연습생들이다. 개인 자격 참가자는 5명뿐이었다. 제작진과 회사에게서 선택받은 존재들만 경쟁에 참가할 수 있고, 이 경쟁의 룰은 거대 자본이 정한다.

국민 프로듀서의 실체

<프로듀스 101>에서 대중의 역할은 지난 오디션 프로그램들과 판이하다. <프로듀스 101> 이전의 오디션 프로그램에서 대중은 말 그대로 '참가자'였다. 대중은 경쟁에 직접 참가하거나 혹은 프로그램에 참가한 일반인의 무대를 보고 심사위원의 평가를 들으며 참가자의 입장에 이입했다. 하지만 <프로듀스 101>에서 대중은 참가자의 자격을 박탈당했다. 제작진이 연예 기획사를 통해 섭외한 98명의 참가자만이 이 경쟁에 참여할

수 있는 자격을 얻은 것이다. 제작진은 경쟁 자체를 소수의 것으로 만들었다. 경쟁에서 배제된 대중은 '국민 프로듀서'라는 역할을 부여받았다. 프로그램에는 참가자들을 지도하고 평가할 심사위원이 부재하다. 그 대신 '당신의 한 표가 소녀들의 운명을 결정한다'며 '당신의 소녀에게 투표하라'고 시청자들을 독려한다. 시청자는 평가자의 자리를 대신한다. 참가자 98명은 꿈을 꾸는 소녀들이고 소녀들의 꿈을 당신이 '투표'를 통해 실현할 수 있다고 말한다. 이는 마치 미소녀 육성 게임을 하는 것과 같은 쾌감을 제공한다. 시청자는 한 순간에 98명의 운명을 손에 쥔 권력자가 되는 착각에 빠짐과 동시에 책임감을 어깨에 짊어지게 된다. '국민 프로듀서'는 데뷔를 위해 땀 흘리며 경쟁하는 98명의 연습생을 데뷔시켜주어야 한다는, 혹은 데뷔시킬 수 있다는 착각에 빠진다. 그래서 소녀들이 부르는 노래의 가사는 "Pick me, pick me, I want you pick me up!"이다. 너무나 노골적으로 '뽑아달라'고 말한다. '국민 프로듀서'는 참가자의 꿈을 응원하기 위해 소녀에게 투표한다. 다시 말하면 선택을 받지 못한 소녀는 꿈을 꿀 수 없다는 이야기와 같다.

시청자가 스스로 투표하여 순위를 매기는 시스템임에도 불구하고 서바이벌 프로그램이면 의례적으로 나오는 공정성 논란이 이 프로그램에도 따라붙었다. 편집이 방송에 미치는 영향을 무시할 수 없었기 때문이다. <프로듀스 101>은 태생적으로 모든 참가자가 공정한 기회를 얻기는 힘든 구조이다. 심사위원이 모든 참가자의 무대를 직접 보고 평가하던 방식의 기존 서바이벌 오디션 프로그램과 달리, 평가를 내려야 하는 주체인 시청자에게 90분이라는 한정된 방송 시간 안에 모든 연습생들이 차등 없이 브라운관에 출연하는 것을 본다는 건 물리적으로 불가능하다. 참가자들이 센터에 서기 위해 갈등을 빚는 모습을 보이는 것도 이 때문이다.

방송에 노출되어야 사람들의 관심을 받을 수 있고 그것이 바로 본인의 '생존' 문제와 직결한다. 실력을 보여주고 인정받는 것은 국민 프로듀서 '님'의 눈에 든 다음의 문제가 된다.

방송국에 의해 참가자들은 A부터 F까지 등급이 매겨졌다. 무대의 가장 중앙에 있는 A등급부터 무대 아래의 F등급까지 목청껏 'Pick Me'를 외치며 국민 프로듀서'님'에게 구애했지만 마치 예정된 순서인 듯 하위 등급의 소녀들은 빛 한 번 못 보고 방출의 운명을 맞게 됐다.

하지만 의도된 편집이 필요하다

저명한 전문가들의 평가가 중요한 이전의 오디션 프로그램들과 달리 <프로듀스 101>은 국민 프로듀서인 시청자들의 공감을 기본으로 한다. 경쟁의 중요한 요소가 된 방송 분량은 타당한 이유가 있어야 시청자들의 공감을 얻을 수 있다. 2016년 3월 18일 방송 된 9화에서 허찬미는 리드 보컬 포지션으로 무대를 선보였다. 하지만 방송분에서 인터뷰는 물론 무대 위에서까지 허찬미의 모습을 찾아보기 힘들었다. 이는 마치 허찬미의 친언니가 악마의 편집 논란에 불을 피운 것에 대한 보복성 편집이 아닌가 하는 생각이 들게 했다. 이에 관해 제작진 측은 '특정 연습생의 분량을 바람직하지 않은 의도로 편집하는 일은 절대 없다'고 강력 반발했지만 분명 문제는 있다.

민주언론시민연합 방송모니터 위원회에 따르면 <프로듀스 101>의 1회부터 7회까지 출연자들의 방송 화면 노출 시간과 순위 사이의 상관관계를 따져보았을 때 출연자의 방송 화면 노출 시간이 많을수록 순위가 높은 경향이 뚜렷하게 나타났다. <프로듀스 101>은 2월 19일 방송분인

5회와 3월 11일 방송분인 8회에서 두 차례 연습생 방출 평가를 실시했다. 평가는 매회 실시한 온라인 투표 누적과 당시 무대 현장 투표를 합산하여 득표 순위를 매겨 이루어졌다. 1차 방출 평가에서 방출된 연습생 36명의 평균 방송 노출 시간은 12.52초로 득표 상위 36명의 평균 방송 노출 시간인 58.52초와 4배가량 차이가 났다. 심지어 상위 11명의 평균 방송 노출 시간은 80.45초로 1차로 방출된 하위 36명과 비교하면 7배의 큰 차이를 보였다. 이런 양상은 2차 방출 평가에서도 비슷하게 나타났다. 물론 예외는 존재한다. 김미소, 김우정 연습생은 최종 11인이 된 김도연 연습생과 비슷한 시간 동안 방송에 노출되었으나 각각 73등과 74등을 기록하고 탈락했다. 이는 체력적으로 한계가 있는 모습과 센터에 대해 부정적으로 발언한 모습을 반복적으로 보여주는 등 부정적인 노출이 많은 경우였다.

시청자들은 전적으로 방송된 내용에 의존해 본인의 한 표를 행사한다. 이는 방송에 조금이라도 더 노출되고 긍정적으로 언급되는 참가자에게 국민 프로듀서의 한 표가 던져질 가능성이 높다는 것을 의미한다. 제작진이 최대한 공정하게 98명의 참가자를 보여주지 않는다면 이것은 그들에게 공정한 기회를 제공하지 않는 것이다. '국민 프로듀서의 공정한 대국민 투표'는 애초에 허상이 된다는 이야기이다. 제작진은 '공평함'이 의도된 편집을 했어야 한다. 하지만 기존 오디션의 핵심이었던 실력에 따른 공정한 평가라는 제스처는 이 방송에선 변방으로 쫓겨나 버렸다. 제작진이 공정함을 의도에 두지 않고 만들어낸 시선은 98명의 소녀들에게 가해지는 희망 고문이고 또, 미디어 폭력이다.

소녀는 있지만 사람은 없다

<프로듀스 101>이 방송 종료된 후, 방송사 Mnet 측은 남자 버전 <프로듀스 101>을 만들 계획이 있다고 발표했다. 이후 <소년24>라는 프로그램이 방송되면서 <프로듀스 101>의 남자 버전이 아닌가 하는 관심을 끌게 되었다. 이에 관해 Mnet 관계자가 "남자 버전의 <프로듀스 101 시즌 2>가 내년 1월 방송을 목표로 하고 있으며 현재는 기획 중인 단계"라고 밝혔다. 그럼에도 불구하고 <소년24>는 <프로듀스 101>과 비교 선상에 놓일 수밖에 없었다.

<프로듀스 101>의 메인 MC 포지션을 맡은 장근석은 "국민 프로듀서 대표"라는 직함으로 소개되었다. 장근석은 소녀들에게 코멘트를 던지기도 하고 프로그램 전체를 주체적으로 이끌어가는 리더 역할을 소화했다. 반면에 소년24의 MC 포지션을 맡은 오연서는 "소년24의 얼굴, 소년24의 뮤즈"라고 소개된다. <소년24>는 여성 MC를 단지 소년들에게 '영감'을 주는 매개체로만 소비한다. 소년들과 소녀들의 주제가 노래가사를 비교해 보면 그 차이는 더 분명하게 드러난다. "We're rising star!" 소년들의 노래는 '주인공은 나'라는 이야기를 전달한다. 소년들이 얼마나 성장할지 기대해달라는 호소로 가득하다. 소년들은 이미 '아티스트'로서 오로지 본인의 재능을 보고 판단해달라고 이야기한다. 하지만 소녀들의 노랫말은 "I want you pick me up!" 처음부터 끝까지 본인들을 뽑아달라고 외친다. 소녀들이 어떤 꿈을 꾸고 있는지에 대한 설명은 일절 없다. 소녀들의 노력에 대한 언급 또한 없다. 노래 가사 속 소녀들은 단지 "Pick me"만 반복해서 외치는 인형과 같다. 소녀들이 행동을 하고 생각을 할 수 있는 주체라는 사실을 깔끔히 배제하고 만들어진 제작진의 상상 속 '마리오네

트'를 위한 노래일 뿐이다.

<소년24>는 5000여 명의 일반인을 대상으로 오디션을 실시했던 것부터 기존의 오디션 프로그램들과 평가 방법이 크게 다르지 않다. 시청자들의 평가와 투표 기준은 참가자의 가능성과 실력에 집중되는 구조다. 하지만 소녀들에게는 이야기가 달라진다. 방송사와 기획사를 통해 한차례 검증되어 뽑힌 98명의 소녀는 마치 간택을 기다리는 여성들처럼 피라미드 구조물 위에 앉아 90도 인사를 하며 시작한다. 노래, 춤, 그리고 외모를 포함한 국민 투표를 빙자한 인기투표를 통해 1위부터 11위까지 데뷔할 기회를 얻는다. 10퍼센트의 선택된 소녀들. 여기서 화류계 은어를 떠올린다면 지나친 비약일까? Mnet 한동철 국장은 <하이컷>(178호)과의 인터뷰에서 "여자판을 먼저 만든 건 남자들에게 건전한 야동을 만들어줘야 한다는 생각에서"라면서, "출연자들을 보면 내 여동생 같고 조카 같아도 귀엽지 않나, 그런 류의 야동을 만들어주고 싶었다"라고 말했다. <프로듀스 101> 출연자의 평균 연령은 19.6세였다. 소녀들에게 짧은 교복 치마를 입히고 "Pick me up!"을 외치게 한 의도가 '남자들을 위한 건전한 야동'이었다는 것은 우리 사회의 문제가 고스란히 드러난 것이다. 10대 출연자들을 중심으로 '건전한' 야동을 찍고 싶었다는 발언은 최근의 아이돌계에 만연한 롤리타적 요소를 생각나게 한다. 문화 콘텐츠 속에 롤리타적 요소가 얼마나 교묘하게 녹아들었는지 전 연령층을 막론하고 대중문화를 소비하는 집단의 대부분이 어떤 점이 잘못된 지점인지조차 정확이 인지하지 못하고 있다. 논란이 일자 문제 발언을 한 한동철 국장은 CJ E&M을 통해 "'눈을 떼기 힘들 정도의 강력한 콘텐츠'라는 표현을 하기 위해 사용한 단어"라며 "프로그램이 주는 재미와 활력이라는 상징성을 부적절한 단어 선택으로 오해를 일으킨 점"에 대해 사과했다. 어이없는 변명이

아닐 수 없다. 엄연히 불법 콘텐츠인 야동을 아무 거리낌 없이 공식적으로 발언한다는 것부터 잘못이다. 기본적인 문제의식조차 가지지 못한 연출 아래에서 탄생하는 창작물이 얼마나 문제적인 콘텐츠일지는 불 보듯 뻔하다. 일차적으로 굉장히 기괴한 이 구조는 수동적인 여성상을 요구하는 남성의 욕망이 녹아 있다고 보인다. 방송이 대중에 미치는 파급력은 무시할 수 없는 만큼, 여성 인권에 미치는 영향 또한 간과할 수 없다. 방송 콘텐츠에서 점점 더 수동적인 여성상을 소비할수록 대중들은 더욱더 여성을 하나의 주체적인 인격체로 인정하지 않고 대상화하는 것을 반복할 것이다. 우리 사회, 방송가에 만연한 여성혐오가 콘텐츠에 그대로 드러나는 것에 민감하게 반응하며 시청해야 할 필요가 있다. 또 다른 2차, 3차 학대와 폭력, 혹은 더 천박한 기획이 방송될 가능성 막기 위해서라도 말이다.

그럼에도 불구하고 우리는 본다

닐슨코리아의 자료에 따르면 <프로듀스 101>는 주요 시청층인 10~30대의 모든 연령대에서 여성 시청자 수가 남성 시청자 수에 비해 2배 이상 많았다. 특히 10대에서는 남성 시청률이 1.1%였으나 여성 시청률은 4.4%로 4배나 높았다. 20대에서도 남성 시청률은 0.9%이었으나 여성 시청률은 3.0%로 3배 이상 높은 것으로 나타났다. <프로듀스 101>이 남성 시청자들보다 여성 시청자들에게 더 폭발적인 반응을 얻게 된 것은 어떠한 이유에서였을까?

우리나라의 예능 프로그램은 지극히도 남성 중심적인 성향을 보여주고 있다. 이것은 비단 <프로듀스 101>에만 한정되는 이야기는 아니다. 남성 중심적인 방송 환경 속에서 남성 시청률보다 여성 시청률이 높게 나타나는 수치는, 남자들의 욕망을 자극하는 프로그램 속에서도 일정한 여성향적 코드를 스스로 찾아내는 여성들의 절박한 시청 패턴을 보여주는 것일지도 모른다.

여성 경쟁 구도에서 '질투'나 '암투'는 빠지지 않는 고정관념이며 '여자의 적은 여자다'라는 말까지 빈번하게 회자되곤 한다. <프로듀스 101> 제작진도 크게 다르지 않았다. 김세정과 전소미 사이의 라이벌 구도를 만들려는 편집이나 허찬미에게 악역을 맡게 하려는 의도가 그러했다. 하지만 이러한 시도들은 보기 좋게 실패했다. 출연자와 그 주위 인물들의 SNS를 통한 적극적 해명 때문이었다. 그 속에서 여성 시청자들은 여성들의 '우정'과 '연대'에 집중했다. 소녀들이 센터를 둔 경쟁이나 1위를 두고 질투하는 그림은 이미 카메라 밖으로 쫓겨나 버렸다. 연출자의 초기 의도와 다르게 여성 시청자들은 소녀들이 서로의 성장을 위해 함께 의논하고 협동하는 모습에 반응했다. 그 때문에 아이로니컬하게도 <프로듀스 101>은 여성을 중심으로 성장하는 드라마를 그린 거의 유일무이한 프로그램이 되었다. 대한민국 예능의 소위 '웃(기고 슬)픈' 현실이다.

'국민 프로듀서', '국가대표 걸 그룹'과 같은 국가주의적 호소, '악마의 편집'을 포함한 방송사의 '병'을 향한 '갑'질, 평균 나이 19.6세에 불과한 소녀들에 대한 노골적인 성 상품화와 성적 대상화 등 <프로듀스 101>을 향한 여러 논란이 계속 불거진 것은 사실이다. 그럼에도 불구하고 우리는 본다. 소녀들은 매주 눈물을 흘린다. 소녀들의 눈물이 전파를 타고 퍼져나갈수록 시청자들은 '나의 소녀'를 저 끔찍한 곳에서 구해내야겠다는 심리에 사로잡혔다. 제작자는 '국민 프로듀서의 국민 투표'라는 장치를 이용하여 시청자가 참가자에게 이입하는 대신 상품을 평가하는 소비자의 위치에 제한시키려 했다. 하지만 시청자들은 소녀들의 가혹한 성장기와 도전을 응원하는 열광적인 응원자가 되었다. 연출자의 의도는 실패했지만 프로그램은 성공했다. 그리고 이 성공은 오로지 소녀들의 힘으로 인한 것이다. 여성이 주된 스토리를 끌어가는 방송을 찾기 힘든 우리 방송 시장에서 여성들은 숨 쉬기 위해 다른 탈출구를 찾았다. 그 탈출구가 다시 지옥으로 돌아오는 회전문이었을지언정, 벽을 부수고 문을 열기 위한 절박한 시도는 계속될 것이다.

가작

‘시선의 조정’을 통한 역사 읽기 실험

<역사저널 그날>로 본 역사 교양 프로그램의 새로운 시선

임한솔

‘역사 대중화’를 기치로 편성표의 한편을 지켜온 KBS 역사 교양 프로그램의 계보를 다소 수상한 프로그램이 잇고 있다. 이례적인 포맷을 제시하였음에도 그 시도는 매우 성공적이고 안정적이다. 1990년대부터 2000년대에 이르기까지 <역사스페셜>로 대표되는 일련의 프로그램들이 다큐멘터리로서의 정체성을 지키는 데 충실했다면, 2013년 10월부터 현재까지 방영 중인 <역사저널 그날>은 ‘역사 예능’ 혹은 ‘인포테인먼트(infotainment)’ 프로그램으로 불리며 그동안 다큐멘터리로써 다루어온 주제를 토크쇼의 형식으로 풀어낸다. 이 프로그램에서는 학자, 교사, 시인, 영화감독 등 다양한 분야의 패널들이 탁자에 마주 앉아 역사 이야기를 주고받는다. 기존의 역사 교양 프로그램에서 가상 스튜디오를 매개로 활용할 뿐, 대부분은 자료를 영상으로 조합하여 내보냈던 것을 떠올리면 상당히 다르다.

실험적인 시도라고 치부되지만 행보는 이미 실험의 단계를 넘어선 지 오래다. 방영을 시작한 지 이미 3년가량이 흘렀고, 다양한 주제를 다루면서도 균형 잡힌 모습을 보여주었다. 이에 대하여 일각에서는 교양 프로그램으로서의 진중함을 잃었다든가, 성공하기 쉬운 대중적 장치들을 도입한 무난한 결과라는 판단을 내리기도 한다. 그러나 이 프로그램이 새로운 포맷을 통해 성취한 것은 단순한 재미 혹은 대중성의 차원을 넘어선 것으로 보인다. 인물과 사건 중심의 방향 설정과 토크쇼의 형식은 다루는 대상이 역사이기 때문에 특히 유효한 측면이 있다. 그렇기 때문에 예능적이라든가, 엔터테인먼트의 요소를 차용했다는 말로는 이 프로그램의 포맷이 지닌 가치를 제대로 평가하기 어렵다. 이 글은 <역사저널 그날>의 포맷의 특징과 역사 교양 프로그램으로서의 미덕을 살펴보고, 이를 통해 새로운 시도가 가져올 수 있는 방송 프로그램의 가능성을 이야기해보고자 한다.

인물과 사건을 중심으로 한 '가까이 바라보기'

<역사저널 그날>의 제작진은 홈페이지에 소개된 기획 의도에서 '그날'의 의미에 대해 "역사가 움직인 터닝 포인트인 결정적 하루"를 제시하고, "그날의 주연과 조연은 누구였으며 그 당시 세계는 어떻게 흘러가고 있었고 오늘에게 던지는 메시지는 무엇인지를 수다로 풀어보는 본격 역사 토크쇼"로 프로그램을 설명한다. 여기서 주목되는 부분은 "결정적 하루"와 "주연과 조연"이라는 표현이다. <역사저널 그날>이 기존의 역사 교양 프로그램과 우선적으로 차별화한 부분은 주제 선정에서 인물과 사건

을 놓지 않는다는 점이다. 백제의 성세를 다루는 편은 "백제의 영웅 근초고왕, 고구려의 원수가 되다"(2015. 9. 6)로, 고구려의 성세를 다루는 편은 "고구려 장수왕, 평양 천도하던 날"(2015. 9. 20)로 제목을 잡았다. 이 외에도 각 편은 인물과 그 인물이 이끌어가는 사건을 중심축으로 삼는 경우가 대부분이다. 서사적 구도를 표면으로 내세우는 경우도 있는데, "왕좌의 게임, 견훤 vs 왕건"(2016. 3. 27), "야합과 배신의 드라마, 관산성 전투"(2015. 10. 4) 같은 편에서는 현대적인 감각을 동원하여 당대의 역사적 사건을 극적으로 그리고자 하는 의도가 돋보인다.

인물과 사건을 중심에 두었을 때의 강점은 무엇보다도 역사적 사실의 전달에 극적 긴장감과 흐름을 실어낼 수 있다는 것이다. 이는 긴 시간 동안에 일어났던 역사적 사실들을 짧은 시간에 전달해야 하는 역사 교양 프로그램의 특성상 자칫 지루하거나 산만해질 가능성을 줄여준다. 또한 패널이 당대 사람들의 입장이 되어 선택과 갈등의 상황을 내면화하여 들여다봄으로써 보다 생기 있는 이야기 전달을 가능하게 한다. 가령 "바보 온달, 고구려의 전쟁영웅이 되다"(2015. 10. 11) 편에서는 평강왕이 온달을 인정하는 과정을 오늘날의 장인과 사위의 관계에 비추어 설정한 후 감정적 충돌과 사회적 체통 유지의 복합 관계로 논의해나간다. 보다 흥미로운 장면은 역사의 무대에서 곧잘 생략되는 주변 인물 혹은 백성의 입장으로 당대의 분위기를 상상하는 부분이다. "고대사 인물열전 1편: 흑치상지"(2016. 1. 3) 편에서는 나당연합군에 의해 절체절명의 위기에 몰린 백제의 상황을 다루며 '내가 백제의 백성들이었다면 어땠을까?'라는 질문을 던진다. 살육이 난무하는 상황에서 두려움에 떨며 자신들을 구원해줄 영웅적 인물을 기다리고 있었을 백성들의 상황을 상상으로 복원한 후, 당시의 귀족층이 백제를 배신하고 신라와 내통했던 역사적 사실을 제시한다. 역사교육에서 당대 사회의 상부구조의 사실관계만 나열식으로 제시하는 방식에 익숙한 시청자로서는 익숙지 않은 관점이다. 그러나 동시에 소설, 드라마 등의 콘텐츠를 통해 캐릭터의 감정 이입에 익숙한 시청자들이 역사적 상황을 쉽게 이해할 수 있는 관점이다.

<역사저널 그날>은 한국사를 조선·삼국·고려 시대의 순서에 따라 통사적인 흐름으로 주제를 잡아나갔다. 2015년 8월에 삼국 시대를 다루기 시작하여 현재에는 고려 중기를 다루는 중이다. 중심 소재의 선정에서 국가사, 왕조사 위주라는 점에서는 그다지 새로운 시도라고 볼 수 없겠으나 각각의 이야기를 전달하는 세부적 관점에서는 꽤나 흥미로운 관점을 택하고 있다. 역사적 인물들을 명문화된 역사에서 해방시켜 인간적 고뇌와 선택의 순간에 배치시키고, 기록되지 않은 장면들을 상상하여 맥락화한 상태에서 해석하는 방식은 역사학이 스스로를 극복하기 위해 제시한 대안적 방법론과 크게 다르지 않다. <역사저널 그날>이 선택한 구성의 힘이 단순히 대중성으로만 설명되기 어려운 첫 번째 이유이다.

토크쇼의 형식을 통한 '과정 보여주기'와 '거리 두기'

이상이 주제적 측면에서 살펴본 프로그램의 특징이라면, 다음으로는 형식적 측면에서의 특징을 살펴보겠다. 역사 이야기를 토크쇼의 형식으로 전달할 때의 장점은 크게 두 가지로 나눌 수 있다. 먼저, 토크쇼의 발화가 비완결적이고 쌍방향적임에 주목해보자. 프로그램의 패널들은 다양한 분야의 사람들로 이루어져 있다. 사학 전공의 연구자와 역사 과목 담당 교사가 세 명 정도로 구성되고, 나머지는 방송, 영화, 문학 등을 업으로 삼는 문화 관련 종사자들이다. 이들은 물론 역사에 대해 비교적 높은 관심을 보여주는 인물들이다. 그러나 역사학적 논의를 전개하는 데에는 익숙지 않은 비전문가들이다. 정통적인 역사 다큐멘터리라면 비전문가를 스크린에 출연시킬 때 현재의 역사의식을 조명하는 정도로 그치겠지만 이 프로그램에서는 다르다. 비전문가 패널들은 역사적 사실에 대하여 '왜'라는 질문을 스스럼없이 던지고 '나라면' 혹은 '사실이라면'이라는 전제를 통해 당시의 상황에 대한 적극적인 해석을 시도한다. 가령 "의자왕, 천신만고 끝에 왕이 되다"(2015. 11. 8) 편에서는 의자왕이 갑자기 사치와 향락에 빠지게 되는 원인에 대하여 패널들은 나이, 지위, 병세 등을 감안하여 다양한 풀이를 전개한다. 짧고 건조한 문장으로 기록된 사료들의 간극을 경험과 상상력을 통해 자유롭게 메워보는 것이다. 이러한 해석들은 다소 설득력이 떨어지고, 고민의 깊이가 낮기도 하다. 이때 전문가 패널들은 국제 정세를 위주로 한 정치한 해석의 근거를 제공한다. 패널들은 여기에서 다시 출발하여 새로운 질문들을 만들어내고 사치, 향락에만 천착하는 의자왕이라는 기존의 이미지에 대해 의문을 남기며 대화를 마무리한다.

이 프로그램에서 패널들이 하나의 탁자에서 마주 보고 나누는 대화의 흐름은 역사가 만들어지는 과정을 떠올리게 한다. 제한된 자료를 모으고, 이들 사이의 관계를 가설적으로 연결해보고, 여기에 새로운 자료나 연구 결과를 비추어보며 기존의 논의를 수정하는 것이다. 시청자들이 대화 속에서 역사의 구성 과정을 엿본다는 것은 역사가 고정된 것이 아니라는 것과 상상을 통해 변모하고 스스로를 극복해나감을 일깨운다는 점에서 중요하다. 교과서나 기존의 다큐멘터리식 교양 프로그램은 고민의 결과를 전달하는 데 충실하지만 고민의 과정을 전달하지는 않는다. <역사저널 그날>의 토크쇼형 포맷은 역사에 관한 고민이 시행착오를 겪고, 성숙하고, 해결되지 않는 부분은 여지를 남기는 등 그 비완결적 성질을 그대로 드러낸다는 점에서 보다 '역사적'이다.

토크쇼가 역사 교양 프로그램의 형식으로 흥미로운 또 한 가지는 제작진이 시청자와 직접 대면하여 말을 건네지 않는다는 점이다. 진행자가 제작진이 만든 영상 콘텐츠를 안내하는 기존 방식은 전달과 수용의 주체가 명확히 나뉘는 구도로 이루어졌다. 반면 <역사저널 그날>이 취한 토크쇼 형식은 시청자와 패널의 시선이 동일한 방향을 바라볼 때가 많다. 스튜디오에 앉아 있는 출연진 중 이야기를 전하는 사람은 한 명뿐, 나머지 출연진은 시청자와 함께 이야기를 듣는다. 프로그램 내에서 영상을 감상할 때나 따로 준비된 스튜디오에서 진행되는 패널 외 전문가의 설명을 들을 때도 마찬가지이다. 이러한 구도는 '듣는 출연진'의 모습을 통해 시청자들의 몰입을 유도한다는 점에서도 효과적이지만, 전개되는 이야기로부터 일정 정도의 거리 두기를 가능하게 한다는 점에서도 의미가 있다. 패널들은 전문가의 이야기를 경청하는 한편, 엉뚱한 질문을 하거나 학술적 차원의 이야기에 동의하지 않기도 한다. 이는 패널의 개성을 드러내는 지점인 동시에 개인의 역사 수용 태도에 관해 시사하는 바가 있다. 역사의 본질은 이야기이다. 이야기는 받아들이는 것이 아니라 나누는 것이지만, 역사에 관해서 우리는 그것을 잊는 경우가 많다. 토크쇼의 형식이 균형 잡힌 역사-이야기의 공유를 암시한다고 여겨지는 까닭이다.

지금까지 많은 역사 교양 프로그램들이 스크린을 거쳐 갔다. <역사저널 그날> 또한 그 일환으로 이해되고, 조명되는 것이 자연스럽다. 그러나 이 프로그램이 점한 위치가 그 연속선상에 있다고 말하기는 어렵다. 역사를 다룬 논픽션이라는 점에서는 기존의 프로그램들과 같은 영역에 있다고 보인다. 그러나 역사를 어떻게 다루어야 하는지를 주제와 형식의 차원에서 근본적으로 고민했다는 점에서 이 프로그램은 다른 영역으로 한 걸음 나아간 시도로 생각된다.

역사를 방송 프로그램을 통해 전달할 때의 강점은 무엇보다도 '시선'의 측면으로 조명할 수 있을 것이다. 역사는 어떠한 각도로 접근하느냐, 어떠한 단계로 드러내느냐, 어떠한 거리에서 바라보느냐에 따라 상이한 모습으로 나타난다. 이러한 시선의 조정, 시선의 실험은 글의 형식으로 수없이 시행된 바 있다. 그러나 시선의 실험을 글로 이해하기 위해서는 글로 이루어진 세계관을 유영할 수 있는 준비 과정이 필요하다. 방송은 여러 가지 매체가 결합하여 이루어지는 복합 매체이다. 말과 글은 물론이며 영상과 음향 등을 동원하여 메시지를 전달할 수 있다. 시선은 주제나 관점 같은 내용적 측면으로 드러나기도 하지만, 공간감이나 이미지를 통해 감각적으로 드러나기도 한다. 따라서 시선의 조정은 글을 통해서 전달할 때보다 방송을 통해 전달할 때 좀 더 효과적인 측면이 있다.

<역사저널 그날>이 성취한 의미가 여기에 있다. 방송이 다른 매체에 비해 유리한 지점이 역사 읽기의 방법론과 연동되어 발휘된 것이다. 그 때문에 <역사저널 그날>의 성공적 실험이 시사하는 바는 역사 교양 프로그램에만 그치지 않는다. 형식에 관한 고민이 수반되지 않은 채 콘텐츠를 앞세우는 프로그램들이 많은 현실이다. 시선을 가다듬지 않으면 앞선 세계로 내딛기가 요원하다. 당장의 순간이 아닌 앞으로의 역사를 바라보는 방송 프로그램들의 새로운 시도를 기대한다.

가작

노인을 위한 나라의 가능성과 쓸쓸한 한계

<디어 마이 프렌즈>의 세계

김현순

노인을 위한 나라는 없다

"노인을 위한 나라는 없다." 예이츠(William Butler Yeats)의 시 「비잔티움으로의 항해」에서 비롯된 이 상징적 메타포가 같은 제목의 매카시(Cormac McCarthy)의 소설과 코엔 형제(Coen Brothers)의 영화를 거쳐 드디어 우리가 살아가는 사회현상을 설명하는 시대적 키워드로 자리 잡은 지는 꽤 오래되었다. 공동체의 지혜로운 연장자로서의 노인이 부재하는 것, 노인 세대를 젊은 세대가 더 이상 존중하지 않는 것 등의 정서적인 문제도 있지만 그 결정적인 이유는 노년의 삶을 위협하는 빈곤과 소외 등이 가져오는 삶의 추락이다. 이런 경제적인 궁핍과 고독, 관계의 단절은 노년의 삶을 고통스럽게 하고 자살률과 노인 범죄율까지 높인다. 공동체의 지혜로운 연장자라는 이미지와는 거리가 먼 노년의 추락은 젊은이들이 노인을 더 외면하게 만들고 외면당한 노인들은 그들만의 동굴 속으로 더 들어간다.

나이 들어가면서 달라지는 오랜 친구들의 삶과 그 속에서의 관계를 보여준 드라마 <디어 마이 프렌즈>(노희경 작, 홍종찬 연출, tvN에서 2016년 상반기에 방송)는 이런 노년의 모습을 다루지 않는다. 물론 치매나 암, 그리고 조손 가족과 늙어서도 일해야 하는 생계의 어려움 등 피할 수 없는 노년의 문제들이 등장하지만 그건 그들 삶의 조건일 뿐 드라마는 그 속에서 만들어지는 관계의 확장과 의미에 더 깊이 천착한다.

그렇다고 이 드라마에 노년의 삶만 존재하는 건 아니다. 이혼과 가정폭력, 장애인의 사랑 등 통상적인 삶의 모습들이 존재하고 이 모든 이야기를 끌고 가는 극 중 화자 역시 엄마와의 갈등과 장애인이 된 애인과의 사랑이라는 현실의 문제를 안고 있다. 노소를 불문하고 사람은 무릇 문제를 안고 있고 그 문제를 풀어가는 과정이 삶이라는 명제를 가감 없이 보여주는 셈이다.

이 드라마가 노년과 젊은 층의 관계, 노년의 부부 관계, 무엇보다 노년의 친구 관계를 제시하고 풀어가는 방식을 살펴보는 것은 더 이상 노인을 위한 나라가 없는 우리의 현실을 둘러보는 일이고 그 속에서 나름의 의미와 대안을 찾아보는 일이다. 아울러 드라마와 현실이 서로를 반영하면서 그 교류 안에서 성숙한 해법을 찾아가는 한편의 행로이기도 하다.

노년으로 수렴되는 여러 문제

<디어 마이 프렌즈>를 구성하고 이야기를 이끌어가는 인물들이 노년의 친구들이라는 외형을 띠고 있지만 그 안에는 삶의 통상적인 모습이 다양하게 포진하고 있다. 가부장적이고 인색한 남편에게 평생을 무시당하

고 살아온 정아는 언젠가 남편과 함께할 세계 일주를 꿈꾸며 그 모욕을 견디지만 그 꿈이 무위로 돌아가자 남편과 헤어진다. 아내를 무시하고 모욕하면서 밥만 축내는 식충이 취급을 하는 남편의 행동은 사회적 존재의 결락이 가져다주는 열패감의 다른 표현이다. 아파트 경비원으로 일하면서 받는 무시, 아내보다 낮은 학력이라는 열등감, 경제적 궁핍에 대한 두려움이 그의 행동 기저에는 짙게 깔려 있다. 그런 남편을 이해는 하지만 함께 살기를 거부한 정아가 선택한 것은 졸혼(卒婚)이다. 부부가 결혼의 틀을 굳이 해체하지는 않으면서 각자의 삶을 사는 것이다. 부부, 가족이라는 이름으로 접착되어 있던 관계를 느슨하게 풀어놓은 채 필요한 부분에서는 협력하거나 도움을 주고받는다.

정아뿐만 아니라 드라마에 등장하는 모든 여자들이 나름의 아픔과 결핍을 가지고 현실과 충돌하거나 어렵게 화해하면서 살아가는 존재들이다. 장난희는 남편과 친구의 불륜으로 받은 상처를 평생의 트라우마로 가지고 있고, 나이 들어서도 여전히 근사한 여배우인 영원은 암 투병과 외로움을 숨긴 채 짐짓 여유 있는 생을 연기한다. 경제적인 여유와 깔끔한 성격으로 잘 늙어가고 싶은 희자는 느닷없는 복병처럼 치매를 만난다.

그들의 딸들도 아픔과 결핍이라는 내면의 상처에서 자유롭지 않다. 대학교수라는 사회적 외피 뒤에 숨어 가정 폭력을 휘두르는 남편에게 시달리는 순영, 너무나 사랑하지만 장애인을 반대하는 엄마에게 저항하지 못해 그 사랑을 내려놓은 박완 등등.

그건 가부장적이고 장애에 대한 사회적 편견이 많은 한국 사회의 여성들이 겪는 문제이기도 하지만, 한편으로는 다층적이고 모순적인 삶의 속성이기도 하다. 행복과 불행, 오해와 이해, 이상과 현실이 뒤섞이고 때로 화해하고 때로 불화하면서 만들어가는 삶이라는 드라마의 속성이기에 그들이 겪는 문제는 특별하면서도 통상적이다. 거기에 이 드라마가 갖는 일차적인 설득력이 있다.

현실에서 노년의 삶을 위협하는 요소는 육체적 쇠퇴와 경제적 궁핍이다. 여기에 고독이나 소외, 관계의 단절이 정서적인 결핍으로 더해지지만 역시 가장 큰 불안 요인은 궁핍과 질병이다. 이 드라마에는 최소한 경제적 궁핍으로 삶이 추락하는 노년은 없다. 물론 이혼한 자식이 떠넘긴 손녀를 홀로 키우며 콜라텍 보도로 일하는 노인이 있지만 그녀의 모습이 곤혹스럽거나 어둡게 그려지지 않는다. 친구들은 초라한 그녀를 왕따시키지도 않을뿐더러 그녀의 사정을 헤아리고 도움을 준다. 늙은 친구들의 유연하고 사려 깊은 관계는 현재 사는 처지에 따라 암암리에 서열이 매겨지는 그런 통속적인 권력관계로 변질되지 않는다.

현실에서는 늙어가는 노인으로 일거에 치부당하는 그들이지만 각자에게는 이루고 싶은 꿈과 도달하고 싶은 삶의 정경이 있다. 이혼만 바라보고 남편의 인색함과 가부장적인 태도를 견뎌온 정아가 꿈꾸었던 것은 나만의 시간, 나만의 자유이다. 그녀에게 그건 편안한 친구와 언제든지 여행을 떠날 수 있는 자유이고 자신이 좋아하는 흑맥주를 한잔하면서 편안하게 영화를 보는 시간이고 내가 먹고 싶을 때 먹고 자고 싶을 때 잘 수 있는 일차적인 자유로움이다. 치매에 걸려 자신이 변해가는 모습을 자각하던 희자는 자발적으로 요양원을 찾아가지만 결국 자신을 꺼내달라고 부탁한다. 그녀는 소멸을 기다리며 늙어가는 요양원의 삶을 거부하고 친구들과 함께 지내는 일상을 꿈꾼다. 중졸이라는 학력 콤플렉스를 지식인 후배들과의 교류로 치장해온 충남은 검정고시를 거쳐 대학에 가고 계속 공부할 꿈을 꾼다.

빈곤층 노인과 노인 자살률이 높은 우리 현실을 둘러볼 때 사실 곤혹스러운 노년의 모습을 점점 더 많이 접하게 될 것이다. 매체와 현실 양쪽에서. 그 현실에 지나치게 심각한 진단과 연민의 눈길을 보내는 대신 좀 더 인간적이고 합리적인 대안의 삶을 제시할 수는 없는 것일까? 그건 꼭 건강하고 경제력을 가진 노년에게만 해당되는 일일까? 현실의 쇠락해가는 삶을 수용하면서도 노년에도 얼마든지 아름답고 견고한 삶의 기쁨을 만드는 것은 불가능한 일일까? <디어 마이 프렌즈>는 시청자에게 묻고 있다.

노인을 위한 나라로의 항해

이 드라마의 외형적 화자는 작가이자 모두의 딸인 박완이지만, 다양하게 전개되는 인물들의 이야기는 늙은 친구들의 동선을 따라간다. 그들은 함께 여행을 떠나고 친구 엄마가 있는 요양원을 함께 찾아가고 가정폭력에 시달리는 친구 딸을 도와주고 친구 딸의 연애에 간섭한다. 그들은 젊은 세대에게 경제적인 원조와 조언과 관계를 선물한다. 그것이 때로 넘치는 잔소리와 간섭으로 여겨질 때도 있지만 그들의 관계는 기본적으로 확장된 부모 자식 관계이다. 엄마의 친구는 무릇 엄마이고 친구의 자식은 내가 돌보고 조언해야 할 자식이다. 때로는 친부모가 해주지 못하는 역할을 흔쾌히 감당하기도 한다. 폭력 남편에게서 벗어나려는 순영에게 엄마 친구인 영원은 실제적인 도움을 주고, 장애를 가진 애인과의 사랑에 머뭇거리는 완에게 응원군이 돼주는 것도 주변의 엄마 친구이다. 그들 모두를 이모라 부르며 드라마를 이끌어가는 화자인 완은 그런 그들을 꼰대로 여기며 때로 귀찮아하지만 동시에 노년의 지혜를, 인간에 대한 염치와 예의를 또한 그들에게서 배운다. 자신의 세계에 불쑥불쑥 들어와 간섭하고 훈수하는 엄마 친구들을 지겨워하면서 한편으로는 그들이 만들어내는 관계의 성숙과 사려 깊음을 부러워한다.

이렇게 이 드라마가 보여주는 관계의 핵심은 사람끼리의 소통이고, 드라마 속 다양한 관계의 층위들이 만들어내는 것은 정서적 대안 가족이다. 이 드라마에는 여러 형태의 정서적 대안 가족이 존재한다. 노년의 오랜 친구들과 젊은 세대가 만들어가는 정서적인 부모 자식 관계가 있고 또 함께 나이 들어가는 친구들이 만들어가는 유사 가족의 모습이 있다. 그들은 굳이 부부와 혈연 중심의 관계를 고집하는 대신 친구들과의 정서적인 밀착과 생활의 공유를 통해서 가족의 역할을 주고받는다. 그건 정서적 공동체이며 변형된 가족이라고 할 만하다.

이것은 병들고 늙어간다는 스스로의 상황을 정확하게 수용하고 그럼에도 인생은 계속된다는 삶의 절대 명제를 놓치지 않으려는 흔쾌함이 있어 가능한 일이었다. 밤길에 운전하던 희자와 정아가 실수로 사람을 치고 (결국 노루로 밝혀졌지만) 그 자리를 회피하면서 정아는 스스로를 변명했다. '다 산 늙은이 하나 죽은 게 뭐 대수인가. 그 우연한 불운 때문에 내 인생이 엉망이 될 수는 없다'고 합리화한다. 그러나 갈등으로 혼자 사고 지점까지 찾아갔다 돌아오는 길에 그녀는 백미러에 비친 자신의 늙은 얼굴을 보며 깨닫는다.

자신이 친 그 노인이 곧 자기 자신과 다를 바 없음을. 늙었다고 해서 언제든 죽어도 되는 사람은 없으며 어떤 모습으로 존재하든 삶은 소중한 거라는 걸.

그건 다른 노년을 보며 나의 모습을 깨닫는 것이고 동시에 나의 모습을 보면서 타인의 노쇠한 삶을 이해하는 전반적인 통찰로 확장된다.

또 그들의 늙은 사랑은 어떤가. 비록 요실금과 치매가 끼어들긴 하지만 그 연애 또한 젊은이의 그것과 마찬가지로 갈망과 질투와 다툼이 자리한다. 그런 점에서 젊은 완과 연하의 사랑과 본질적으로 다르지 않지만 젊은 연애와 다른 것이 있다면 배려와 연민과 서로 살아온 삶에 대한 따뜻한 수긍이 밑바탕에 자리 잡고 있다는 점이다. 그리고 남은 인생을 기꺼이 함께하려는 의지이다. 치매 증상을 보이는 노년의 연인을 밀어내는 대신 염려하는 마음으로 함께 가주는 것, 그건 노년의 사랑만이 보여줄 수 있는 인간에 대한 사려 깊음이다. 그런 점에서 정아 부부의 졸혼과 희자의 뒤늦은 사랑은 일견 정반대의 선택으로 보이지만 결국 그 둘 다 행복해지고자 하는 마음에서 출발했다. 억압적이었던 오랜 결혼 생활을 정리하는 졸혼도, 늦은 나이에 찾아온 사랑을 밀어내지 않고 기쁘게 맞이하는 황혼의 사랑도 내가 행복하고자 하는 결정이며 노년의 삶이라고 해서 관습의 반복을 떨치지 못할 것도 없고 새로운 시도에 망설일 필요가 없다는 뜻이리라. 그런 점에서 이 드라마는 인간의 삶이 나이에 따라 그 모습은 달리 할지언정 본질은 같다는 것, 생의 어느 순간에도 삶은 존중받아야 하는 소중한 것이라는 깨달음을 준다.

물론 나이가 들면서 찾아오는 질병과 고령화의 모습은 피해 갈 수 없다. 장난희는 죽음과 삶의 경계에서 암을 친구 삼아 남은 생을 살아야 하고, 희자 또한 활기라고는 없는 요양원의 칙칙한 삶을 마냥 회피할 수는 없으리라. 지금은 건강한 다른 친구들도 조만간 맞닥뜨릴 고령화 시대의 서글픈 모습이다.

그러나 그 곤혹스러운 현실을 인정하면서도 <디어 마이 프렌즈>는 그 노년의 조건들로 함께할 수 있는 생의 즐거움과 의미를 찾는 길을 선택한다. 캠핑카로 모두 함께 여행을 다니는 건 그런 유사 가족에 대한 상징이자 유쾌한 전복이다. 그들은 굳이 젊은 층의 도움 없이도 노년의 삶을 즐겁게, 그리고 함께 누린다. 그 삶에는 우정과 배려와 이해가 있다.

그들은 늙어가는 현실에 저항하지도 굴복하지도 않는다. 다만 지금 함께 있는 이 시간을 즐기고 감사하게 향유한다. 결국 드라마에서 보이는 여러 모습, 장애와 질병과 사랑처럼 늙음은 생의 한 조건이고 그 조건 속에서 삶은 여전히 진행 중이다.

TV와 현실은 서로를 반영하고 끌어간다

"노인을 위한 나라는 없다"의 원래 문장은 "그곳은 노인을 위한 나라가 아니다"이다. 모호하고 단정적인 앞 문장보다는 뒤의 문장이 훨씬 구체적이고 따라서 더 절망적이다. 어쩌면 우리의 현실은 뒤의 문장에 더 가까울지도 모르겠다.

그러나 적어도 <디어 마이 프렌즈>의 공간에서는 노인을 위한 나라가 존재했고 그 안에서 그들은 충분히 노년의 삶을 수용하고 즐기고 배려하는 모습이었다. 기존의 관계가 축소되거나 해체되는 현실의 노년과는 달리 그들의 관계는 더 단단해지고 확장된다. 친구의 암 수술에 모든 친구들이 달려가 가족의 역할을 하고 친구 딸 문제에 친구들은 내 딸처럼 나선다. 캠핑카를 사서 모두 함께 여행을 하는 모습은 차라리 판타지에 가깝지만, 경제력과 시간과 서로에 대한 애정이 있어 결코 불가능한 것만은 아니다.

지금 여기가 노인을 위한 곳이 아니라면 노인들은 어디로 가야 하느냐고 물었을 때 이 드라마는 하나의 답을 제시해준다. 대안 가족이 되어 살아보라고.

그것이 꼭 모든 일상을 함께하거나 경제적 공평성을 전제로 진행되어야 하는 것은 아니라고 말한다. 현실에서처럼 드라마 안에서도 삶의 조건은 평등하지 않다. 누구는 돈이 많고 누구는 돈이 적다. 누구는 계속 일을 해야 하고 누구는 더 이상 일을 하지 않아도 된다. 누구는 남편이 있고 누구는 혼자이다. 친구 같은 딸이 있는가 하면 아예 결혼을 하지 않은 채 독거노인으로 늙어가기도 한다. 그 모든 조건의 상이함에도 불구하고 그들은 어느 정도 느슨하고 정서적인 대안 가족의 모습을 보인다. 그들의 나이와 건강 상태로 보아 물론 그 시간은 길지 않을 수도 있다. 그러면 어떤가. 어차피 삶은 예측할 수 없는 것이니.

예측할 수 없는 삶에 불안해하기보다는 지금 이 상황, 지금 이 사람들과 삶을 껴안고 함께하는 것을 선택한 사람들. 그래서 일몰 같은 노년의 삶이 더 소중하고 지혜로울 수 있다.

현실에서 심각한 노인 문제나 사건들을 접할 때, 우리는 현실이 드라마보다 더하다고 혀를 찬다. 반대로 병리적인 현실을 다룬 드라마를 볼 때면 현실을 왜곡하지 말라고도 한다. 언뜻 상치되는 것처럼 들리는 이 말이 현실과 매스컴의 영원한 관계 구조이다. 아마도 그 둘은 서로를 반영하면서 서로를 견인해가는 것이리라. 공동체의 예법과 배려를 담은 TV 프로그램들이 실제 사람들의 사고와 태도에 영향을 미치듯이 노년의 삶에 대한 <디어 마이 프렌즈>의 세계는 하나의 해법이 될 수 있다. 때로 한 편의 드라마는 현실의 어떤 정책보다 큰 울림과 효율을 가져다주기도 한다.

그런 점에서 <디어 마이 프렌즈>가 보여준 노년의 삶에 대한 존중과 확장은 대단히 의미 있다. 그건 노년의 삶을 저 멀리 떼어놓는 대신 지금 내가 있는 이 자리에서 나와 이어지는 삶의 연속성으로 이해한다는 점에서도 그렇고, 결국은 관계가 우리를 구원한다는 사회적 해석으로 볼 때도 의미 있다. 해체된 가정과 빈곤으로 떨어진 노년의 모습은 거기에 없었다. 한마디로 그곳은 노인을 위한 나라였다. 이 드라마에서 노년의 생에 대한 새삼스런 발견과 존중을 확인하면서도, 그 확인이 현실에 마냥 가닿지는 못하는 씁쓸함을 갖는 이유이다. 물론 실제로 노년의 삶과 사회적 관계를 풀어가는 해법은 정책과 현실의 공동체가 담당해야 할 일이다. 그 현실을 응시하고 해법을 구하는 것은 우리의 또 다른 숙제일 것이다.

노인의 자살률과 상대적 빈곤율이 갈수록 심각해지는 현실에서 우리는 뉴스에서 받은 충격을 드라마로 위로받는다. 그런 점에서 TV는 문제를 던지는 동시에 해법을 제시하기도 한다. 뉴스가 문제를 던지면 드라마나 기획 프로그램이 해법을 제시한다. 혹은 그 반대일 수도 있으리라. 의미 있는 점은 TV가 현실을 반영하는 동시에 현실을 끌어가는 그 역할의 긍정과 확장성에 있다. 현실의 씁쓸함을 다 담아내진 못했지만, <디어 마이 프렌즈>는 그 긍정과 확장성에 훌륭하게 기여한 드라마이다.

가작

젊은이를 위한 노인의 드라마, tvN <디어 마이 프렌즈>

이상호

클로즈업된 노인의 얼굴, 지금까지 그들의 얼굴을 자세히 바라본 적이 얼마나 있었나. 그리 많지는 않았던 것 같다. 우연치 않게 얼굴을 자세히 바라볼 수 있는 기회를 갖게 됐다. 바로 tvN의 <디어 마이 프렌즈>(이하 <디마프>)가 그 기회였다. <디마프>는 단순히 노인의 모습을 조명하는 데 그치는 것이 아니라 젊은 세대에게 다가가서 노인의 입장을 조금이나마 '알 수 있도록' 노력했다는 점에서 큰 의미가 있다. 여기에서 '이해'가 아니라 '앎'이라는 표현을 쓴 것은 당연한 일이다. 스스로 그들의 입장이 되어보기 전까지 앞 세대를 오롯이 이해하는 것은 이 세상이 허락지 않기에. 노희경 작가가 <디마프>에서 삶의 한계, 부족함, 안타까움을 유난히 강조하고 있는 것도 같은 이유 때문이라고 해석할 수 있다.

'안물안궁, 안 물어봤고 안 궁금하다고'

젊은 세대는 앞 세대를 이해하지 못하는 한계만 갖는 것이 아니다. 그 세대에 대해 간접적으로 경험하고 미지의 세계로 남겨둘 뿐이다. <디마프>에서 완(고현정 분)에게 노크하는 것은 엄마 난희(고두심 분)다. 완은 노인들을 '꼰대'라고 표현하며 거부감을 가질 뿐 아니라 주변 사람들에게도 그것을 숨기지 않는다. 부모 세대의 일방적인 참견과 간섭을 받아들이지 못하는 것이다. 이유가 아주 없는 것은 아니다. 엄마의 고향 친구로부터 '불알도 안 달린 게 차는 몬다'고 핀잔을 듣기도 하고 '시댁 식구들이 좋아해서 매일같이 더러운 돼지머리를 삶아야 했다'는 신세 한탄을 듣기도 한다. 자신과 전혀 동떨어진 세상을 살아온 사람들의 인생을 쉽게 마주할 수는 없었던 것이다. 그래서 완과 노인들의 관계는 피상적이었다. 속으론 아니면서 겉으로 미소를 보이는 완을 보며 난희는 '진짜 가증스럽다'고 꼬집는다. 난희는 그렇게 말하면서도 딸에게 본인과 친구의 이야기를 소설로 써보라고 반복적으로 설득한다. 이것은 작품이 젊은 시청자들에게 보내는 초대의 손짓이기도 하다.

사실 우리는 어느 때보다 세대 간 이해를 필요로 하는 시대에 살고 있다. 고령화 시대는 점점 더 빠르게, 그러면서도 조용히 우리 사회를 향해 다가오고 있다. 통계청이 발표한 「2015년 인구주택총조사」에 따르면 30년 전에 비해 유소년 인구는 518만 명 감소했고 고령 인구는 482만 명 증가한 것으로 나타났다.• 연령대별 인구수를 나타낸 '인구 피라미드' 역시 윗부분이 강조되는 항아리 모양으로 변화하고 있다. 간헐적으로

• 통계청, 「2015 인구주택총조사」(2016), 21~32쪽.

이런 변화의 영향이 수면 위로 떠오르기도 한다. 대표적으로 연금 문제를 예로 들 수 있다. 현 가입자가 낸 돈으로 앞 세대를 부양하는 연금은 전 세계적으로 세대 갈등이 나타나는 영역이다. 재작년 우리나라에서도 국민연금과 공무원연금의 설계 변경 문제로 세대 갈등 양상이 나타났다. 우리 사회는 앞으로 맞이할 변화에 대해 진지한 고민을 하고 있다고 볼 수 있을까. 선뜻 그렇다고 긍정하기는 어려울 것 같다. 무엇보다 중요한 것은 이런 법적·제도적 측면만이 아니라 우리가 실생활에서 크고 작게 맞이하게 될 수많은 변화다. 다른 세대에 대한 이해의 부족으로 오해와 반목이 쌓이면 결국 어떠한 형태의 사회문제로든 터져 나올 것은 자명하다. 우리는 알 필요가 있다.

'별거 없지 뭐'

<디마프>의 소재는 지극히 보편적인 것들이다. 소재만 나열하면 다큐멘터리에서 수십, 수백 번은 다뤄졌을 법한 것들이다. 거기에다 복잡한 스토리라인을 형성하지도 않는다. 극 중에서 90세를 바라보고 있는 쌍분(김영옥 분)은 외손녀 완에게 이렇게 말한다. "슬플 게 뭐 있어. '별거 없는 인생, 이만하면 괜찮지' 이렇게 생각해야지." 모두 자신만의 드라마를 살고 있으면서도 우리는 주변 사람들과의 유사성 때문에 애써 특별함을 발견하지 않는다. '사는 게 다 똑같다'는 보편성에 기인한 인식이다. <디마프>는 이런 보편성의 인식을 부여잡은 채 노년의 일반적인 모습에 집중한다.

극 중 캐릭터 설정에서도 그런 시도가 보인다. 누구나 주변에 한 명씩은 꼭 있을 것 같은 인물들이 이야기를 이끌어나가는 것이다. 작품 속 등장인

물은 저마다 일정한 역할을 부여받고 있다. 등장인물들의 고유한 스토리가 작품의 주요한 기둥을 이루며 주제 의식을 강화한다. 동시에 등장인물들이 개별적 사건에 공감하고 동참하는 모습을 그리며 그것이 노인 일반의 특징임을 강조한다.

극 중 희자는 남편과 사별하고 자살을 결심한다. 사랑하는 자식들에게 부담이 되기 싫었기 때문이다. 자살 생각을 하면서도 다른 사람에 대한 배려를 멈추지 않는다. 지나가는 사람이 다칠 수 있다는 생각에 빌딩 옥상에서 발길을 돌리고, 자살 미수로 가게 된 경찰서에선 끝내 자식들의 연락처를 알려주지 않는다. 또 본인이 119에 전화하면 다른 사람이 병원에 못 갈까 걱정하기도 한다. 그런 희자에게 찾아온 것이 다름 아닌 치매다. 현실을 받아들이지 못하는 희자는 평생지기 정아에게 "애들에게 피해 안 주고 혼자서 살 수 있고, 뭐든 혼자서 할 수 있다"고 말한다. 그런 희자에게 정아는 "혼자서 살 수 있었고, 혼자서 할 수 있었어. 이제는 아니고"라고 말하며 이제는 누군가에게 의지할 수밖에 없다는 현실을 인지시킨다. 인간으로서 부딪힐 수밖에 없는 물리적 한계 앞에서 희자는 절규한다.

정아는 가족을 위해 희생하는 전형적인 어머니상을 그린다. 언젠가는 세계 일주를 시켜주겠다는 남편 석균(신구 분)의 신혼 초의 약속에 의지해 치매에 걸린 시어머니와 시댁의 여덟 형제를 건사했다. 그리고 세 딸의 집안일을 봐주며 조금씩 받은 돈으로 요양원에 누워 있는 어머니를 돌본다. 그런 정아에게도 전환점이 찾아온다. 바로 어머니의 죽음이다. 평생 고생만 하다가 말년에는 요양원에 갇혀 지냈고 결국 허망하게 끝나버린 인생. 정아는 엄마처럼은 살지 않겠다고 다짐한다. 집을 나와 혼자만의 생활을 시작하게 된 정아는 남편과의 새로운 관계를 시작한다.

다음은 난희다. 작품의 화자 역할을 하는 완의 엄마다. 딸 완에게 애착을 넘어선 집착을 감추지 않는다. 바람난 남편, 엄마와 자신에게 폭력을 행사했던 아버지 사이에서도 인생을 지탱할 수 있었던 것은 딸 완 때문이었다. 하지만 딸 완의 남자 문제는 마음대로 되지 않는다. 난희는 사윗감의 조건으로 한 가지 철칙을 가지고 있다. '세상 모든 사람 다 돼도 유부남과 장애인은 안 된다'는 것이었다. 공교롭게 완의 주변에 있던 두 남자가 각각 조건을 하나씩 나눠 가지고 있다. 유부남인 대학 선배 동진(신성우 분), 그리고 유학 중에 만나 결혼 직전까지 갔지만 불의의 사고로 장애를 갖게 된 연하(조인성 분)다. 난희는 딸과의 갈등 끝에 딸의 선택을 존중하는 길을 택한다. 이 밖에도 남자들에게 많은 상처를 받고 암으로 고생하는 왕년의 스타 영원(박원숙 분), 60대 중반까지 처녀임을 자랑스럽게 여기는 순수 '꼰대' 충남(윤여정 분), 희자의 첫사랑이자 은퇴한 법조인 성재(주현 분), 정아의 남편으로 가부장적인 남성의 전형(典型)을 보여주는 석균 등 여러 노인 캐릭터가 친구라는 이름으로 얽히고설키며 작품을 구성한다.

<디마프>는 인물 개개인의 감정을 충실히 담아내며 시청자의 몰입을 이끌어내는 전략을 택했다. 작품에서 감정 묘사에 집중한 것은 합리적인 선택이라고 봐야 한다. 일종의 감정적 동일시가 극대화되는 환경을 제공하고 있는 것이기 때문이다. 감정적 동일시는 시청 만족도와 직접적 상관관계를 갖는다. 감정적 동일시가 높아지는 조건을 확인한 연구에 따르면 외적으로 드러나는 속성뿐만 아니라 내적인 부분에서 동질성을 느낄 때 감정적 동일시가 일어나는 것으로 나타났다.• 연구 결과를 <디마프>에

• 박웅기·송진경, 「텔레비전 드라마 시청에서의 감정적동일시에 관한 연구: 동질성, 시청동기, 시청만족도의 상관성을 중심으로」, ≪한국방송학보≫(한국방송학회, 2009), 23권 3호, 264~267쪽.

적용해보면 이렇게 해석할 수 있다. 보편적 노인상을 그림으로써 외적인 동질성을 느끼고, 그들의 사고·태도가 시청자가 가진 사고·태도와 유사함을 확인함으로써 내적인 동질성을 느끼게 되는 것이다. 만약 작품이 여타 드라마처럼 복잡한 복선의 스토리라인을 취했다면, 그리고 특수한 환경이나 독특한 노인 캐릭터가 등장했다면 젊은 층의 시청자들은 외적·내적 동질성을 느낄 기회를 얻지 못하고, 또한 감정적 동일시도 형성하지 못할 가능성이 컸을 것이다.

노인을 설명하는 세 가지 요소

앞서 <디마프>가 젊은 층의 시청자들에게 노인들의 사고와 태도에서 동질성을 제공한다는 점을 지적했다. 이것은 노인들의 세상에도 젊은이들이 느끼는 것과 유사하게 희로애락이 모두 있다는 점을 일깨움으로써 발생한다. 언급한 대로 <디마프>는 감정 묘사에 집중하고 있다. 이 과정에서 텔레비전 속 노인 캐릭터는 기존의 방식과 다르게 입체적으로 구성된다. 과거 드라마 텍스트가 구성하는 현실은 실제 사회에서 많은 비중을 차지하는 보편적인 가족 구성 형태와 다소 거리가 먼 경우가 많았다.• 그동안 많은 드라마에서 서사 구성의 용이성 때문에 노인의 현실을 제대로 반영하지 않았던 경우가 많았다는 것이다. 또한 아직까지 대다수의 드라마에서 노인의 이미지가 전통적 가부장제의 그늘에 갇혀 있다는 것도 부인할 수 없는 현실이다. 소수의 노인 캐릭터를 스토리 전개의 보조적인 역할로 이용하기 위해 일정한 전형(典型)으로 설정해온 것이다. 하지만

• 박주연·김숙, 「텔레비전 드라마에 나타난 노인의 가족 내 역할과 지위에 관한 연구」, ≪한국언론학보≫(한국언론학회, 2013), 57권 2호, 197~203쪽.

<디마프>는 노인 캐릭터가 주체적으로 자신들의 이야기를 이끌어가는 스토리 구조를 가지고 있기에 보다 생동감이 있고 동시에 입체적인 설정이 가능했다.

먼저 부모 세대와 자녀 세대의 관계 설정을 볼 필요가 있다. 과거 드라마에 노출된 노인의 이미지는 탈권력화된 약자의 이미지가 강했다.• 하지만 <디마프>에서는 자녀로부터 독립적인 위치에서 자녀들의 인생을 조력하는 모습이 나타난다. 난희는 자신이 완에게 얼마나 집착을 하는지 숨기지 않는다. 특히 완의 남자 문제에 민감한 반응을 보인다. 엄마와 자신의 관계에 대한 의문이 폭발한 완은 묵혀뒀던 30년 전 과거를 끄집어낸다. 30년 전 난희는 어린 딸 완과 죽음을 시도했다. 남편의 외도, 아버지의 폭력에 지쳐 극단적인 선택을 한 것이다. 30년이 지나서야 완은 난희에게 "엄마, 그때 왜 나 죽이려고 했어?"라고 묻는다. 눈물과 함께 난희가 내놓은 대답은 "당연히 넌 내꺼지"였다. 난희의 대답은 소유의 개념이라기보다 책임의 개념이었다. 불우한 환경 속에 딸을 혼자 두고 갈 수 없다는 단견(短見)이기도 했다. 폭풍 같은 시간이 지나고 난희는 완이 독립적으로 인생을 살아야 한다는 것을 인정하기 시작한다. 정아와 석균도 자녀들과 일정한 거리를 둔다. 정아는 자식들에게 손을 벌리는 대신 집안일을 도와주며 돈을 받고 석균도 끊임없이 일자리를 찾으며 경제적 독립을 유지하려 한다.

다음은 <디마프> 속 노인들의 사랑이다. 작품은 노인의 사랑을 새로운 관계 설정에서 찾고 있다. 반세기 가까이 지난 후에야 성재는 첫사랑 희자를 찾는다. 두 사람 모두 배우자와 사별한 뒤였다. 성재를 마음에

• 이은미, 「프라임 타임 드라마에 나타난 가족구조 분석」, ≪한국방송학보≫(한국방송학회, 1993), 4권, 167~184쪽.

두던 충남은 희자에게 성재를 양보하며 이런 말을 한다. "오늘 갑자기 죽어도 하나도 이상할 게 없는 나이인데, 죽기 전에 남자 좀 만난다는 게 뭐가 이상해. 여행 좀 간다는 게 뭐가 이상해. 아, 저 늙은이들 죽기 전에 마지막 불꽃을 태우나 보다 그러고 이해 받을 일이지." 물론 수십 년 전처럼 불타는 사랑은 아니다. 무릎이 아파 업어주지 못하고 흑채 가루가 날릴까 걱정돼 지붕 없는 스포츠카도 쉽게 타기 어려운 것이 현실이다. 성재는 자신에게 거부감을 보이는 희자의 막내아들 민호(이광수 분)에게 자신을 "그냥 친구, 베스트 프렌드"라고 소개한다. 다만 옆을 지키며 상대방의 부족한 점을 어루만져줄 뿐인 것이다. 정아의 사랑은 스스로의 인생을 되찾음으로써, 아내이자 엄마로서의 굴레에서 스스로 해방함으로써 다시 시작된다. 정아는 집을 떠나면서 석균과 지금까지의 관계를 종언한다. 처음에는 대수롭지 않게 생각했지만, 석균은 시간이 갈수록 정아의 빈자리의 의미가 더 크게 느껴진다. 석균은 결국 '마누라'로서의 정아를 잊고 정아의 존재에 대해 다시 생각한다. 그리고 정아와 석균은 결혼과 연애 사이 어딘가에서 새로운 관계를 다시 시작한다.

마지막으로 죽음이다. <디마프>에서 노인들은 죽음을 그리 멀게 생각하지 않는다. 초연한 것처럼 말하고 행동한다. 완의 할머니 쌍분의 표현대로 "저승바다에 발 담근 지 오래"라는 듯이, 그리고 잠시 동안의 헤어짐일 뿐이라는 듯이. 하지만 죽음은 누구에게나 미지의 영역이다. 따라서 두려움을 완전히 극복할 수는 없다. 난희는 간암에 걸렸다는 사실을 알게 되고 급격하게 오르락내리락하는 감정의 진폭을 감추지 못한다. 병에 걸려 급하고 허무하게 끝나버릴 자신의 삶에 대해 억울함도 표현한다. 어떻게 죽는 것이 좋은 죽음인가. 언뜻 형용모순 같은 이런 고민이 반복적으로 나타난다. 한번은 노인들이 다 같이 모여 어떻게 죽을지에 대해 의견을 나눈다. 그렇게 나온 결론은 '길 위의 사(死)'다. 무기력하게 앉아서 죽음을 기다리지 않겠다는 의지다.

늙은 나의 친구들

노희경 작가가 작품을 기획한 이유를 설명하는 대목 중에 재미있는 언급이 나온다. "이들은 돈이 되지 않으니까. 이들은 사람들이 좋아하지 않으니까." 어른들의 이야기가 소구력이 있느냐는 의구심에 더해 정말 노배우들이 대중에게 소구력이 없는지에 대한 의구심이 있었다는 것이다. 노인 일반의 사회적 인식과 방송 환경에서 노배우의 현실을 연결 지은 것이다. 기획 초기 방송가에서도 부정적인 시선이 많았다고 한다. 하지만 우려도 잠시, '시니어벤져스'라는 별명을 얻으며 기대를 모았고 평균 시청률 8% 이상을 기록하며 흥행에도 성공했다. 젊은이들이 유독 <디마프>에 긍정적 반응을 보낸 이유는 무엇일까.

<디마프>는 노인들의 말과 행동에 집중함으로써 그들의 생각과 감정을 부각한다. 평소 쉽게 이해할 수 없었던 의문스러운 모습들이 젊은이들 앞에 죽 펼쳐진다. 이 과정에서 젊은이들은 평소의 자신 주변 노인 세대의 모습과 <디마프> 속 노인의 모습을 대비시키며 잠시나마 감정을 교류하는 기회를 얻는다. 평소 이해하지 못했던 노인에 대한 궁금증을 작게라도 해소할 수 있게 된 것이다.

드라마는 우리 사회의 아킬레스건과도 같은 문제들을 담론화시켜 사회적 이슈 제기에 성공하면서 시청자와 소통한다.• <디마프>가 젊은이들

• 윤석진, 「디지털 시대, 한국 텔레비전드라마의 구성과 소통 방식 고찰: 2000년대 미니시리즈를 중심으로」, ≪비평문학≫(한국비평문학회, 2014), 53권, 147~149쪽.

로부터 호응을 얻었다는 것은 그들이 이미 우리 사회의 변화를 본능적으로 감지하고 있다는 방증일 수 있다. 완전히 이해할 수는 없지만 끝내 등 돌리고 싶지 않은 사람들, '늙은 나의 친구들'과 함께 살아갈 세상을 위해 <디마프> 같은 담론 생산 능력이 탁월한 텔레비전 콘텐츠 제작이 활발히 이루어지기를 기대한다.

가작

당신은 지금 누구와 '공감'하고 있습니까

공감에 목마른 시대. 소통과 자존을 이야기하는 '현실 밀착형' 드라마

이준목

"어쩌면 가족이 제일 모른다. 하지만 아는 게 뭐 그리 중요할까. 결국 벽을 넘게 만드는 건 시시콜콜 아는 머리가 아니라, 손에 손 잡고 끝끝내 놓지 않은 가슴인데 말이다. 대문 밖 세상에서의 상처도, 저마다의 삶에 패어 있는 흉터도, 심지어 갖고 있는 설움조차도 보듬어줄 마지막 내 편, 결국 가족이다."

<응답하라 1988>(이하 <응팔>)에서 덕선의 내레이션은 드라마를 관통하는 메시지이자, 우리의 삶에서 가족의 진정한 존재 가치가 무엇인지를 정의한다.

<응팔>에서의 '가족'이란, 혈연이나 독립된 가구보다 좀 더 확장된 개념이다. 1980년대 쌍문동이라는 시공간적 배경을 바탕으로 함께 울고 웃었던 한동네 다섯 가족의 이야기를 통하여, 드라마는 성격도 환경도

전혀 다른 인물들이 어떻게 또 하나의 새로운 '가족 공동체'가 되어가는지를 보여준다.

애초에 남남이었던 사람들이 사회적 관계를 통하여 인연을 맺고 감정을 교류해가면서 형성되는 것이 가족이다. 동일의 대사처럼 "아빠도 태어날 때부터 아빠가 아니기에" 누군가의 아빠이자 엄마, 남편 혹은 아내, 형제이자 친구 같은 역할이 매사 서투르고 시행착오를 겪을 수밖에 없다. 그렇게 불완전하던 인물들이 수많은 사회적 역할과 관계를 형성하고 그 속에서 점점 자신의 정체성을 찾아나가며 성장하는 것이 바로 우리의 삶이다. 그리고 한때의 이웃이나 소꿉친구는 시간이 흘러 연인이나 부부로서 또 다른 가족을 형성하기도 한다.

<응답하라 1988>, 가족은 어떻게 탄생하는가

<응팔>은 가족이라는 모티브에서 출발하여, 궁극적으로는 인간관계에서 사람과 사람이 진정으로 마음을 주고받는 과정이야말로 무엇보다 중요하고 가치 있다는 메시지를 던진다. 티격태격해도 결국은 나를 이해해주고 끝까지 내 편이 되어주는 존재로서의 가족은, 그 수많은 관계의 중심이자 궁극의 지향점이기도 하다. 드라마는 불완전한 다섯 가족의 성장기이면서, 낯선 사람들이 서로를 이해하고 보듬어가며 어떻게 또 하나의 새로운 공동체를 이뤄가는지 고찰하는 가족의 탄생기이기도 하다.

그런데 <응팔>은 왜 현재가 아닌, 하필 '쌍팔년도'를 소재로 한 이야기여야 했을까. 오늘날에는 어느덧 촌스러움의 대명사처럼 되어버린 1980년대식 정서의 재해석을 통하여, <응팔>은 오히려 지금의 시대에 점점 결핍되어가는 그 무엇에 주목했다.

매일 식사 시간마다 함께 둘러앉아 조촐한 밥상을 나누며 이야기꽃을 피우는 식구들, 옆집의 숟가락 개수조차 다 알고 있을 만큼 일상의 희로애락을 공유하는 정겨운 이웃사촌, 실제 존재한 그 시절의 올림픽이나 유행가에 함께 열광하며 울고 웃던 사람들의 소박하지만 아름다운 추억들이 하나둘 모여 사람 냄새 나는 풍경을 만든다.

2016년 현재 우리 시대의 공동체 문화는 <응팔>의 시대와는 많이 다르다. 세대 간 생활환경의 변화로 예전처럼 대가족이 한데 모여 오순도순 추억을 나누는 장면은 보기 드물어졌다. 콘크리트 벽을 사이에 둔 아파트에서 서로 마주 보고 있어도 요즘은 이웃에 누가 사는지 관심조차 없다. 휴대폰과 PC, SNS 등을 통하여 소통의 범위는 넓어졌지만 정작 기계에 대한 의존도에 가려져 오히려 사람 대 사람 간의 직접적인 교류는 더 단절됐고, 세대 간의 소외도 과거보다 더 심화되고 있다. 남을 짓밟아서라도 내가 살아남아야 하는 무한 경쟁 사회의 피로감은, '헬조선'이라는 신조어까지 만들어냈다. 자연히 가족과 이웃의 가치, 인간관계와 소통에 대한 담론도 예전과는 확연히 달라졌다.

물질 만능주의와 무한 경쟁 사회, 막장극의 시대를 부르다

방송은 결국 그 시대의 정서를 반영한다. 드라마도 예외는 아니다. 한때 방송가의 인기 보증수표였던 가족 드라마의 침체와 변화는 곧 전통적 가족주의가 흔들리고 있는 현 세태와 무관하지 않다.

오늘날 소통의 중심은 더 이상 가족이 아니다. <한지붕 세가족>이나 <사랑이 뭐길래>같이 국민적 인기를 끌었던 정통 가족 드라마는 오늘날 더 이상 찾아보기 힘들어졌다. 물론 지상파의 일일극이나 주말 연속극이 명목상 가족극의 전통을 이어가고는 있지만, 언제부터인가 극히 일부를 제외하면 더 이상 가족이나 우리 일상의 이야기보다는 자극적인 갈등과 사건의 연속이 그 자리를 대체하고 있다. 소위 이제는 고유의 장르처럼 굳어져버린 '막장 드라마'에는 사람 사이의 소통과 공감이 단절되고 욕망의 충돌만이 남아 있는 물질 만능주의 사회의 자화상이 담겨 있다.

지난 한 해 동안에도 <내딸 금사월>, <우리 갑순이>, <여자의 비밀> 등 가족극의 외피를 둘러싼 '막장 드라마'는 꾸준히 등장했다. 출생의 비밀, 불륜, 배신, 복수극 등으로 점철된 갈등 구조 속에서는 항상 뒤틀리고 변형된 가족 관계가 등장한다. '막장극' 속의 가족은 주로 이야기의 목적이 아니라 갈등을 유발하기 위한 도구에 그친다. 경쟁 사회의 비정한 원리 앞에서 가족조차도 언제든 등 돌리면 적이 되어버리고 만다는 위기의식의 반영이다. 극한의 갈등 끝에 뒤늦게야 찾아오는 권선징악과 해피엔딩은 현실과는 동떨어진 억지스러운 판타지에 그친다.

현실이 극한으로 치달을수록 비로소 사람은 자신의 삶에서 진정으로 소중한 것이 무엇인지 돌아보게 된다. 그것은 바로 마음과 마음으로 통하는 사람들의 관계 속에서 형성되는 따뜻한 공감대이다. 성공과 경쟁에 대한 피로감에 시달린 이들이 서로를 위로하고 치유하는 착한 '힐링' 코드가 '막장'과 대척점을 이루는 문화적 콘텐츠로 자리 잡은 이유이기도 하다.

복고로의 귀환, 전통적 가족주의의 복원과 한계

<응팔>의 복고 정서가 오늘날의 시청자들에게 편하게 다가갈 수 있었던 것도 극적인 사건보다 오히려 진솔한 사람 냄새 나는 이야기에 더

목마른 세태의 수요를 파고들었기 때문이다. 자극적인 설정과 사악한 악역이 없이도, 그저 '착하고 평범한 보통 사람'들이 모여서 이루어지는 관계망과 그 속에서 벌어지는 소소한 일상의 해프닝만으로 충분히 의미 있는 이야기가 나올 수 있다는 것을 보여준다.

대한민국 사람이라면 누구나 공감할 수 있는 가족이라는 테마는 1980년대라는 시대 배경을 뛰어넘는 보편적 동질감을 자아낸다. 전작들이 청년층인 2030 세대의 추억과 문화 코드를 재조명했다면, 여기에서 한 세대 더 올라간 <응팔>은 가족주의의 강화를 통하여 지금의 2030 세대를 만들어낸 부모 세대의 공로에 대한 헌사를 담았다.

물론 과거를 소재로 한 이야기가 흔히 그러하듯, 복고 정서가 가지고 있는 태생적인 한계도 존재한다. 바로 지나간 시대에 대한 감상적인 미화나 '추억팔이'의 함정이다. 1980년대가 과연 드라마처럼 지금보다 사람들이 마냥 순수하고 이웃 간의 교류가 활발하기만 하던 시대였을까. 그 시절에도 세대 간의 단절, 이웃 간의 갈등은 존재했다. 오히려 지금처럼 개인의 사생활이나 개성이 존중받지 못하는 부작용도 있었다.

드라마는 1980년대와 2016년 현재의 대비를 통하여 우리 사회의 급격한 문화적 변화를 유쾌하고 따뜻하게 담아내지만, 등장인물 간의 교류와 감정선에 집중할 뿐 굳이 그 세대의 어두운 부분이나 한계는 들추어내려고 하지 않는다. 과거와 현재의 연속성이 강조되었던 전작들에 비하여, <응팔>의 복고주의가 예찬하는 가족과 이웃 간의 순수한 교류와 소통 방식은 결국 '그 시대니까 가능했다'는 정서적 괴리감에서 완전히 자유롭지 못한 이유다.

시니어들의 자아 찾기 <디마프>, 노인은 우리의 가까운 미래다

<응팔>이 전통적인 한국의 가족상과 공동체 문화의 가치를 밝고 현대적인 시각으로 재조명했다면, 2016년 현재는 오히려 가족의 해체와 재구성이 더 두드러지는 시대다. 달라진 세태를 반영하듯, 드라마에서도 우리가 생각하는 전통적 가족의 모습이 아예 배제된, 독신남녀와 1인 가구 등의 설정이 늘었다. 가족의 형태와 개념 역시 싱글맘, 재혼 가족, 공동주거, 다문화 가정에 이르기까지 다양해지고 있다.

<응팔>이 가족 연대를 확장시키는 방식에서 보듯이, 과거에는 한 식구나 동네 이웃 같은 혈연적·지리적 관계가 큰 비중을 차지했다. 가족의 행복과 공존이라는 화두는 모든 세대를 아우르는 공통의 보편적 가치였다. 그런데 오늘날은 집단보다 개인의 가치관과 선택의 다양성을 중시하는 시대로 바뀌었다. 전통적인 공동체 개념에서 '누구와 어디서 함께 살고 있는가'가 중요했다면, 이제는 '누구와 어떤 가치에 더 공감하고 있느냐'가 공동체 구성의 중요한 화두가 됐다.

노인 세대의 이야기를 전면에 다룬 <디어 마이 프렌즈>(이하 <디마프>)나 20대 청춘 여성들의 현실적인 라이프스타일을 그려낸 <청춘시대>, 노량진 공시생과 '나홀로족'의 이야기를 전면에 내세운 <혼술남녀> 등은 각각 독립적인 개인과 특정 세대의 목소리를 대변하고 있다.

<디마프>는 어쩌면 <응팔>의 부모 세대의 30년 뒤 현재의 모습일 수도 있다. 평생 가족을 위하여 희생하고 헌신했지만 나이 들어서도 여전히 고생은 끝이 없고 세상은 어느새 자신들에게 골치 아픈 '꼰대'라는 딱지를 붙인다. 만나기만 하면 싸우는 난희-완 모녀, 자식들로부터 외면받아 혼자 사는 희자, 감정 표현에 서투른 남편 때문에 항상 상처받는 정아

등 <디마프>의 등장인물들 중에는 정상적이라고 할 수 있는 가족이 거의 없다. 노쇠해가는 육신에 암과 치매 같은 질병도 노년의 삶을 끊임없이 흔든다. 현실의 노인들에게 충분히 있을 수 있는 상황들이기에 더 절박해 보인다.

노인들은 소통이 안 되는 진짜 가족보다도 자신들끼리의 연대를 통하여 일종의 대안 가족이라고 할 수 있는 '시니어 공동체'를 형성하며 서로를 위로하고 보듬는다. 주제 자체는 비슷했지만 보수적인 대가족 중심의 통합과 설교를 벗어나지 못했던 <그래 그런거야>의 어른들에 비하여, <디마프>의 노인들은 자신들의 행복 추구에 대한 의지가 좀 더 뚜렷하고 솔직하다. 희자, 성재, 충남의 삼각관계는 주책 맞아 보이던 노년의 사랑도 충분히 유쾌하고 아름답다는 것을 보여준다. 노인들이 모두 다 함께 여행을 떠난 모습에서는, 마치 지는 석양처럼 언제가 마지막이 될지 모르기에 더 열렬하고 절실할 수밖에 없는 노인들만의 감수성이 청춘들보다 더 애틋하다.

결국 누군가의 부모이고 어른이기 이전에 노인들도 자신들의 인생을 찾고 싶은 평범한 사람이다. 젊은 세대의 시각에서 <디마프> 속 꼰대 어른들의 훈계와 장광설에 다소 불편하면서도 공감하게 되는 것은, 언젠가는 그들처럼 우리 역시 모두 자연의 섭리에 따라 나이를 먹어가고 같은 고민에 처하게 될 운명이기 때문이다.

현실 밀착형 청춘 드라마, '흙수저'의 고뇌를 이야기하다

그런가 하면 <청춘시대>나 <혼술남녀>, <또 오해영>은 '흙수저'나 'N포 세대'로 불리는 요즘 청춘들의 고민과 방황을 담아낸다. <디마프>

속 어른들의 기준에서 요즘 애들이란, 그저 훈계의 대상인 철부지로 보인다. 하지만 오늘날 대다수의 대한민국 청춘들은 누구보다 열심히 살아가면서도 현실의 벽에 막혀 힘들어하는 존재들이다. 셰어하우스 '벨 에포크(Belle Époque: 아름다운 시절)'에 거주하는 <청춘시대> 다섯 청춘들의 현실은 이름과 달리 전혀 아름답지 않다. 생계를 위하여 몇 개의 아르바이트를 뛰어도 생활고에 시달리고(진명), 연애조차 사랑보다 타인의 눈치와 조건에 휘둘리며(예은, 이나), 남에게는 드러낼 수 없는 개인의 콤플렉스와 트라우마에 괴로워하기(지원, 이나) 일쑤다. 학벌 지상주의의 온상인 노량진에 입성한 <혼술남녀>의 정석과 하나는 생계를 위하여 자신의 노동력을 상품으로 내걸고 계급사회의 온갖 부조리를 감수해야 한다.

순수한 첫사랑과 노래 가사 하나에도 가슴 떨려하던 <응팔>의 낭만은 21세기 청춘들에게는 사치다. 한때 높은 인기를 끌었던 로맨틱 코미디의 백마 탄 왕자처럼 전능한 초월적 존재는 현실에 없다. 기껏해야 <혼술남녀>처럼 '바쁜 하루 끝에 마시는 술 한잔과 혼자만의 시간이 오늘도 수고한 자신에게 줄 수 있는 유일한 선물'이다.

<또 오해영>의 오해영은 자신과 동명이인인 미모의 '금수저' 오해영의 그늘에서 항상 비교당하는 존재다. 심지어 결혼 전날 약혼남에게 영문도 모르고 차이는가 하면 직장에서도 항상 구박을 당한다. 경쟁 사회 속에 치이고, 든든한 배경이나 가족의 울타리에도 의지할 수 없이 오직 나 홀로 모든 것을 감내해야 하는 오해영의 현실은 본질적으로 사회구조상 여성에 대한 성적·계급적 차별과 모순에서 비롯되는 갈등이다. 이러한 현실 밀착형 캐릭터와 이야기의 증가는, 곧 오늘의 한국 사회를 살아가는 우리 자신의 자화상이기도 하다.

공감을 넘어 공존으로

<응팔>이 젊은 세대의 관점에서 바라본 부모 세대의 모습을 통하여 '이상적인 가족의 완성'을 그리고 있다면, <디마프>는 정반대로 현대 사회에서 가족의 해체와 무관심 속에서 소외되는 노인들의 시각을 통하여 전통적 가족제도의 한계와 극복을 그려낸다. 그런가 하면 <청춘시대>와 <혼술남녀> 등은 무한 경쟁 시대에 개인의 정체성과 가치를 지키기 위한 젊은 세대의 고군분투를 다루고 있다. 이러한 현실 밀착형 드라마를 관통하는 메시지는 결국 무수한 사회적 관계 속에서 사람들이 자신의 자아를 회복하며 성장해가는 이야기라는 점이다. 더 나아가 고단한 현실에 대한 순응이나 위로를 넘어, 이제는 적극적으로 '나만의 가치'를 찾아가려는 인물들의 능동성은, 최근 '힐링'의 진화를 보여준다. 대형 스타나 기존의 흥행 공식, 자극적인 설정 등에 의존하지 않고도 이야기 자체의 흡인력과 메시지만으로도 충분히 대중의 공감을 끌어낼 수 있다는 것을 증명한 사례이기도 하다.

과거와 현재, 노년과 젊은 세대, 개인과 가족 등 각기 다른 배경과 주제를 아우르는 결론은 결국 공감을 넘어 인간관계에서 '공존'의 중요성이다. '나와 다른 너', '너와 다른 나'를 있는 그대로 인정하고 받아들이는 데서 모든 소통과 화합이 시작된다. 다양한 사회적 관계망 속에서 우리 모두는 누군가의 부모이자 자식이며, 삶의 희로애락을 느끼는 감정도 다 똑같다. 하지만 어른이라서, 혹은 청춘이라서, 저마다의 감정을 표현하는 데 서투르고 서로를 오해하는 경우도 많다. 어쩌면 <응팔>의 내레이션에서 '가족'을 '사람'으로 바꾸어도 사실 의미는 동일하다. 어쩌면 가장 상처 주는 것도 사람이지만, 누구보다 사람을 가장 이해하고 보듬을 수

있는 것도 결국 사람이다. 최고의 치유는 공감받는 데서 나오고 그 공감은 곧 사람과 사람 간의 감정적 교류를 통하여 형성되는 감정이다. 세상이 각박해졌지만 그래도 사랑, 우정, 가족애 등 사람 사이의 감정에서 우러나오는 온기보다 더 따뜻한 것은 없다는 믿음이야말로, 우리에게 다시 한번 고단한 현실을 이겨낼 희망을 준다.

가작

불온한 아랑의 후예들, 사회를 교란시키다

균열된 틈 사이로 삐져나오는 불편한 진실들

오현화

대중문화 콘텐츠는 다양한 스펙트럼을 확장하며 한국 사회의 모순이나 긍정적으로든 부정적으로든 한국 사회의 문화적 자질을 반영한다. 드라마는 그 사회가 함의한 문화적 특수성을 대중적으로 재현하는 매체 중 하나다. 드라마는 사회의 문제의식을 재현하는 급진적 성격을 지니기도 하고, 때론 그 사회나 시대의 보수 이데올로기나 지배적 가치관을 옹호하기 위해 복무하기도 한다. 특히 괴물이 등장하는 공포 서사는 괴물을 징벌하거나 제거하는 훈육의 방식을 통해 그 사회의 전통적이고 보수적인 가치관을 반영하곤 한다. 서양의 대표 괴물인 드라큘라에게 흡혈을 당하는 여성의 에로티시즘을 통한 흡혈과 전염의 모티프를 성적 방종에 대한 경고 메시지로 해석하는 것은 공포 서사가 지닌 훈육과 관련이 있다. <스크림>이나 <데스티네이션> 같은 10대가 연달아 살해당하는 공포 영화에서 모범생이나 정숙한 여학생이 마지막까지 살아남는 구조 역시 훈육의 메시지를 담고 있으며, 공포 서사가 보수적 콘텐츠로 평가받는 이유도 이러한 징벌과 훈육의 구조에 기인한다.

한국의 대표 괴물인 여귀(女鬼) 역시 별반 다르지 않다. 영화나 드라마에 등장하는 여귀는 대부분 정조의 훼손이나 모함으로 죽음에 이른다. 이는 조선 후기 가부장제의 유교 윤리가 여성에게 얼마나 많은 과잉 억압의 기제로 작동하고 있는지를 보여준다. 여귀는 자신의 한을 풀기 위해 현세로 귀환하는데, 여기에서 주목해야 할 부분은 그들의 해원 방식이다. 그녀들을 죽음으로 내몬 근본적인 원인 제공자 가부장인 대신 여성 악인(계모나 의붓동생)을 처벌하고, 그녀들의 무덤엔 열녀비가 세워진다. 가부장제의 과잉 억압이 수많은 여귀를 만들었음에도 불구하고, 이들은 귀신이 되어서도 그 사회가 요구하는 유교 질서를 고수하기 위해 안간힘을 쓴다. 여귀를 통해 가부장적 유교 질서가 가한 억압과 분노를 드러내는 반면, 해원을 통해 가부장 사회로 재편입하는 한국 공포 서사의 이율배반적 서사 구조는 우리가 무심코 봤던 대중 서사 장르 곳곳에 침투해 있다.

아무도 찾지 않는 이름 없는 괴물 아랑, 마을을 교란시키다

<마을-아치아라의 비밀>(이하 <마을>, 2015, 도현정 작, SBS 방영)역시 한국 공포 서사의 구조와 궤를 같이하고 있다. <마을>은 외지인이라고는 거의 없는 작은 마을을 배경으로 하고 있다. 마을 사람들에게 외지인은 마을의 질서를 어지럽히고, 그들이 감추고 싶었던 진실을 들쑤시는 불편한 존재일 뿐이다. <마을>의 외지인은 캐나다에서 원어민 교사로 해원중학교에 부임한 소윤과, 아치아라 파출소의 우재, 여자 분장을 하고 다녀

마을에서 변태로 통하는 아가씨 강필성, 백골 사체로 발견된 혜진 네 명뿐이다. <마을>은 소윤과 우재, 아가씨, 죽은 혜진 네 명을 축으로 이야기를 진행해나간다. 견고하게 유지되던 아치아라의 질서는 이 외지인들로 인해 균열을 보이면서, 마침내 봉인된 진실이 하나둘씩 해제되기 시작한다.

<마을>은 매회 사건이 터지고, 그 사건이 마무리되지 않은 채 또 다른 사건의 단서를 말미에 보여줌으로써 퍼즐 조각처럼 단서를 맞춰나가는 추리 기법을 차용하고 있다. 특히 극의 중심축을 형성하고 있는 죽은 혜진의 살해범과 그녀의 친모 찾기는 매회 다른 용의자들을 등장시킴으로써 점점 더 사건을 미궁으로 빠트린다. 이러한 스토리 진행 방식은 시청자의 궁금증을 증폭시키고 몰입도를 강화시키지만, 마을 사람들과 해원철강 가족에게는 평온했던 그들의 일상을 예고도 없이 침입한 외지인들이 들쑤시고 다니는 것처럼 보인다. 외지인에 대한 아치아라 사람들의 노이로제는 점점 악화되고, 백골 사체가 과거 마을의 질서를 위협하던 외지인 혜진임이 밝혀지면서 새로운 국면을 맞이하게 된다.

혜진이 실종되고 2년이 지나 사체로 발견되기 전까지 아무도 그녀를 찾지 않았다. 그녀가 실종됐다는 사실 자체가 마을 사람들에게는 관심 밖의 사안이었다는 게 맞는 말일 것이다. 2년 전 친부모를 찾기 위해 아치아라에 온 혜진은 해원철강 서창권의 불륜녀라는 낙인으로 냉대와 멸시의 시선을 받는다. 그녀는 공고하게 유지되던 마을의 질서를 어지럽히고 교란시키는 불온한 외지인이었을 뿐이다. 누구에게도 환대받지 못한 혜진은 살해된 뒤에도 끊임없이 출몰하여 마을의 질서를 위협한다. 유나와 소윤의 꿈속에 나타나 자신의 억울한 죽음을 호소하고, 지숙과 뱅이아지매의 무의식에 출몰해 그들의 죄의식을 자극한다.

혜진은 살해되었지만 완전히 소멸되지 않고 살아남아, 죽은 자와 산 자의 경계를 횡단하며 그녀의 죽음에 얽힌 진실에 다가가기 위해 고군분투한다. 억울한 누명을 쓰고 통인에 의해 살해돼 이름도 없이 죽어간 수많은 아랑•들처럼, 혜진 역시 진짜 자신의 이름을 갖지 못한 채 살해됐다. 극 중 그녀의 이름인 소정과 혜진은 각각 입양 가정에서 그녀에게 부여한 이름이다. 심지어 혜진이라는 이름은 사망한 친딸의 죽음을 부인하는 계모에 의해 그녀의 삶을 대신 살도록 부여받은 이름이다. 혜진의 친모 지숙 역시 그녀를 괴물로 부르며 존재 자체를 부정한다. 사회에서 통용되는 아이덴티티인 이름을 가질 수 없는 그녀는 어느 곳에서도 인정받을 수 없었다. 이름 없는 그녀는 그녀가 그토록 원했던 아치아라의 주민도, 소윤의 언니도, 지숙의 친딸 혜진도 될 수 없었다.

슬라보예 지젝(Slavoj zizek)에 따르면•• 죽은 자의 귀환은 상징적 의식, 상징화 과정에서의 교란을 나타내는 기호이다. 지젝은 "죽은 자의 귀환이란 육체적인 사망을 뛰어넘어 지속되는 어떤 특정한 상징적 채무를 물질화"하는 것이라고 보고 있다. 이에 지젝은 죽은 자가 귀환하는 이유가 제대로 매장하지 않았기 때문이라고 한다. 한국 공포 서사에서 여귀가 빈번하게 출몰하는 이유는 죽음을 뛰어넘는 억울한 죽음으로 인한 상징적 채무, 즉 원한이 제거되지 않았기 때문이다. 원한을 제거하기 위해 여귀는 귀환하고, 제대로 된 매장, 즉 해원 의식이 이루어져야만 돌아갈 수 있는 것이다. 다시 말하면 원혼이 된 혜진의 빈번한 출몰 이유는 죽음을 뛰어넘는 억울한 죽음으로 인한 원한이 제거되지 않았고, 해원 의식 역시 이루어

• 억울한 누명을 쓰고 자살하거나 통인에게 살해돼 원혼이 된 이름 없는 처녀 귀신으로, 장화홍련전과 더불어 조선 시대 괴기담 소설의 대표적인 여귀이다.

•• 슬라보예 지젝, 『삐딱하게 보기』, 김소연 옮김(시각과언어, 1995).

지지 않았기 때문이다. 그녀의 죽음에 얽힌 추악한 가족사의 진실을 밝혀야 하는 상징적 채무를 제거하고 그녀가 간절히 원했던 가족과 진짜 이름을 갖기 위해 그녀는 귀환했다. 친모 지숙에게조차 입버릇처럼 괴물 취급당했던 혜진은 괴물의 정체는 자신이 아님을 밝히기 전에 온전히 매장될 수 없었다.

영화나 드라마 속 괴물에 대한 논의는 남성 괴물을 중심에 두고 여성 희생자를 분석하는 방식으로 진행되곤 한다. 남성 괴물과 여성 희생자라는 이분법적 구도는 한국 드라마 속 괴물을 분석하는 데는 한계가 있다. 한국의 괴물은 언제나 가부장제 안에서 억압받던 여성이 귀환한 여귀였으며, 여성 괴물과 남성 희생자라는 역전적 구조도 취하고 있지 않기 때문이다. 굳이 분석의 틀을 가져온다면 '여성 괴물=여성 희생자'가 중첩되는 독특한 서사 전략을 채택하고 있다. <마을>에서 역시 끊임없이 출몰하는 혜진은 마을 사람들을 공포에 떨게 하는 괴물인 동시에, 아무도 찾지 않아 2년 만에 죽음의 진실이 밝혀진 희생자다. 오랫동안 은폐되었던 추악한 진실과 괴물의 정체를 밝히기 위해 그녀는 스스로 괴물이 될 수밖에 없었고, 그녀의 죽음으로 30년 동안 감춰졌던 아치아라의 비밀은 그제야 민낯을 드러낸다.

비천한 한없이 비천한 그녀들, 아이를 보호해야 한다

혜진은 부계 유전인 파브리병으로 합병증이 생겨 신장 이식을 받지 않으면 목숨이 위태로운 상태였다. 자신의 친모인 지숙을 찾아가 신장 이식을 부탁하지만, 일언지하에 거절당하고 괴물 취급까지 받는다. 지숙을 향한 혜진의 분노는 지숙의 남편 서창권과의 불륜으로 복수를 감행하게 한다. 가부장제 사회가 금기시하는 의붓아버지 서창권과의 불륜은 혜진의 히스테리가 극에 달했음을 보여주는 장면이다. 혜진의 히스테리 증세는 표면적으로 공고하게 유지되던 가부장제 사회의 균열을 보여주는 것으로, 고착된 관계를 거부하고 가부장제의 질서를 교란시키는 히스테리적 주체인 혜진은 마을을 위협하는 괴물과 다름없다. 가부장제의 질서마저 폭주하는 그녀를 가둘 수 없었기에 그녀는 스스로 경계를 넘나들고 횡단하며 그 질서에 틈을 만들었고, 죽음을 담보로 상징계의 균열을 만들어냈다. 그녀가 만든 균열로 은폐되었던 진실은 조금씩 삐져나오기 시작했고, 마을 사람들은 동요하기 시작한다.

그러나 <마을>은 다시 한번 반전을 꾀한다. 지숙의 고백을 통해 자신이 강간으로 태어난 아이었음을 알게 된 혜진은 친부를 찾아 복수할 것을 다짐한다. 혜진은 경순의 딸 가영 역시 자신처럼 강간으로 태어난 아이임을 알게 된다. 혜진은 경순에게 괴물을 같이 잡자고 하지만, 경순은 가영의 출생의 비밀마저 부정하며 오히려 마을 사람들에게 그 사실이 까발려질까 두려워한다. 자신의 아이에게 지울 수 없는 천형처럼 파브리병을 남겨준 진짜 괴물을 단죄하지 않는 지숙과 경순 역시 진실을 은폐한 괴물이자 희생자였던 것이다. 혜진은 30년 동안 죄를 물을 수 없었던 마을의 오래된 괴물을 잡기 위해 대광목재로 향한다. 대광목재 사장은 오히려 마음잡고 잘 살고 있는 자신의 가족을 괴롭힌다며 혜진을 비난한다. “당신 가족만 중요하나요? 당신한테 짓밟힌 딸들은요. 당신 때문에 엄마한테조차 괴물 취급받는 나는요”라며 혜진은 그동안 마을 사람들과 어머니 지숙에게 당했던 수모를 항변한다. 그러나 괴물의 소굴로 쳐들어간 혜진은 그 뒤로 행적이 묘연해진다. 2년 뒤에야 그녀는 동생 소윤에 의해 백골 사체로 발견된다.

경순과 아가씨의 증언으로 혜진의 생전 마지막 방문지가 대광목재임을 알게 된 소윤과 우재는 대광목재 사장을 혜진을 살해한 유력한 용의자로 지목한다. 수사는 급물살을 타고 대광목재에서 제작한 보석함에서 발견된 혜진의 피 묻은 손톱으로 대광목재 사장은 혜진의 살해범으로 검거된다. 혜진이 그토록 원했던 아치아라의 괴물이 정체를 드러내는 순간이다. 그러나 현장 검증에서 진범은 대광목재 사장이 아닌 그의 부인과 지숙임이 밝혀진다. 마을의 오래된 괴물은 가족을 지키고 싶고, 결혼 생활을 유지하고 싶었던 그녀들에 의해 다시금 처벌을 유예받는다.

혜진의 살인 사건과 동북부 연쇄살인이 별개의 사건임이 밝혀지면서, 동북부 지역의 연쇄살인마가 아가씨임이 드러난다. 아가씨는 운 좋게 검거 직전 도피하게 된다. 혜진을 살해하는 데 실패한 아가씨는 그녀의 동생 소윤을 다음 타깃으로 정해, 그녀에게 언니의 죽음을 빌미로 "김혜진이 엄마를 미워하기만 했을까?"라는 메시지를 보내온다. 아가씨의 메시지로 소윤은 지숙의 이야기를 듣기 위해 그녀의 면회를 간다. 혜진을 왜 죽였냐며 다그치는 소윤으로 인해 지숙은 정신착란을 일으키며 그날의 기억을 떠올린다. 혜진이 괴물을 잡기 위해 대광목재에 간다는 전화를 받은 지숙은 "그 아이를 데리고 나와야 했으니까"라고 울부짖으며 대광목재로 향한다. 그 순간만은 해원철강의 안방마님도 아티스트 자리도 뒷전이고, 오롯이 위험에 처한 자식을 구하기 위한 한 아이의 엄마였다. 이제껏 자식으로 인정하지 않고 괴물 취급했던 혜진을 위해 지숙은 악몽과도 같았던 그곳을 방문한다. 시종일관 자신의 욕망과 안정을 위해 냉혹했던 지숙에게서 자식을 위해서 온갖 희생과 고난을 감내하는 어머니의 모습을 보여줌으로써 드라마는 반전을 꾀한다. 지숙이 혜진을 구하기 위해 대광목재에 간 것은 모성적 신체를 지닌 그녀의 숙명과도 같은 것이었다.

“아이가 어떻게 엄마를 미워만 해. 얼마나 그리웠는데 나도 김혜진도” 라는 아가씨의 마지막 말은 누구보다도 혐오스럽고 비천한 지숙을 엄마의 자리로 되돌려놓는다. 놀라거나 위급한 상황일 때 우리는 무의식적으로 ‘엄마야’라고 비명을 지른다. 이는 위급한 상황에서 자식들이 엄마에게 알리는 오래된 구조 요청이다. 엄마는 자식을 위해서는 그 어떤 위험도 감수하며, 굳건하게 유지해오던 사회의 질서에 저항하는 비천한 존재가 되기도 한다. 지숙이 평상시처럼 혜진의 구조 요청에 응하지 않았다면, 살인미수와 시체 유기죄로 교도소에 가지도, 해원철강의 안주인 자리와 아치아라 마을의 최고 권력자의 지위를 잃지도 않았을 것이다. 뱅이아지매도 자신의 딸인 지숙이 아니었다면 혜진을 입양 보내지 않았을 것이고, 가영이 파브리병에 걸리지 않았다면 가영엄마 역시 오래된 괴물의 정체를 밝히지 않고 묻어두었을 것이다. <마을>에 등장하는 엄마들은 자식을 보호하기 위해, 스스로 괴물이 되기도, 마을의 질서를 교란시키는 비천한 존재가 되기도 했던 것이다.

마을의 질서(가부장)를 수호하기 위해 그녀들을 처벌해야 한다

<마을>의 징벌 구조 역시 앞 절에서 살펴 본 과거 공포 서사와 별반 다르지 않다. 비극의 원흉이라 할 수 있는 대광목재 사장 대신 그의 아내와 지숙이 살인을 저지르고 처벌받는다. 이러한 징벌 구조는 <마을>을 관통하고 있는 주된 서사적 특징이자, 드라마가 전달하려는 메시지를 의도적으로 드러내고 있다. 마을의 권력자 서창권은 온갖 비리를 저지르고 은폐했음에도 불구하고 처벌받지 않고, 오히려 지숙이 검거된 이후 승승장구한다. 서창권의 뒤를 봐주며 불법적 범죄를 자행했던 노회장과

그의 수하인 피트니스 사장 역시 운전사 오갑수의 유력한 살인자임에도 불구하고 처벌받지 아니한다. 오히려 가부장의 죄를 단죄하려 했던 혜진이 죽임을 당한다. <마을>에 등장하는 가부장들은 동북부 연쇄살인범인 아가씨를 제외하고는 자신들이 저지른 죄에 대해서 면죄부가 주어진다. 그에 반해 <마을>의 엄마들은 아이를 지키지 못했다는 죄의식으로 스스로를 처벌하거나, 살인죄로 기소돼 공적인 처벌을 받는다.

이러한 결말 구조는 혜진이 남긴 그림에 이미 드러나고 있다. 언뜻 보기에는 아이를 안고 있는 모성애 가득한 엄마의 그림처럼 보이지만, 아이를 감싸고 있던 포대기 사이로 보이는 그녀의 손에는 칼이 쥐어져 있다. 마을의 질서를 어지럽히고 가부장을 위협하는 친딸 혜진을 죽여야만 하는 지숙의 비극적 모성을 상징화하는 동시에 그들의 죽음에 대해 처벌받는 대상이 아버지가 아닌 어머니임을 암시하고 있다. "잡을 사람 잡았는데 진짜 죄인에게 죄를 물을 수 없다는 게 너무 억울하다"라는 소윤의 대사처럼 <마을>에서는 마지막까지도 혜진의 억울한 죽음에 빌미를 제공한 대광목재 사장이나 서창권의 처벌은 이루어지지 않는다. 여기까지만 보면 <마을>의 구조 역시 전통적인 징벌 서사에서 보이는 무능한 혹은 죄 지은 가부장 대신 처벌 받는 여성이라는 관행을 답습하고 있는 것처럼 보인다.

그러나 <마을>은 결말부에서 기존의 징벌 서사 구조와는 다른 외연 확장을 시도하고 있다. 먼저 억울하게 죽은 혜진의 해원 의식을 통한 가부장권 옹호가 나타나지 않는다. 표피적 서사로만 본다면 <마을>은 기존의 징벌 구조를 반복하고 있지만, 비극의 원흉이 가부장에게 있음을 명시적으로 드러내고 재확인함으로써 기존의 징벌 서사와는 다른 지형학적 위치를 형성한다. 초반에 혜진의 살해범으로 지목됐던 육가공센터의 오갑수의 죽음이 자신의 범죄를 덮으려는 서창권의 사주였음을 암시함으로써 일시적으로 봉합된 가부장들의 죄가 여전히 면죄받지 못했음을 드러낸다. 그들의 건재함은 가부장적 사회 질서의 견고함을 보이기 위함이 아니라 한국 사회의 기형적 모습에 대한 비판적 시선을 노출하기 위한 의도적 장치라 할 수 있다.

결말부의 연출을 고려한다면 무능하고 폭력적인 가부장들이 그들의 죄를 은폐하기 위해 혜진을 살해하고, 지숙과 대광목재 사장의 부인을 처벌했던 작가의 가부장적 시선 역시 다분히 의도적이라 할 수 있다. <마을>은 기존 서사가 지닌 여성혐오와 징벌 구조가 실제 가부장들의 죄를 대신할 자궁들을 찾아 헤매는 그들의 폭력성을 은폐하기 위한 관행이었음을 보여주고 있다. <마을>은 외지인에 의해 균열된 아치아라의 질서가 가부장들에 의해 재봉합되는 이야기 구조를 지니고 있다는 점에서 기존 징벌 서사와 대동소이한 전개 과정을 보이지만, "그렇다고 피해자들의 억울함을 덮어버려선 안 되죠"라는 우재의 말처럼 가부장들이 봉합한 마을의 질서는 불완전한 것이며 언제든 전면에 드러날 가능성이 있음을 제시함으로써 외연을 확장하고 있다.

가작

노인을 위한 TV는 있다

KBS 1TV <내 친구는 일곱 살>, tvN <할매네 로봇>을 통해 본 노령화 가족

김유미

사랑의 본질을 보여주는 흥미로운 실험이 있다. 1959년 해리 할로(Harry Harlow)는 새끼 원숭이를 대상으로 실험을 진행한다. 실험 구성은 비교적 간단하다. 먼저 새끼 원숭이를 어미와 격리시킨다. 그리고 철사로 만든 가짜 어미와 함께 있게 한 뒤의 반응을 살피는 것이다. 여기서 조건화가 이루어진다. 한기가 느껴지는 딱딱한 철망에 우유병을 함께 매달아놓은 경우와 차가운 철망에 헝겊을 덧대놓은 경우다. 간단히 말하면 새끼 원숭이가 우유병과 헝겊 가운데 무엇을 중시하는지 살펴볼 수 있는 조작이다. 새끼 원숭이의 선택은? 새끼는 젖병이라는 강한 유인책을 버리고 따뜻한 헝겊에 달라붙는다. 그것이 어미의 품인 양. 해리 할로는 이 실험에서 사랑에서 무엇보다 중요한 것은 '정서적인 만족'이라는 것을 보여준다.

노인과 촌은 한 세트다. 도서 벽지와 농어촌을 구성하는 대다수가 노인이다. 둘은 웬만해서 떨어지지 않는다. TV 속에서도 마찬가지다. 시골을 배경으로 한 무대에서 노인은 프로그램의 결정적 한 수다. 노인 콘텐츠의 시초 격인 1998년 SBS <좋은 세상 만들기>에서부터 MBC <전원일기>, KBS 2TV <1박 2일>과 tvN <섬마을 쌤> 등, 농촌이 배경이라면 등장 방식과 분량은 다양하지만 노인은 콘텐츠에서 한몫을 담당했다. KBS 1TV <내 친구는 일곱 살>(이하 <내 친구는>)과 tvN <할매네 로봇>(이하 <할매네>)도 시골에 사는 노인이 콘텐츠의 한 축이다. <내 친구는>에서는 전국 2위의 고령화 지역인 경상북도 의성군(2016년 6월 말 기준 36.35%)을 배경으로 노인과 어린아이가 세상에 둘도 없는 친구가 되어가는 과정을 그린다. 70세에 가까운 나이 차를 세대 차이보다 세기 차이로 부르는 게 적절할 정도다. <할매네> 역시 전라도의 한 시골에 출연자들이 로봇을 가지고 가 할머니들의 무료함을 달래주는 과정을 담는다.

할매, 할배 캐스팅의 조건

비연예인을 일컬을 때 일반인이라는 명사를 쓴다. <내 친구는>과 <할매네>는 나이 많은 일반인의 분량을 확연히 늘였다는 점에서 일반 노인이 주인공이다. tvN의 <꽃보다 할배>나 <디어 마이 프렌즈>처럼 나이는 많지만 여전히 연예인이 등장하는 콘텐츠와 구분된다. 이름만 대면 알 법한 이순재, 신구, 박근형, 백일섭 같은 유명인은 어디에도 없다. 원숙미, 노련미로 포장되는 고령층의 연기자가 사라진 자리엔 TV에서 처음 뵙지만 친근한 우리네 할매, 할배가 자리한다. <내 친구는>에서는 김훈 할배, 순자 할매, 금향 할매 등이, <할매네>에서는 계순 할매, 길순 할매, 봉순 할배, 재임 할매가 당당히 이름을 올린다. 흥행 보증수표로 검증되지 않은 일반 노인을 주인공으로 내세운다는 것은 얼핏 무리가 있어 보인다. 노인은 주목도를 높이기 위해 사용된다는 3B〔미인(Beauty), 아기(Baby), 동물(Beast)〕의 속성과도 동떨어져 있지 않은가. 그들은 인지도도, 시청자를 끄는 상대적 호감 포인트도 없다. 하지만 일반 노인의 등장은 고령화와 도시화를 고려한 영리한 포석이다. 시청률을 염두에 두지 않는 실험적 시도 같아 보이지만 시골에 대한 향수 혹은 환상을 가진 이들이 늘고 있다는 점을 고려했을 때 합당한 선택이다.

이름은 하난데 호칭은 여러 개

두 프로그램은 어르신, 선생님, 할머니, 할아버지 대신 할매, 할배라는 호격 조사에 초점을 맞춘다. 인지도와 흥행성이라는 약점을 친근감으로 상쇄한 것이다. 어르신을 비롯한 존칭은 오래 산 이에 대한 존경을 담을 수 있다. 하지만 존칭을 사용하면서 생기는 거리감은 좁히기 힘들다. 소위 친해지는 것은 '말을 트는' 행위에서 시작된다는 속설처럼 할매와 할배라는 호칭은 부르는 이와 불리는 이의 간극을 줄인다. <할매네> 속 장동민이 극 중 할매를 대하는 방식은 기존의 '애그리테인먼트(agriculture+entertainment)' 속 연기자들이 어르신을 대할 때와 다르다. "토종닭 삶아주세요", "고기반찬은 아직 안 가지고 오셨나?" 같은 발언은 일견 버릇없어 보인다. 허나 할머니가 아닌 할매를 대하는 자세로는 이질감이 없다. 생각만으로도 포근해지는 우리 할매를 대할 때는 생물학적 나이를 존중하는 방식은 어울리지 않는다. 심리적 거리를 고려했을 때 할매와 할배는 친구와 다름없기에 <내 친구는>과 <할매네> 속 할매와 할배를 향한 그의 응석은 용인될 수 있다.

노인을 위한 나라는 없다!?

<내 친구는>과 <할매네>는 노인 이미지를 비튼다. 앞서 언급했듯 극존칭이 아닌 할매와 할배와 같은 친근한 호칭을 사용해 경직된 노인의 이미지를 다가가기 쉬운 대상으로 바꿨다. 또 하나는 고령화사회를 맞아 노인의 가치를 생각할 시간을 준다. 초고령화사회(65세 이상 고령 인구 비율이 20% 이상인 사회) 진입을 앞둔 한국에서 노인에 대한 고정관념은 부정적이었다. 저출산, 고령화에 따른 사회적 리스크를 줄이기 위한 작업에 여념이 없는 사회에서 이는 어쩌면 당연한 일일 것이다. 이 과정에서 노인은 부양해야 할 대상, 사회적 짐으로 취급되고 있다. 축복이라는 꼬리말이 붙었던 장수는 순진한 옛말이 되었다. 대신 재앙이라는 꼬리말이 뒤를 잇기도 한다. TV 속에서도 노인은 보살펴야 할 대상으로 그려지기 일쑤였다. 실제로 일본에서는 '페퍼'라는 휴머노이드 로봇이 등장했고 중국 요양원에서도 로봇 도우미들이 등장해 노인을 보살피고 있다. 한국 사회뿐만 아니라 각국에서 '노인=보살핌'이란 등식이 통하고 있는 것이다. 물론 노인이 예우의 대상임을 부정할 순 없다. 문제는 노인은 보살펴야만 하는 대상이 아닌데도 편향된 이미지가 부각되고 있다는 점이다. 이 속에서 노인의 역량은 간과되고 있다.

보살핌의 대상에서 보살펴주는 사람으로

<내 친구는>은 이런 사회적·시대적 흐름에 의문을 던진다. 과연 할매,

할배는 청춘을 잃고 나이를 얻은 무용(無用)한 대상인가. <내 친구는>에서는 조손 교육에서 그 힌트를 찾았다. 또래보다 발달이 조금 늦은 윤서의 변화는 노인의 가치를 극명하게 드러낸다. 윤서의 부모는 "하지 말라고 하면 말을 안 들어요"라며 딸의 발달 속도를 염려한다. 하지만 3개월간 할매와 동고동락한 후 윤서는 몰라보게 달라진다. 낯선 사람에게 쉽게 말문을 열지 않고 말수가 적었던 윤서가 쉬지 않고 종알종알 떠들게 된 것이다. 윤서의 아빠는 이를 "엄마 아빠는 '하지 마' 이런 말밖에는 안 하는데 할머니는 '잘한다, 잘한다'라고 하니 거기서 엄청난 변화가 생긴 것 같다"라며 할매의 힘을 평가한다. <내 친구는>에 출연한 할매와 할배는 아이들에게 스며들 듯 지혜를 전했고 아이들은 조금씩 바뀌었다. 김훈 할배는 철부지 아들 지율이가 걱정스러운 부모에게 "하기 싫은 것을 자꾸 강요하는 것도 안 좋은 거예요"라며 양육의 지혜를 전한다. 할매, 할배는 아이들에게 바쁜 일상에 쫓겨 놓치기 쉬운 정서적 만족감을 줄 수 있을 뿐만 아니라 부모와 다른 교육 역량을 가졌다. 맹자가 "부모는 아이를 가르칠 때 통하지 않으면 화를 내 결국에는 서로 해치게 된다"라는 말을 남긴 것도 같은 맥락이다. 아이에 대한 기대가 큰 부모는 아이의 행동을 결과로 평가하기 쉽지만 반세기가 넘는 나이 차가 있는 할매와 할배는 아이가 변하는 과정에 집중한다. 세월이 축적한 여유가 교육에도 반영되는 것이다.

할매, 할배가 뿔났다

노인과 아이 그리고 노인과 로봇이라는 독특한 조합을 선보이지만 <내 친구는>과 <할매네> 역시 프로그램의 만능열쇠인 단골 작법을 탈피하지는 못한다. 짝짓기라는 조작화가 대표적이다. 예능, 리얼 다큐 할 것 없이 짝을 짓는 과정을 중계하는 방식은 이제 TV 콘텐츠의 고전이 되었다. 식상한 작법이지만 재미를 어느 정도 보장하기 때문이다. 과거 커플 선정 프로그램이 선풍적인 인기를 끌었던 것 역시 분량 대비 시청률, 즉 가성비가 좋은 작법이기 때문이다. <할매네>는 세 대의 로봇을 임의로 세 명의 할매에게 배정한다. 짝을 선정하는 과정이 빠졌기에 이름을 짓는 과정에 분량을 할애한다. 계순 할매와 길순 할매는 로봇의 외모에서 특징을 잡아 '토깽이', '호삐'로, 재임 할매는 큰 덩치에 걸맞게 농사일을 해주길 바라는 염원을 담아 '머슴이'로 이름을 붙였다. <할매네>가 출연자에게 짝을 짓는 과정을 맡기지 않아 프로그램 중반부에는 할매가 로봇에 대한 불만을 토로하고 교체를 요구하기도 한다. 능력치와 호감도에 따라 짝의 편중 현상이 생기는 짝짓기 작법이 로봇에도 적용된 것이다. <할매네>는 이 과정에서 짝에게 외면당하는 로봇의 소외감에 크게 주목하지 않는다. 반면 <내 친구는>에서는 짝짓기라는 체계를 뒤흔드는 사건이 발생한다. 아이들이 짝이 되었으면 하는 할매, 할배를 고른 것과 달리 할매, 할배는 이를 보이콧한 것이다. 짠 듯이 할매, 할배는 "모두가 마음에 든다" 혹은 "모든 부모에게 하나같이 귀한 자식인데"라며 선택을 거부한다. 그간 짝짓기 체계는 선택받지 못한 자를 희화화하거나 어쩔 수 없다고 여긴 측면이 있다. 선택받지 못하는 이가 생기는 것은 공정한 룰이 있다면 별 수 없다는 듯이 말이다. 이에 익숙한 시청자에게 할매, 할배의 반란은 놓치고 있었던 소외에 집중하게 한다. 시스템의 잔인성을 당연시해왔기에 이 울림은 더욱 크다.

손(孫), 그 연결 고리에 관하여

손자 손(孫)은 아들(子)과 이어짐(系)으로 구성된 단어다. 글자 안에 연결의 속성이 담겨 있다는 것을 쉽게 알 수 있다. 두 프로그램은 모두 관계의 확장을 고민했다. 기술의 진보, 저출산 현상, 도시화의 3단 변화 속에서 노인은 혜택을 받기보다 소외의 영역에 자리할 공산이 크다. 생물학적 연결은 한계가 있다. 그렇기 때문에 두 프로그램은 관계의 영역을 확장하는 것으로 노인 소외 현상의 해결책을 찾고 있는 듯하다. <내 친구는>과 <할매네>는 관계가 DNA를 넘어설 수 있다는 가능성을 비춘다. <내 친구는>은 마지막 회에 1년 뒤 동창회를 열어 할매, 할배와 아이들의 만남을 재성사시킨다. <할매네>는 후반부, 로봇을 기계로만 여겼던 계순 할매가 로봇에게 말을 걸고 직접 만든 목도리를 매주는 장면이 등장한다. "그것하고 말도 못 하는데 뭐 쓸쓸하고 안 쓸쓸하고 그려. 있으나 없으나 같아"라고 했던 할매가 로봇에게 마음을 연 상징적 장면이다. 여기서 해리 할로의 실험이 겹쳐진다. 차디찬 철망에 불과했던 로봇이 따뜻한 빨간 목도리가 씌워지며 할매와 연결된 것이다. 노인과 아이, 로봇, TV는 그렇게 연결된다. 이제 질문을 던질 차례다. 과연 나는 할매, 할배와 연결될 준비가 되었는가.

가작

<구르미 그린 달빛> 대 <달의 연인-보보경심 려>, 그 승패의 드라마사적 명암

이정희

8월 29일 두 편의 사극이 동시에 방영을 시작하였다. <구르미 그린 달빛>과 <달의 연인-보보경심 려>(이하 <달의 연인>), 앞서 의학 드라마 <닥터스> 대 <뷰티풀 마인드>로 1차전을 치렀던 KBS 2TV와 SBS의 재대결이었다. 1차전에서 <닥터스>의 SBS가 압승을 거둔 가운데, 2차전에서도 이미 중국에서 선풍적 인기를 끌었던 150억 대작 <달의 연인>의 압승이 예상되었다. 하지만 막상 뚜껑을 여니 결과는 1차전 <닥터스>의 '장군'에 <구르미 그린 달빛>의 '멍군'이 되어버렸다. 150억 대작이 무색하게 <달의 연인>은 좀처럼 한 자릿수의 시청률을 넘지 못한 채 3회에 시청률이 두 배로 껑충 뛰어오른 <구르미 그린 달빛>에 압도당했기 때문이다.

<달의 연인>과 <구르미 그린 달빛> 이 두 사극은 시대적 배경을 차치하고는 '과거에, 그것도 궁중을 배경으로 연애하는 이야기', 즉 로맨스 궁중 사극이라는 점에서 차별성이 크지 않다. 그러니 두 드라마는 일정한 연애 사극 시청자층을 상대로 '내 논에 물 대기' 식 혈투를 벌일 수밖에 없었고, 승자 독식이 되어버렸다. 시대적 배경이라든가, 연기 논란을 차치하고 궁중에서 연애하는 이야기였던 두 드라마의 승패가 갈라진 이유? 그걸 드라마의 역사 속에서 찾아보자.

스크루볼 코미디에서 <해를 품은 달>까지

사극이 '로맨스'를 주제로 내걸며 시선을 잡아끌기 시작한 것은 2011년 <성균관 스캔들>에서부터이다. <성균관 스캔들> 역시 동시간대 이병훈표 사극 <동이>를 상대로 편성되며 최고 시청률 14.3%(16회)로 당시로서는 그다지 높지 않은 성과를 거두었다. 하지만 <성균관 스캔들>은 이후 출연했던 네 주연이 스타급 배우로 성장한 것은 물론, 아직도 케이블 방송에서 심심치 않게 재방을 거듭하는 스테디셀러가 되었다.

물론 '사극'이라는 역사적 틀을 내려놓고 보면 <성균관 스캔들>은 2009년 방영되어 로맨스 드라마의 정점을 찍었던 <꽃보다 남자>의 사극판이라 해도 무리가 없다. 또한 <꽃보다 남자>는 그 이전의 '신데렐라 스토리'를 확장, 강화한 이른바 '역하렘물(여자가 많은 남자들에 둘러싸여 사는 작품)'으로 '로코계'의 질적 전환을 이룬 작품이다.

한국식 '로코'의 탄생

이른바 '로코', 로맨틱 코미디의 유래는 1930년대 미국에서 유행했던 스크루볼 코미디(screwball comedy)에서 찾을 수 있다. 엉뚱한 상황에 던져진 신분 격차가 큰 두 남녀, 그들의 빠른 '대사'를 중심으로 빚어지는 해프닝, 결국 그들이 갈등 끝에 사랑에 빠지며 도달하는 해피엔딩이 당시 대공황에 힘들어하던 미국인들에게 심리적 위로가 되었다. 이것은 프랑크 카프라 감독의 <어느 날 밤에 생긴 일(It happened one night)>을 시작으로 캐서린 헵번과 캐리 그랜트의 <아기 기르기(Bringup baby)>에서 정점을 찍는다. 이런 스크루볼 코미디가 1980~1990년대 일본으로 건너가 '트렌디 드라마'라는 이름으로 1991년부터 본격화된 '불황기'의 일본인들을 '위로'했다. 이 일본 드라마의 틀을 그대로 가져온 <질투>(1992)가 인기를 끌며 1990년대 이후 한국 드라마에서 '로코'라는 장르가 자리 잡기 시작했다.

비록 원조인 미국에서 일본을 거쳐 들어왔지만 이른바 '한국식 로코'에는 빠지지 않는 요소가 있다. 멋진 남자, 특히 재벌이나 그에 버금가는 실장님의 존재이다. 최진실과 김희선을 1990년대의 '로코 퀸'으로 만드는 동안, 재벌 2세,• 스타,•• 실장님•••들은 그녀들을 사랑하기 위해 분주했고, 그런 그녀들과 한 남자를 두고 송윤아, 김지영 등이 혈전을 벌였다. 1990년대의 그녀들은 '사랑' 앞에 모든 것을 내던진 1970~1980년대의 '청순가련'한 그녀들과도 달랐다. 비록 '사랑'에 대해서는 여전히 '청순'하지만, 생활력이 강한 그녀들은 부를 지녔지만 공허한 그 남자의 마음에 당당한 모습으로 어필했다. 1990년대의 한국이 스크루볼 코미디가 유행하던 대공황기의 미국이나, 경제성장의 단물이 빠진 일본과는 달리 불황이 본격화된 시기는 아니었지만 대신 더 이상 '개천에서 용이 나는 것'이 불가능하다

• <토마토>(1999)의 김석훈 등.

•• <별은 내 가슴에>(1997)의 안재욱.

••• <미스터 Q>(1998)의 김민종 등.

는 인식이 일반 대중의 저변에 깔리기 시작하며 자본주의 내 계층이 고착화되는 시점이었다는 점이 주목할 만하다. 즉, 대중들은 현실에서 불가능한 '계층 상승'을 드라마 속 '사랑'이라는 판타지를 통해 '대리 만족'하기 시작한 것이다. 드라마 속에서 가진 것 없어도 마음만은 '부유'한 그녀에게 가진 것 '많은' 그가 매달리는 구도야말로 '갑을' 관계가 노골화되어가는 시대의 적절한 '힐링'이 되었다. '부'에서는 남성이 압도적으로 우세하지만, 그가 상실한 '인간성'의 대변자로 여성이 등장하며 삶의 균형을 맞춘다는 식이다. 그러기에 이들 1990년대 '로코'의 대명사는 실장님과 재벌남을 쟁취하여 '로코 퀸'이 된 그녀들이었다. 즉 사랑받을 만한 당찬 그녀가 아직은 꺾이지 않은 자존심을 가진 자본주의 시대를 사는 이들의 얼굴이었다.

다다익선, '로코'의 새로운 전략

하지만 '로코 퀸'이 나이 들어가며 시대도 변해갔다. 이제 '자존심'만으로 버티기엔 '자본주의'가 너무 압도적이 되었다. 그와 함께 TV 리모컨을 쥔 주도층인 '여성' 지위의 사회적 상승으로 여성의 욕망은 분명해져 갔고, 취향은 다변화되어 갔다. 무엇보다 1990년대에서 2000년대 초반까지 뻔한 서사 구조로 남발된 '트렌디 로코'가 이들 드라마의 발목을 사로잡았다. 바로 그렇게 지지부진한 '로코'의 위기를 돌파한 것이 <꽃보다 남자>(2009)였다. 여전히 그 이전 '트렌디 로코'의 여주인공처럼 가진 것 없지만 당당한 여주인공 금잔디(구혜선 분)를 둘러싸고 무려 네 명의 남자가 등장한다. 심지어 그 네 명 모두 그룹 후계자〔구준표(이민호 분)〕에, 전직 대통령의 손자〔윤지후(김현중 분)〕 등 내로라하는 집안 출신들이다. 이 '역하렘물'은 당연히 개성 강한 남자 주인공들 각각의 팬층을 형성하며 드라마의 인기를 상승시킨다. 카미오 요코 원작의 만화를 기반으로 했지만, 작품적 완성도 면에서 일본판이나, 대만판에 비해 미흡하다고 평가를 받는 한국판 <꽃보다 남자>, 하지만 등장하는 주연 배우들의 면면에서만은 그 어떤 나라의 드라마도 앞서며, 출연 배우들을 한류 스타로 성장시키는 데 이바지한다.

<꽃보다 남자>는 '어차피 실현 불가능한 판타지'라는 '만화' 원작을 전제로 여성들의 로망을 다각도로 만족시킨다. 여기서 주목할 것은 '연기 논란'에 이은 '민폐녀 설정'으로 여주인공의 존재와 관련된 잡음이 끊임없이 등장하는 것과 상관없이 나날이 상승하는 드라마의 시청률이다. 남성 캐릭터에 여성들의 욕망을 충실히 반영하지만, 자아 정체성의 성장은 멈춰 있다. 이는 압도적으로 성장하는 '부'와 '권력' 앞에 초라해지고 무기력할 수밖에 없는 평범한 삶의 투영이다.

이런 <꽃보다 남자>의 전략을 사극으로 고스란히 흡수한 것이 바로 2010년 <성균관 스캔들>이다. 이미 로맨스 소설로 선풍적 인기를 끈 바 있는 정은궐 작가의 『성균관 유생들의 나날』을 김태희 작가가 각색하고 이후 <미생>, <시그널> 등으로 스타 피디가 된 김원석 피디가 연출한 <성균관 스캔들>은 <꽃보다 남자>의 '꽃미남' 세 명 외에, 남장 여자라는 포인트를 넣어 흥미를 배가시켰다. 아픈 동생을 대신하여 남장을 한 채 필서 일을 하며 생계를 도모하던 몰락한 남인의 딸 김윤희(박민영 분)는 당시 최고의 학문 기관인 성균관에 입성하게 되며 당시 권력을 잡고 있던 노론 명문가의 외아들 이선준(박유천 분), 역시나 권신 집안의 문재신(유아인 분), 요즘으로 치면 재벌가의 자제쯤 되는 구용하(송중기 분), 이 세 명의 키다리 아저씨 같은 캐릭터들을 만나 사랑과 성장담을 꾸려간다.

<성균관 스캔들>의 주목할 만한 지점은 여성 캐릭터이다. 정조 연간의

안동 김씨 세도가를 상대로 한 개혁 정치를 시대적 배경으로 삼은 이 드라마에서 몰락한 남인 가문의 딸인 김윤희는 김윤식이 되어 성균관에 입성하여 성균관의 동접들 사이에서 '대물'이라는 칭호를 얻을 정도로 학업은 물론, 여성 편력과 주먹질, 그리고 정치 활동에서까지 당당한 존재감을 드러내며 당대 진보적 지식인으로 성장한다. 드라마는 결국 기승전 로맨스가 되었지만, 그럼에도 각성하고 성장하며 주체적으로 사랑과 삶을 성취하는 여성 캐릭터로써 중심을 놓치지 않으려 애쓰고, 그저 사랑이 아닌 시대적 아픔을 공감하는 동지적 존재로 여성을 그려내려 애쓴다. 하지만 그럼에도 불구하고 이미 꽃보다 아름다운 '매력적인 남성 캐릭터'에게 빠져든 여성 시청자들의 눈은 쉬이 김윤희라는 여성에게 돌려지지 않았다.

로맨스 사극, 전략의 변화

로맨스 사극은 시청률이 아쉬웠던 <성균관 스캔들> 이후 역시 정은궐 작가의 작품을 원작으로 한 2012년 <해를 품은 달>에서 드디어 가장 대중적인 장르로 등극한다. 정조 연간의 개혁 정치라는 역사적 공간을 활용했던 <성균관 스캔들>과 달리, <해를 품은 달>은 '로맨스 사극'의 자유로운 운신을 위해 가상의 조선 성조 연간과 여전히 우리 사회에서 암묵적으로 영향력을 발휘하는 무속의 영역을 드라마로 끌어들인다. 거기에 한국 드라마 시청률 견인의 주요 요건인 어린 시절의 운명적 사랑을 등장시켜 20회에서 시청률 42.2%(닐슨코리아 전국 기준)라는 놀라운 성과를 거둔다. 전체 드라마의 틀은 비련의 여주인공 월(한가인 분)에 왕 이훤(김수연 분), 양명(정일우 분), 허염(송재희 분), 운(송재희 분)을 포진시켰지만, 여주인공의 연기 논란과 이후 스타로 등극한 김수현에게서 보이듯 실질적으로는 왕으로 등장하는 이훤의 주도적 활약이 돋보인 순애보적 남성 원톱 드라마가 된다.

'다다익선' 대신 여성들에게 어필할 수 있는 트렌디한 인물에 집중하는 전략의 변화이다. 잠시 과도기를 겪으며 남자 주인공 집단 체제로 변화하는 시대에 맞춰 새로운 남성상을 모색하던 드라마가, 앞서 1990년대 '재벌남'과 신분 차이가 나는 여성의 사랑이라는 '트렌디 로코'의 원형으로 귀결되는 과정이기도 하다. 하지만 1990년대 '로코'가 여성 캐릭터를 서사의 중심으로 내세웠던 것과 달리, 그 중심이 남성으로 이전되어 질적으로 변화된 구조가 된다.

<구르미 그린 달빛>과 <달의 연인>의 같고도 다른 전략

2016년 8월 22일 동시에 첫 선을 보인 <구르미 그린 달빛>과 <달의 연인>은 '로맨스 사극'이라는 점에서 동일한 장르의 작품이다. 거기에 당차고 순수한 여주인공을 중심으로 꽃미남들이 포진한 점에서 두 드라마의 구성은 비슷해 보인다. 하지만 실제 두 드라마는 사극에서 대중적 시대인 조선과 그보다 생소한 고려라는 시대적 핸디캡이나 배우의 연기력을 차치하고라도 1회에서부터 다른 전략을 구사하고 이는 곧 드라마의 성패를 갈리게 하는 주요 요인이 되고 만다.

전략의 수정이 초래한 여성 원톱 드라마, 〈달의 연인〉

중국에서 인기를 끈 <보보경심>을 리바이벌한 <달의 연인-보보경심 려>가 왕실 내의 족내혼이 등장하는 원작의 내용을 무리 없이 소화하기 위해 왕실 내의 결혼이 '정책'으로 등장했던 고려를 배경으로 삼은 것은 절묘한 선택이다. 그러나 '사극'이지만 현재에서 과거로 시간 이탈을 하는 타임 슬립물인 <달의 연인>은 첫 회부터 당연히 과거로 가게 된 현재의 주인공 해수(이지은 분)를 극의 중심에 세울 수밖에 없었다.

거기에 <달의 연인>은 야심차게 <꽃보다 남자> 이래 로맨스 드라마의 전형을 확장한다. 서너 명이었던 꽃미남은 <달의 연인>에 오면 무려 그 수가 일곱 명으로 늘어간다. 첫 회에 제사를 빙자하여 남배우들이 물속에서 몸 자랑하게 만드는 장면을 보여주는 것으로, 이 드라마의 '전략'이 무엇인가를 노골적으로 드러낸다. 하지만 '몸'과 '얼굴'도 그 정도만으로는 범람하는 꽃미남에 단련된 시청자들은 끄덕도 하지 않았다. <달의 연인>은 꽃미남의 수가 늘어난 만큼 캐릭터의 서사는 약화되고, 이들과 여주인공의 접점에 신경을 쓸 수밖에 없는 만큼 여자 주인공 한 명과 다수의 해프닝이라는 여성 원톱 드라마의 구성으로 흘러갈 수밖에 없게 된다.

만약 시대적 흐름과 달리, 1990년대 '로코' 드라마의 '로코 퀸'처럼 여주인공이 중심이 된 드라마가 호응을 얻는다면 그것이 다시 새로운 변화로 자리매김할 수 있을 것이다. 하지만 아쉽게도 첫 회부터 '연기력 논란'과 '민폐녀 설정' 등의 자충수는 이 드라마 제작진과 시청자 간의 간극이 얼마나 큰지를 방증할 뿐이었다.

〈성균관 스캔들〉과 〈해를 품은 달〉의 성공적 벤치마킹, 〈구르미 그린 달빛〉

그에 반해 <성균관 스캔들>의 '남장 여자' 캐릭터, 심지어 김윤식처럼 몰락한 양반가의 자제로 저잣거리에서 패설을 쓰는 캐릭터를 고스란히 끌어다 쓴 홍라온(김유정 분)은 역시나 김윤식처럼 본의 아니게 원치 않던 장소로 삶의 근거지를 옮기게 된다. 단지 그게 '성균관 유생이냐, 궁궐의 내시냐'라는 차이가 있을 뿐. 하지만, 내시로 궁궐로 들어간 홍라온, 이제 내시가 된 홍삼놈의 스토리는 <성균관 스캔들>을 떠나 <해를 품은 달>로 무게 중심을 옮긴다.

<구르미 그린 달빛>과 <해를 품은 달>은 '같은 작가의 원작이 아닐까'•라는 오해를 살 정도로 제목에서 느껴지는 뉘앙스가 유사하다. 또한 이미 제목에서, '그리고', '품'었어도 달과 해라는 중심이 분명히 드러나 있다. 홍라온을 중심으로 세자 이영(박보검 분)과 세도가의 자제 김윤성(진영 분)과 호위무사 김병연(곽동연 분) 등이 포진하지만, 스토리는 <해를 품은 달>과 마찬가지로 세도가에 짓눌려 철부지 행세를 하며 절치부심하는 이영으로 무게 중심이 옮겨간다. 이처럼 <구르미 그린 달빛>은 폭발적 시청률을 기록했던 <해를 품은 달>의 남성 원톱 전략을 다시 한번 반복하며 인기 가도에 오른다.

변화하는 남성상

<해를 품은 달>과 <구르미 그린 달빛>의 남자 주인공 캐릭터는 흡사하다. 드라마 속 이영은 때론 무기력한 왕권의 계승자이지만 권력에서 소외된 외로운 아웃사이더로 등장한다. 그는 '권력'을 가졌지만 기존 권력에 '반'하는 인물이다. 거기에 남주인공은 '위기'에 빠진 여주인공을 향해 '순애보적' 사랑을 '헌신적'으로 실천한다. 그 과정에서 여주인공에게는 한없이 '은혜'롭다. 2016년 심화되어가는 빈부 격차, 고착화된 계층 구조, 거기에 나아졌다고는 하지만 여전히 여성을 고통스럽게 하는 사회 제도 속에서 여성 시청자들이 느끼는 패배감, 절망감의 구원은 부패 권력

• 하지만 『구르미 그린 달빛』은 윤이수 작가의 2013년 작 웹 소설이고, 『해를 품은 달』은 2011년 발행된 정은궐 작가의 소설이다.

에 물들지 않은 자상하고 다정하지만 일편단심인 '백마 탄 혹은 탈 왕자'들이다.

비슷하게 권력에서 소외된 왕자라지만 다짜고짜 여주인공 해수에게 막 대하고 보는 왕소의 캐릭터는 이미 <꽃보다 남자>의 구준표 이래 아니 그 이전 1980년대 <캔디> 이래 여성들을 사로잡았던 <캔디>의 테리우스형, 이른바 '츤데레(상대방에게 애정은 있지만 겉으로는 쌀쌀맞게 대하는 유형)' 캐릭터이다. 1980년대 테리우스가 2016년에 돌아온다면 여전히 여심을 사로잡을 수 있을까? 2016년 최고의 히트작이 된 <태양의 후예>에서 중위였지만 여성에게만은 한결같이 '신사적'이며 '다정'했던 유시진(송중기 분)이 주연이고 '츤데레' 캐릭터였던 서대영(진구 분)이 서브 캐릭터였던 것에서도 알 수 있다. 2016년의 현실에서 상처받은 여심들은 여성을 배려하지 않는 '거친 늑대'를 포용하고 인내할 여유가 없다. 그녀들의 상처를 위로해주고 보살펴줄 다정한 능력남이 필요할 뿐이다. 다짜고짜 손을 잡고 사랑을 강권하는 것이 '성추행'이 될 수도 있는 세상에서 '왕소' 캐릭터는 비운의 운명에도 불구하고 호감을 얻기에는 상당히 부족했다. 오히려 그런 왕소와 달리 처음부터 해수를 세심하게 돌보아주는 8왕자 왕욱(강하늘 분)이 반응을 얻은 것은 시대적 요구의 즉자적 반응이다.

주체적 여성상의 퇴화

<꽃보다 남자>나 <성균관 스캔들> 등 '역하렘물'을 거치면서 뒤처지기 시작한 여성의 주체성은 <해를 품은 달>을 통해 분명해져 갔고 이제 2016년의 <구르미 그린 달빛>과 <달의 연인>을 통해 고착화된다.

이미 <응답하라 1988>을 통해 '모성애'를 한껏 부추긴 박보검이 분한 이영은 그런 전작의 이미지를 이어받아 어머니를 잃은 상처를 가진 세자로

등장한다. 이훤도 다르지 않다. 두 배우는 모두 '소년'과 '남성'의 경계에 선 듯한 이미지로 '모성애'적 감성을 한껏 북돋우며 여성 시청자층을 매료시킨다. 하지만 이런 이들의 '모성애적' 이미지는 그 상대역인 여성 캐릭터의 역할을 제한한다. 드라마 속 여자 주인공은 '당찬 삶의 주도성'을 가진 인물에서 '모성성'이나 '여성성'이 강조된 인물로 변화되어간다. 높은 시청률로 화제가 된 <해를 품은 달>의 월이는 이훤의 첫사랑이다. 어머니가 없이, 할머니와 그 외척 세력에게 위협을 받던 그에게 그녀는 첫 정이자 상실한 모성의 상징이다. 양반집의 귀한 영애였지만 비련의 운명을 겪으며 무녀가 되어버린 <해를 품은 달>의 월이는 하지만 비극적 운명을 해결하기 위해 스스로 무엇을 하기보다 훤이라는 남자 주인공을 운명적으로 얽어매고, 그를 매력적으로 활동하게 추동하는 보조적 역할을 넘어서지 못한다. <구르미 그린 달빛>은 한술 더 뜬다. 세자 이영이 어머니를 그리는 장면은 늘 홍라온과 겹친다. 즉 드라마는 노골적으로 세자의 모성애를 대변하는 인물로 홍라온을 그린다. <성균관 스캔들>에서 동접들과 어깨를 나란히 했던 남장 여자는 이제 '내시'가 되어 세자의 부속물로 존재가 제한된다.

원톱이라는 <달의 연인>의 해수도 궁궐 내에 분란을 일으키는 것과 달리, 그 존재감이 두드러지지 않는다. 중국에서 방영된 원작은 보보경심의 뜻인 '한 걸음 한 걸음 조심스럽게 걷는' 식으로, 역사에 대해 해박한 여주인공이 역사 속 인물들을 만나, 그들의 운명을 미리 알고 조심스럽게 관계를 모색해가며 지혜로운 여성 캐릭터로 성장하는 과정을 담는다. 하지만 한국으로 온 <보보경심>은 바로 원작의 이런 여성 캐릭터의 매력, 그리고 '보보경심'의 포인트를 제외한 채, 초반부터 시끌벅적한 타임 슬립의 해프닝에, 조심스럽기는커녕 경우가 없는 모습을 '현대적'이라 그린다. 원작이 그려낸 '여성 원톱'의 내용을 '뻔한 한국식 로코'로 해석해내며 새로운 가능성을 묻어버린다.

이렇게 트렌디한 두 로맨스 사극 속 여성은 대다수의 여성 시청자들을 상대로 하면서, 그들의 존재를 '여성성', 그중에서도 '모성성'에 국한시키는 '퇴행'적 양상을 보인다. '판타지'는 한껏 고양되었지만, 판타지 속 여성 자신에 대한 전망은 불투명하다.

입선

황사는 봄에 분다

JTBC 금토 드라마 <청춘시대>가 전한 날숨의 이야기

박재영

올해 봄은 황사가 유독 말썽을 부렸다. 두께를 더해가는 마스크 아래 봄이 머물 자리는 없었다. 매년 각박하게 변하는 것은 계절 봄만이 아니다. '만물이 푸른 봄'이란 뜻의 '청춘'은 어떠한가. 봄 역시 '나야 하는' 계절로 바라본 신조어 '월춘'은 청춘을 피해 가지 않았다. '불반도', '갑질'이란 이름의 수많은 먼지 사이에서 청춘들은 가쁜 숨으로 봄을 버틴다. 최근 종영한 JTBC의 드라마 <청춘시대>는 '황사 낀 청춘'의 날숨을 여과 없이 담아냈다. 기존의 청춘 드라마가 묘사하던 예쁜 봄이 아니다. 때로는 먼지 섞인 2016년의 적나라한 봄이다.

소통과 거짓말

<청춘시대>의 주인공은 하우스메이트인 20대 여성 다섯 명이다. 드라마는 소심한 스무 살 유은재(박혜수 분)의 셰어하우스 입주로 시작한다. 아는 사람 하나 없이 시작한 서울 생활은 서럽다. 만년 '다이어터' 정예은(한승연 분)은 허락 없이 은재의 잼을 전부 먹어치우고, 남자가 끊이지 않는 미녀 강이나(류화영 분)는 이용 중인 화장실에 난입하여 용변을 본다. 어려운 생계에 바쁜 나머지, 얼굴 한 번 비추지 않은 선배 윤진명(한예리 분)마저 포스트잇을 통해 '볼일 보며 수돗물을 틀지 마라', '잘 땐 불을 끄고 자라'며 은재의 행실을 일일이 지적한다. 은재가 느낀 서운함은 소통 이전에 울분이 된다. 하지만 은재는 이내 깨닫는다. 문제의 원인은 타인만의 것이 아님을.

첫 회에서 깨달음은 독백을 통해 시청자에게 전달된다. "나는 오만했다. 나와 같다. 나와 같은 사람이다. 나만큼 불안하고 나만큼 머뭇대고 나만큼은 착한 사람." '나만큼은 착한 사람'이라는 표현이 흥미롭다. 이는 "소통은 상대방이 나와 같다고 생각할 때 가능해진다"라는 기획 의도를 명쾌하게 반영한 대사로 보인다. 자신에게 부탁하기 위해 진명이 얼마나 많은 포스트잇을 쓰고 버렸는지 깨달은 순간, 은재는 타인을 이해하기 시작한다. 이해에서 비롯된 소통은 다섯 여자의 두꺼운 화장을 조금씩 닦아낸다. 하지만 타인에게 완전한 민낯을 보이기란 쉽지 않은 법이다.

사람들은 외면의 민낯을 가리려고 화장을 한다. 그리고 내면의 민낯을 가리려고 거짓말을 한다. 화장이 평범한 행위이듯, 거짓말도 마찬가지다. 평범한 사람들도 자신의 '평범치 못한' 이야기를 가리기 위해 거짓말을 한다. 거짓말은 소통의 한 방식으로 작용한다. 평범한 타인과의 소통을 위해서는 자신 먼저 평범의 범주에 포함돼야 하기 때문이다. 하지만 상대방이 자신처럼 '평범치 않은 민낯'을 가졌음을 깨닫게 되었을 때 거짓말이라는 이름의 화장은 지워지기 시작한다.

청춘, 죽음을 생각하다

<청춘시대>의 주인공 다섯 명이 자신의 화장을 지우게 되는 계기는 흥미롭게도 또 다른 화장 때문이다. 성에 누구보다 관심이 많고 열정적이지만 연애 한 번 못 해본 송지원(박은빈 분)은 박학다식한 만큼 뛰어난 언변의 소유자다. 쾌활한 그녀가 무심코 던진 거짓말 한마디는 셰어하우스를 송두리째 흔들어놓는다. 술김에 '신발장에 귀신이 보인다'고 했을 뿐인데 진명은 '죽었으면 하는 사람이 있다'고 고백하며, 혜수와 이나는 '내가 죽인 사람인지'를 고민한다. 그녀들의 머리를 잠식한 '죽음'은 여대생의 일상을 극적으로 그리는 계기가 되고, 청춘의 이야기는 드라마가 된다.

<청춘시대>는 거짓말과 죽음을 드라마의 큰 줄기로 다루었다는 점에서, 미국 드라마 <프리티 리틀 라이어스(Pretty Little Liars)>(이하 <PLR>)와 유사성이 있다. <PLR>의 거짓말 역시 사건의 발단이 된다. 예쁘고 어린 네 명의 소녀들은 일 년 전 사망한 친구 앨리슨의 이니셜을 딴 'A'로부터 협박성 메시지를 받는다. A는 네 명 모두의 비밀을 알고 있으며, 문자메시지를 통해 소녀들의 비밀을 폭로한다. 비밀이 발각당한 네 소녀는 A를 추리하고 나서는데 추리 과정에서 '삶과 죽음', '선과 악'의 경계는 모호해진다. 극이 진행될수록 뚜렷해지는 것은 거짓말의 무게뿐이다.

지원의 거짓말에서 탄생한 신발장 귀신은 A와 달리 실재하지 않는다.

하지만 주인공들에게 미치는 영향력은 실재 이상이다. 신발장 귀신은 보는 이의 시각에 따라서 죽었으면 하는 동생의 영혼, 내가 죽였을지도 모르는 아버지의 영혼, 나와 함께 사투를 벌였던 모르는 여자아이의 영혼이 된다. 모든 환영은 주인공들의 적나라한 치부이며, 가려야 할 비밀이다. 하지만 공사가 혼재된 '셰어하우스'의 공간적 특수성 안에서 서로의 민낯이 드러나게 된다. <청춘시대>는 청춘들이 자신과 타인의 민낯을 받아들이는 방식으로 다각도의 사회적 메시지를 던진다.

현실보다 현실적인 귀신 이야기

진명의 신발장 귀신

진명은 신발장 귀신이 동생의 영혼일 것이라고 생각했다. 동생이 식물인간 상태로 지낸 6년 동안 동생이 '산 것인지, 죽은 것인지' 고민한 적 없는 진명은, 지원의 '신발장 귀신' 언급 사건 이후로 동생의 상황에 대해 생각한다. <청춘시대> 4회에서, 진명은 병원을 찾았다가 오열하는 어머니를 본다. 위급한 상황으로 묘사된 장면에서 어머니가 아들의 죽음에 울부짖는 도중, 의사는 아들이 고비를 넘겼고, 다시 원상태로 돌아왔음을 통보한다. 아들이 '죽지 않았음'을 통보받은 진명의 어머니는 넋을 잃는다. 모든 장면을 지켜본 진명에게, 그녀의 내면은 '동생의 호흡기를 제거하라'고 속삭인다.

진명의 생각을 감지한 것인지, 그녀의 어머니는 딸 대신 아들의 호흡기를 벗기고 경찰에 체포된다. 그녀가 진명에게 넌지시 던진 한마디가 압권이다. "홀가분해."

누구보다 아들을 사랑하던, 가난한 어머니가 아들을 죽이고 홀가분함을 느낀다. 이는 기존의 미디어가 부모이자 사회적 약자, 빈곤층인 사람들을 묘사하는 방식과 다른 것이다. 흔히 가난한 사람들이 브라운관을 타는 경우는 '가난하지만 열심히 살면서 인간미를 잃지 않거나', '가난 때문에 인간이기를 포기하고 극악 행위를 저지르는' 상황이 주를 이룬다. 그렇기 때문에 단칸방에 옹기종기 모여 살면서 가족애를 다지고 희망을 향해가는 미담을 기대하는 사람들에게 진명의 어머니가 날린 한 방은 인상적이다. 분명 진명의 가족은 열심히 사는 빈곤층의 표상이다. 드라마에 묘사된 평소 행적 또한 사악함과 거리가 멀다. 그럼에도 가족의 죽음으로 삶의 무게를 덜어내는 과정은 소름 돋게 현실적인 방식으로 선악의 경계를 허문다.

은재와 이나의 신발장 귀신

<청춘시대>의 1회에서, "나는 아빠를 죽였다"라는 은재의 독백이 나온다. 은재의 미스터리는 드라마 전체를 관통한 후, 결말부에서 해결된다. 아버지가 보험금을 노리고 오빠를 죽였다고 의심한 은재는 아버지가 수면제를 탄 어머니의 보온병과 아버지의 것을 바꿔치기한다. 은재는 수면제의 목적이 어머니를 죽이기 위한 것인지 알지 못했지만, 결과적으로 아버지는 병의 음료를 마신 후 교통사고로 사망했다. '수면제를 탐', '교통사고 발생', '사망'으로 이루어진 일련의 사건은 나열되는 것에 그치며 그 사이의 연결 고리는 존재하지 않는다. 고리를 찾아 채우는 것은 시청자의 몫이다.

강이나의 귀신은 여자아이다. 고교 시절, 사고로 물에 빠졌을 때, 물에 뜨는 가방을 두고 생사를 다툰 사이다. 고의적 살인이 아니라는 점에서 은재와 공통점이 있다. 하지만 죽음을 겪은 이후의 삶의 태도는 은재와

분명히 다르다. 이나와 은재의 서로 다른 트라우마가 해결되는 과정은 드라마 전개의 큰 축을 담당한다.

죽음의 위협을 무릅쓰고 피해자의 아버지와 진실을 논한 이나와 달리, 은재는 어머니에게 진실을 말하지 못한다. 이나의 민낯이 그녀와 피해자의 아버지, 단둘의 담판으로 드러나는 반면 은재의 민낯은 사건 대상자가 아닌 셰어하우스 메이트들과 함께 논의할 대상이다. 이는 인물의 성격에 따라 현실적으로 연출하기 위한 장치다. 캐릭터에 따라 다른 대처 방식은 현실적으로, 비현실적 설정에 설득력을 부여한다.

진실에 대처하는 방식이 다른 만큼 결과의 차이도 크다. 갈등이 깔끔하게 해결되어 피해자 아버지의 딸 역할을 하는 이나와 달리, 은재의 사건은 '부검의 불확실성'으로 새로운 거짓말을 낳는다. 학보사 동기의 도움으로 미리 부검 보고서를 접한 송지원은 '부검으로 모든 약물의 흔적을 잡아낼 수 없다'는 사실을 알면서도 은재를 속인다. 부검이 약물 여부에 대해 모호성을 띤다는 '사실'은 소중한 사람을 위해 가려야 할 대상이자 당사자도 모르는 민낯이다. 아이러니하게도 사건의 내막을 모두 지켜본 시청자에게 지원의 거짓말은 또 다른 모호성을 제공한다. 아버지를 죽인 (혹은 죽였을지도 모르는) 살인자와 위로받아야 하는 (혹은 진실을 받아들여야 하는) 막내 사이의 간극은 뚜렷지 않다. 삶이 모호함의 연속인 것처럼 시청자가 고민할 부분이다.

드라마는 '진실'과 '선'이 무조건 옳다고 말하지 않는다. '안락사', '보험사기'를 포함한 현실적 장치들을 통해 시청자의 자문을 이끌 뿐이다. 선악의 경계를 허무는 과정에서 작중인물과 시청자 간의 동일화가 이루어지며, 드라마는 기획 의도인 '소통'을 시도한다. 작중인물과 시청자의 소통을 극적이면서 현실적으로 묘사하는 방식은 <청춘시대>의 가장 큰 매력이다. 그럼에도 미필적고의를 활용한 전개 방식이 잦고 급진적인 전개 탓에 설득이 수월치 못한 점은 아쉽다. 충분한 시간에 걸쳐 고민하고 논의할 현실적 장치들이 지나치게 나열된 점은 12부작이라는 비교적 짧은 편성에 많은 이야기를 담으려던 제작진의 욕심 탓으로 보인다.

삼포와 'sampo' 사이, 청춘의 생존 방식

앞서 언급한 미국 드라마 <PLR>의 세계관에서, 소녀들이 평범한 삶을 되찾기 위해 범인을 찾아 헤매는 역경조차 연애를 막지 못한다. 때로는 자신이 연정을 품었던 대상이 범인일 수도 있다는 생각을 하면서도 연애를 포기하지 않는 작중인물들은, 사랑이 인간적 본능이라는 사실을 일깨워준다. 위기 속에서도 지키고 싶을 만큼, 인간이라면 포기하기 어려운 감정인 '사랑'을 대하는 방식에서 <청춘시대>와 <PLR>의 차이점은 극명히 드러난다.

연애, 결혼, 출산 세 가지를 포기한 세대라는 의미의 신조어 '삼포 세대'에서 알 수 있듯이, 많은 국내 청춘들에게 사랑은 사치로 여겨진다. 사회에 의해 개인의 감정이 억제되는 것이다. <청춘시대>는 개인이 속한 사회적 배경에 대해 생각할 계기를 마련하는 점에서 인물 묘사 위주의 <PLR>과 다르다.

<청춘시대>의 윤진명은 '현 사회의 평범이란 무엇인가'에 대해 생각하도록 한다. 그녀는 '삼포 세대'의 표상이다. 누구보다 열심히 생활하는 그녀가 스물여덟의 늦은 나이에도 대학을 졸업하지 못하는 것은 어려운 형편 때문이다. 6년째 식물인간인 동생을 수발하는 어머니의 빚을 대신 갚기 위해 하루 종일 일을 하며 남은 시간에 틈틈이 공부하는 그녀에게

연애는 허상이다. 진명은 일하는 레스토랑에서 자신에게 관심을 표한 남자에게 호감을 느끼지만 현실 때문에 뿌리친다. 일과 시간에 쫓겨 감정을 억제하는 진명의 삶은 인간의 차원을 넘어서 기계 수준이다.

리처드 도킨스(Richard Dawkins)는 인간을 유전자 번식을 위한 '생존 기계'에 비유했다. 하지만 진명을 포함한 수많은 한국의 생존 기계들은 유전자 번식을 포기한 지 오래다. 철저히 자신의 본능을 억제하며 기계처럼 사는 진명이 한때 평범한 삶을 증오했다는 사실은 흥미롭다. 진명의 꿈은 회사원이다. 정확히는 공기업을 지망한다. 죽어도 평범해지지 않을 거라 다짐하던 진명이 "죽을 만큼 노력해서 평범해질 거야"라고 되뇌게 된 배경은 정확히 알 수 없다. 드라마는 진명의 유년 시절을 구체적으로 보여주지 않기 때문이다. 현실의 상황을 바탕으로 시청자가 추측할 수 있도록 유도하는 것에 그친다.

그럼에도 시청자들이 가장 공감되는 인물로 진명을 택한 글을 시청자 게시판과 커뮤니티 사이트에서 어렵지 않게 찾아볼 수 있다. 한 글쓴이는 특별함을 포기하고 평범함을 갈구하게 된 진명의 자각에 공감했다고 말했다. 이는 '나는 지금 평범 이하'라는 깨달음이다. 통계청은 지난 5월, 취업 경험이 없는 청년 실업자의 수가 13년 만에 최고치를 기록했다고 발표했고 "'장래희망은 취업' 한국판 잃어버린 세대 확대"(≪국민일보≫) 같은 보도를 매일같이 찾아볼 수 있다. 2016년의 20대는 자신의 의지와 관계없이 '잃어버린' 세대가 되었다. X세대처럼 멋진 수식은커녕 '존재를 부정'당한 현세대는 기계처럼 노력해도 '평범 이하'의 삶을 산다.

타인에 의해 오명을 쓴 세대이기 때문일까? 드라마의 후반에서 보란 듯이 삶의 무게를 덜어내는 진명의 행동은 또래 청춘들의 격한 지지를 받았다. 실낱 같은 희망이던 회사에서조차 불합격 통보를 받은 그녀가 계획 없이 한 달간의 중국 여행을 떠나기 위해 공항을 지나는 순간, 장기 여행을 이유로 모르는 사람에게 '금수저'로 오인되는 장면은 12회의 하이라이트다. 평범의 기회를 박탈한 사회에게 진명이 지은 환한 미소는 인내의 상징이 아니다. 오히려 '내려놓음'에 가깝다.

'내려놓음'의 행복을 누리는 청춘에게 '삼포 세대'라는 수식을 붙이는 행위는 결례다. 수많은 청춘이 평범한 삶을 살기 위해 온 힘을 다하기 때문이다. '내려놓음'은 새로운 생존 방식이다. 인내가 부족해서 도중에 그만두어 버리거나 권리를 내던진다는 뜻의 포기와 다르기 때문이다. 혹자의 표현에 따르면 "지금까지의 세대 중 가장 높은 대학 진학률과 토익 성적을 보유했으며 피아노 건반 정도는 누를 줄 알 정도로 똑똑한" 20대가, 답 없는(노답) 선택지에서 필연적으로 택한 것이다.

행복 지수 최상위권 국가인 핀란드에서 '삼포(sampo)'가 행복을 상징하는 단어라는 사실이 흥미롭다. 핀란드의 전설에 등장한 삼포는 행복을 부르는 물체로 바다에 잘게 뿌려졌다고 한다. 바다는 넓다. 수많은 위험이 호시탐탐 여행자를 노린다. 태풍이 도사리는 망망대해에서 행복의 조각을 찾아 위험한 모험을 하는 청춘들은 삼포(三抛) 세대가 아닌 삼포(sampo) 세대다. 누구라도 타인의 행복에 제동을 걸 권리가 없듯이, 진명의 '내려놓음'을 포기라고 말할 수 있는 사람은 없다.

다시 벨 에포크로, 돌아가기 전에

프랑스어로 '좋은 시대'를 의미하는 '벨 에포크(Belle Époque)'는 그녀들이 생활하는 셰어하우스의 이름이다. 드라마의 마지막 회에서 칠판에 적힌 "다시 벨 에포크로"라는 문구가 눈에 띄는데 다음 시즌을 염두에 둔 제작진의 힌트로 보인다.

하지만 다시 벨 에포크로 돌아가기 위해서는 약간의 보수공사가 필요하다. 첫째로, 설정에 따른 타당한 근거 보충이다. 송지원만 듣는 의문의 잡음, 개에 쫓기는 은재의 꿈을 비롯한 일부 설정이 단서도 없이 제시됐기 때문이다. 둘째로, 여성의 주체성을 강조하길 바란다. 기존 드라마와 달리, 이나의 스폰서들의 비겁한 면모, 예은의 남자친구에 의한 데이트 폭력, 모르는 남자의 스토킹 등 여성의 관점에서 바라본 사회적 문제를 담은 연출은 훌륭하지만 문제 해결에서 남자의 도움이 자주 수반되는 점이 아쉽다. 8회에서 이나가 업계 친구 동주(윤종훈 분)에게 피해자 아버지의 신상 정보를 전해 듣는 장면은 허구적이며, 12회에서 서툰 연애의 상징인 지원마저 커플이 될 것을 암시하는 연출은 <청춘시대>의 매력을 반감했다. 마지막으로, '청춘'을 소재로 삼은 만큼 다양한 20대의 삶을 그리길 바란다. 20대는 대학생만 존재하는 것이 아니다. "이 나라는 학생이 아니면 살기 힘들다"라는 이나의 대사에도 불구하고 학생이 아닌 청춘의 이야기가 매우 부족했다. 대학에 가지 않거나, 졸업한 청춘 등 다양한 20대의 이야기가 다음 시즌에 담기길 바란다.

12회의 짧은 편성임에도, <청춘시대>는 시청자에게 수많은 질문을 남겼다. 당신은 아직도 청춘이라는 단어가 마냥 예쁘다고 생각하는가. 청춘은 좋은 시대로 포장될지언정 그것이 전부는 아니다. 만물이 피어나는 봄에 황사가 찾아온다. 봄의 복잡성을 이해하는 사회가 될 때, 비로소 청춘들은 웃음 지을 수 있을 것이다.

입선

쇼, 끝은 있는 거야

불편한 힙합을 노래하는, <쇼미더머니(Show Me The Money) 5>

이주하

올해만큼 사람들이 불편했던 적이 있었나 싶다. 사소한 일에도 불편함을 호소하는 사람들을 일컬어 '프로 불편러'라는 신조어가 등장했다. 그들은 '나만 불편해?'라는 말을 유행시켰고 개인의 불편을 사회의 불편으로 확대해 공론화시켰다. 시대를 담아내는 유행어가 '불편'이라는 게 씁쓸한 미소를 짓게 한다. 불편함이 넘쳐나는 사회가 되었지만 불편해도 괜찮다. 잘못된 것에 침묵하지 않는 사회가 되었기 때문이다.

이 글은 개인적인 불편에서 시작한다. 2016년 6월 25일, 아무 이유 없이 서로를 깎아내리는 TV 프로그램을 보았다. 문제의 프로그램은 <쇼미더머니(Show me the money) 5>이다. 출연자들은 공개적으로 상대방의 치부를 드러냈고 방송은 부적절한 욕설이 난무했다. 출연자들의 굳은 표정은 그들의 기분을 대변해주었고 시청하는 입장에서도 기분이 나쁜 장면이었다. 방송 이후 참가자들이 도를 넘었다는 여론이 형성되자 가장 심하게 상대방을 깎아내렸던 레디(Reddy)라는 가수는 자신의 SNS에 "'Show' me the money"라는 게시물을 올렸다. 이유 없는 욕설이 하나의 쇼이자 방송일 뿐 진실이 아니라는 것이다.

누구나 자신의 치부를 드러내길 원하지 않는다. 대체 무슨 이유로 대중의 앞에 서서 망신을 당하길 자처하는 것일까? 힙합의 하위문화인 '디스'가 그 명목이었다. '디스(dis)'는 무례를 뜻하는 'disrespect'의 준말로 상대방의 허물을 공개적으로 공격해 망신을 주는 행위이다. 아직은 생소한 문화의 잘못일까? 아니다. 단지 시청률을 위해 이유 없는 디스가 이어지는 것이 잘못이다. 힙합은 잘못이 없다. 잘못 이용하는 사람들의 잘못이다.

우리나라의 여름은 힙합이다

올해 여름은 유독 더웠다. 높은 기온과 더불어 해마다 상승하고 있는 힙합의 열기 때문이지 않을까? 각종 페스티벌과 음악 차트만 봐도 힙합 음악의 인기를 알 수 있다. 인기의 선봉에는 <쇼미더머니(Show me the money)>가 있다. <쇼미더머니>는 5월부터 7월까지 Mnet에서 방영하는 프로그램이다. 힙합이라는 음악 장르를 바탕으로 방송 포맷은 서바이벌 오디션 프로그램이다. 2012년 시즌 1을 시작으로 올해에도 시즌 5를 성공적으로 마쳤다. 해가 지날수록 유명 힙합 가수들이 프로듀서 또는 참가자로 출연하며 프로그램의 질을 높이고 있다. 시청자에겐 유명 힙합 가수에 의해 자신이 응원하는 참가자의 성장을 지켜보는 드라마가 되었고, 참가자에겐 그들의 꿈을 현실화하는 무대가 되었다.

<쇼미더머니>는 힙합이라는 음악 장르를 뛰어넘어 하나의 문화 코드

를 이끈다고 해도 과언이 아니다. 그들이 이끄는 문화 코드의 핵심은 '멋'이다. 멋있는 삶에 대해 노래하거나 남들이 부러워할 만한 부와 명예를 과시한다. 멋을 중시하는 일부 젊은 세대에게 힙합은 동경의 대상이 되어 힙합 가수의 패션을 따라 하기도 하고 나아가 힙합 가수를 삶의 멘토로 삼기도 한다. 또한 트렌드를 형성하며 수많은 문화적 아류를 이끌고 있다. <힙합의 민족>, '쇼미더빚까', '힙합의 신' 같은 방송 포맷 패러디가 이어지고, 각종 광고에서 힙합이 등장하는 것도 프로그램의 영향력 때문이다. 이렇듯 <쇼미더머니>는 힙합이라는 폐쇄적인 음악 장르를 대중화하는 데 일조했다.

힙합이란 어떤 음악인가

젊은 세대가 열광하는 힙합(hip-hop)은 어떤 음악일까? 힙합은 흑인들이 이끌었던 블랙 뮤직 중 한 장르이다. 힙합을 탄생시킨 미국의 흑인들은 미국 사회에서 많은 인종차별과 억압을 받았고 해방 의식, 자유의 갈망을 노래했다. 힙합은 흑인들만의 무엇인가를 만들려는 열망과 자유를 위한 음악에서 시간이 흐르면서 자기 과시에 초점을 맞춘 음악으로 발전했다. 힙합의 어원은 두 가지로 나뉜다. 자유의 상징인 히피를 뜻하는 'hip'과 속사정을 밝힌다는 'hep'의 합성어라는 의견도 있고, 엉덩이를 뜻하는 'hip'과 들썩거리다의 'hop'을 합친 것이라는 의견도 있다. 전자는 음악적 메시지에 초점을 맞췄다면, 후자는 음악이 주는 흥에 초점을 맞췄다고 볼 수 있다. 두 어원이 중요하게 여기는 부분의 차이는 존재하지만 그만큼 힙합은 자유롭고 솔직하며 활력 있는 음악임을 알 수 있다.

사회적·문화적 맥락이 다른 우리나라에서 자유의 음악인 힙합이 어떻게 인기를 끌 수 있었을까? 힙합이 가진 자유와 해방의 이미지 때문이다. '프로 불편러'의 등장 이전에 필요 이상으로 남의 일에 간섭하는 '오지라퍼'가 성행했던 것처럼 우리 사회에서 타인의 시선은 중요한 기준이다. 타인의 시선에서 벗어나고픈 욕망은 자연스럽게 자유를 노래하는 힙합의 유행으로 이어졌다. 「교실 이데아」를 부른 서태지와 아이들의 등장은 대중이 힙합을 문제아들의 음악으로 인식하는 계기가 되었다. 이어서 2000년대 인기 있던 힙합을 보면 "소외된 모두, 왼발을 한보 앞으로", "고집쟁이", "너나 잘하세요"처럼 자극적이고 적극적인 가사의 음악이 많았다. 힙합은 반항적이고 자유를 꿈꾸는 행보를 이었고 대중에게 여전히 반항과 자유의 음악으로 고정관념이 형성되어 있다.

힙합의 한국적 이식과 변형

<쇼미더머니>는 시청률을 위해 힙합이 가진 반항의 모습을 대중에게 덜 노출시킬 필요가 있었다. 그렇게 도입된 것이 악마의 편집이다. '악마의 편집'은 화제성을 높이기 위해 참가자의 사연을 각색하고 사실을 왜곡해 극적인 상황을 연출하는 악의적인 편집 방식이다. 실력 중심의 경연 대회에 감정을 자극하는 사연이 들어가면서 초반에는 선풍적인 인기를 끌었지만 반복된 사용으로 시청자에게 반감을 사게 되었다. 하지만 <쇼미더머니>에서 악마의 편집은 힙합이 가진 자유의 이미지, 자기 과시와 결합되면서 시청률 상승이라는 큰 시너지 효과를 이끌어냈다. 오히려 화제성을 위해 악마의 편집을 이용하는 참가자도 등장했다.

힙합이 드라마로 이식된 것이다. <쇼미더머니>는 악마의 편집으로 실력보다 캐릭터 중심 경연 대회가 되었다. '멋'을 노래하던 힙합 가수가

가정사에 눈시울을 붉히기도 하고, 친구로 지내던 동료를 이유 없이 디스하는 것이 그 결과이다. 힙합이 시청률을 위한 도구로 전락되면서 우리가 알던 자유와 반항의 이미지와 거리가 멀어졌다. 반항의 이미지가 사라지면서 개인적인 사연을 이용해 효도 힙합과 같은 새로운 장르가 만들어졌다. 사이먼 도미닉(Simon Dominic)이라는 가수의 가사처럼 '효(孝)미더머니'의 등장이다. 효도 힙합은 부모님에 대한 사랑을 노래하는 힙합으로 매 시즌마다 꾸준히 등장하고 있다. 올해에도 샷건이라는 가수가 어머니에 대한 사랑을 노래했다.

앞으로의 힙합은

힙합은 더 이상 반항적이지도 않고 자유를 꿈꾸지도 않는다. 오히려 효도를 위해 자수성가의 꿈을 부르짖고 이룰 수 없는 사랑을 노래한다. 자유로워진 사회 분위기의 결과일 수도 있다. 가장 큰 원인은 <쇼미더머니>의 방송 프레임이다. <쇼미더머니>가 음악 장르의 다양성을 위해 힙합의 대중화를 이끈 것은 방송의 큰 업적이다. 하지만 시청률에 초점을 맞춘 나머지 힙합의 특성을 무시한 것은 아닐까? 힙합과 드라마가 합쳐지면서 캐릭터만 바뀔 뿐 일어나는 상황은 반복된다. 내년에도 당연하게 효도 힙합이 등장하겠지만 문제는 더 이상 감동적이지 않다는 것이다. 악마의 편집으로 유명했던 다른 오디션 프로그램인 <슈퍼스타 K>는 더 이상 악마의 편집을 하지 않겠다고 선언했다. <쇼미더머니>도 이젠 억지 감동에서 벗어나 힙합 프로그램답게 힙합에 초점을 맞춰야 하지 않을까? 불편한 힙합이다. 과도기에 놓인 한국 힙합은 갈 길을 잃었다. 대중의 높아진 관심은 독이 되었다. 분명 <쇼미더머니>는 대중에게 힙합을 소개했다. 하지만 시청률에 눈이 먼 나머지 힙합이 가진 의미를 퇴색시키고 억지 감동을 추구하는 드라마로 만들었다. 한 유행가의 가사처럼 쇼는 끝이 없는 것이 아니다. 이대로 가면 쇼는 분명 끝이 있다. 힙합을 힙합답게 만들 수 있는 것은 시청자들의 불편이지 않을까? 우리는 더욱 불편해져야 한다. 힙합은 멋의 음악이고 자유의 음악이다. 비지(Bizzy)라는 가수는 힙합을 드라마로 승화시킨 프로그램을 비판하며 자신은 현실에 지친 사람들을 치유해주는 '힐링(Healing)' 힙합을 하겠다고 선언했다. 멋만 중시할 것이 아니라 자신이 추구하는 메시지가 다양해질수록 힙합은 더욱 편안해질 것이다.

입선

다시, 그녀들의 '벨 에포크'로

JTBC 드라마 <청춘시대>

오천석

아름다운 시절?

서울시 마포구 연남동 어딘가, 여기 다섯 명의 청년 여성이 사는 셰어하우스(share house)가 있다. 그 이름은 '벨 에포크'. JTBC에서 방영된 드라마 <청춘시대>는 '벨 에포크'에 입주한 이들의 이야기를 다룬다. 잠깐. 비교적 최근에 창안된, 주로 젊은이들의 거주 양식인 셰어하우스의 이름이 벨 에포크라니. 다소 고색창연한 뉘앙스를 풍기는 이 불어 단어는 이국적 발음 탓에 작중 배경을 튀어 보이게 할뿐더러 오늘날의 생활공간을 지칭하기엔 너무 '올드'해 뵌다. 그렇다면 왜 작가는 사람들이 생소하게 여길 원어 단어의 한국어 음차를 굳이 전면에 내세웠는가. 잠시 <청춘시대>를 집필한 박연선 작가의 인터뷰를 들여다보자.

박 작가는 '연애시대'에 이어서 '청춘시대'로 제목을 정한 것에 대해

"원래 제목은 벨 에포크였다. 프랑스 말로 '아름다운 시절'이지만 반어적인 의미로 썼다"•라고 말했다.

벨 에포크(Belle Époque). 일반 명사로는 '아름다운 시절'로 직역될 수 있지만, 고유 명사로는 '1871년의 보불전쟁과 1914년 1차 대전 사이의 평화로웠던 과학, 문화 중흥기'라는 의미를 지닌다. 여기서 사용된 '평화로운'이라는 형용사는 이 시기의 분위기를 가장 잘 설명해준다. 당대를 휩쓴 거대한 두 전쟁이 후대 사람들로 하여금 그 잠시나마 평화로웠던 시기를 실제보다 더 아름답게 기억하게 한 것이다. 전쟁, 시간의 흐름과 같은 어떤 극복될 수 없는 단절, 이로 인한 상실이 기억을 마냥 미화시키는 조건인 셈이다.

작가는 이러한 역사적·의미론적 맥락을 지닌 벨 에포크라는 표현을 드라마 타이틀로까지 설정할 계획이었다고 하니, 단순한 배경 설정 이상의 무언가를 말하려 했던 것이다. 위에 언급된 짧은 인터뷰를 다시 들여다보자. 박연선 작가는 '아름다운 시절'로 직역될 수 있는 이 불어 단어를 "반어적인 의미로 썼다"라고 했다. 이러한 작가의 의도는 앞에서 언급한 원관념의 역사적 맥락과 포개지며 비로소 제대로 이해된다. 1871년과 1914년 사이의 짧은 중흥기에 대한 향수가 이 시기를 앞뒤로 둘러싼 전쟁의 포화에 기인한 것처럼, 미성숙과 만개 사이의 짧은 절정인 청춘 또한 삶의 풍파를 경유해 기억(상실)될 때 비로소 아름답게 여겨진다. 작가는 청춘을 미화(=타자화)시키는 기억 상실에 매몰되는 대신, 청춘을 겪어내고 있는 젊은이들의 세대론적 시선을 견지하고자 한다.

그렇다면 작품이 청춘의 클리셰적 미화라는 쉬운 길을 두고 돌아가는

• "박연선 작가가 청춘에게 건네고 싶었던 이야기", ≪전자신문≫, 2016년 9월 6일 자.

이유는 무엇일까. 나는 2016년 현재, 그것이 불가능하기 때문이라고 주장한다. 앞서 청춘을 아름답게 재구성하는 조건으로서 기억-단절적 역경과 미래로부터 회고하는 시선을 든 바 있다. 그러나 여성혐오 이슈가 불거지고 청년 실업률이 사상 최고를 기록한 오늘날, 20대 청년들은 이제 역경 너머에 놓인 미래라는 소실점을 기대하기 어렵다. 한국 사회를 살아가는 여성 청년이라면 더더욱. <청춘시대>는 청년을 공회전시키는 이 사회적 모순을 직접 호명하진 않지만, 이러한 시대를 배경으로 살아가는 청년세대의 모습을 전례 없이 솔직한 어투로 그려낸다.

프레드릭 제임슨(Fredric Jameson)은 "대중문화는 현실을 감추는 것이 아니라 대중의 불안, 희망, 자기검열, 이데올로기적인 적대감과 사회 속의 억압적 관계까지 모든 내용을 가지고 재미를 생산한다"라고 지적한 바 있다.• 그의 주장에 따르면 대중문화의 대표적인 콘텐츠라 할 수 있는 드라마가 현실의 부정적 관계와 불편한 진실을 소재 삼는 것은 당연한 일이다. 그러나 대중문화 생산자가 한국 사회 내의 분명한 하위 주체인 여성·청년·프레카리아트의 입을 빌려 권력 관계의 낙차를 설정하는 사회적 모순을 간접적으로나마 폭로하는 현상, 그리고 여기에 적지 않은 수의 젊은이들이 마니아로서 호응을 보내는 현상은 주목할 만한 가치가 있다.

여성 청년들이 그리는 오각형

먼저 작품의 인물 구도를 살펴보자. <청춘시대>의 공식 홈페이지를 참조하자면, 이 드라마에 등장하는 주요 캐릭터는 다음과 같다. '생계형

• 홍석경, 『세계화와 디지털 문화 시대의 한류』(한울, 2013), 278쪽.

철의 여인' 윤진명, '소심이' 유은재, '여자 신동엽' 송지원, '연애 호구' 정예은, '외모 센터' 강이나, 그리고 벨 에포크 주변의 남자들. 다섯 명의 주요 인물들은 위에서 언급한 바와 같이 '벨 에포크'라는 이름의 셰어하우스에서 살아간다. 이렇듯 청춘 시트콤 혹은 무겁지 않은 미니시리즈에서 볼 법한 '팬시'한 '인물 관계도'에선 한 가지 특이한 지점을 발견할 수 있다. 다섯 명의 여성 인물들이 서사의 오각형 구도를 이루며 모든 남성 인물들은 이러한 관계도의 바깥에 놓인다는 것이다. 즉, 서사의 중심인물은 젊은 여성들이며, 남자들은 조연 이상의 역할을 수행하지 않는다.

이러한 인물 구도를 전면에 내세운 것은 모험적인 선택이다. 기존의 주류 미디어에서 여성 청년은 아내 혹은 애인으로서 로맨스 혹은 성적 착취의 대상으로 그려지거나 하급자로서 남자 주인공을 보조하는 역할을 맡기 때문이다. 드라마 내 여성 청년의 계급적 위치는 주로 남성에 의해 승격된다. <시그널>, <끝에서 두 번째 사랑> 등 전문직 여성이 등장하는 드라마도 제작되고 있으나, 이러한 인물의 활약이 주가 되는 드라마는 결국 장르물로 분류된다. 그렇지 않다면 소위 결혼 적령기를 넘은 나이 같은 '하자'가 있는 여성이 운명적 상대 혹은 '연하남'에게 구원받는, 남성에 의해 비로소 완성되는 결손적인 존재로 재현될 따름이다. 요컨대 여성은 수동적 포지션에 놓인 상대적 약자로 재현되어 왔다. 이러한 드라마 속 여성 청년의 재현이 얼마나 비현실적인지는 한국 드라마에 대한 외국인의 감상에서 잘 드러난다.

> 사랑의 삼각관계 또는 사각관계가 필수인데, 남자들은 예외 없이 엄청 부자고 잘생겼고 성격이 나쁘다. 여자는 예쁘고 세상 물정을 모르고 가난한 경우가 대부분이다. 주인공 여자는 두 번째 약간 미친 듯한 남자에게 희생적

이고, 얄미운 경쟁녀와 싸워서 잘난 '까도남'에게 구원받는다.

가족의 개입 없는 결혼은 없고, 부자 가족이 돈을 끊거나 호적을 판다고 위협하지만 결국 결혼은 성사된다.

남자는 모두 엄청 큰 그룹 사장 혹은 회장의 아들이고 외국의 경영대를 나와 모델같이 옷을 입고 적어도 악기 하나는 다룰 줄 안다. 갖은 스포츠에 능하며 어디서 배웠는지 싸움도 잘한다.

여자의 경우 반드시 그런 건 아니나 대부분 남자의 회사 또는 관련된 분야에서 일하고, 둘이 만났을 때 남자는 여자가 어디서 일하는지 모르고 여자는 신분 상승의 의지가 전혀 없다.

(중략)

내 평생에 한국 드라마처럼 맞고 때리는 걸 많이 본 적이 없다. 무슨 경우에도 다양한 때리는 장면이 나와서 한국 문화의 뿌리에 때리는 예술이 숨어 있는지 의아하다. 어떤 복잡한 문제라도 한 번 엉겨서 싸우고 나면 풀리는데, 이게 정말 환상적이다.•

이러한 드라마 속의 미소지닉(mysogynic)한 인물 구도는 현실과 상호작용하며 계속해서 재생산된다. 그렇기에 남성 인물의 주변화를 선포한 <청춘시대>의 선택은 신선하고 다소 튀게 느껴진다. 다섯 명의 여성 청년이 극의 전면에 나서면서 젊은 여성이 스스로 자신의 언어로 말할 기회가 주어지며, 더불어 이들 여성 청년들이 서로 형성하는 관계에 극의 초점이 맞춰진다. 겉보기에 평범한 이들은 평범하지만 말 못 할 비밀을 가지고 있다. 공식 홈페이지에서 언급되진 않았지만, 윤진명은 식물인간

• 홍석경, 『세계화와 디지털 문화 시대의 한류』(한울, 2013), 258쪽.

이 된 동생을 부양하기 위해 여러 개의 아르바이트를 동시에 소화하며, 연애 감정마저 자신에게 허락하지 않는 고학생이다. 강이나는 대학생을 사칭하는 '스폰녀'이며 정예은은 학력과 같은 문화 자본을 갖췄지만 데이트 폭력을 당하는 명문대생이다. 송지원은 '매력 자본'이 당연시되는 사회 내에서 관심을 받기 위해 거짓말을 일삼는 허언증 환자이며, 유은재는 아버지를 살해했다는 죄책감 때문에 소심한 성격을 지니게 됐다.

'벨 에포크'의 드라마는 이들 다섯 명의 비밀을 중심에 둔 각축전과 다름없다. 그런데 특수해 보이는 이들의 사연을 찬찬히 들여다보면 다섯 인물의 비밀이 지금 한국 사회를 살아가는 여성 청년이라면 보편적으로 가질 법한 고민들로 수렴된다는 사실을 알 수 있다. 작품은 인물들의 '비밀'을 알리바이 삼아 연애, 대학 생활, 노동 같은 여러 테마에 최적화된 다섯 개의 '캐리커처'를 내세운다. 공식 홈페이지의 인물 소개에서 언급된 '소심이', '연애 호구'와 같은 작명은 여성 청년이라면 높은 확률로 가질 법한 콤플렉스를 우회적으로 지시한 것이다.

그런데 작품은 젊은 세대 누구나 가지고 있을 법한 이러한 전형적 결점을 최근 본격적으로 문제시되기 시작한 현재진행형의 문제들과 인과적으로 결부시킨다. 예컨대 강이나의 일탈적 생활양식은 세월호 사건을 암시하는 듯한 사고에 기인한 것이며, 정예은의 '연애 호구' 기질은 심각한 데이트 폭력으로 이어진다. 윤진명은 계층 상승을 꿈꾸지만 결국 좌절하는 청년 프레카리아트, '흙수저'다. 그녀는 성 상납을 할 것인지를 두고 갈등한다. 이처럼 <청춘시대>의 여성 청년 이미지에는 '청춘 드라마' 장르에서 보기 힘든 사실주의적 레이어가 덧씌워져 있다.

앞서 언급한 것처럼 모든 인물은 "절대로 말할 수 없는 비밀이 하나 있다". 그러나 이들의 비밀은 결국 타인에 의해 폭로되거나(강이나, 송지원)

중압감에 못 이겨 고백되고(유은재) 다른 하우스메이트의 추론에 의해 밝혀진다(윤진명, 정예은). 이러한 비밀의 폭로, 고백, 추론, 그리고 공동 해결 과정이 <청춘시대>의 주된 이야기 플롯이다. 이 과정에서 개인사적 비밀은 숨겨야 할 치부가 아닌 공통의 문제가 된다.

(그럼에도 불구하고) 살아가야 한다

그렇다면 '너'의 이야기에서 '우리'의 것으로 어느새 전치된, 그 이야기의 정체는 무엇일까.

문제를 해결하는 주체는 결국 비밀의 당사자, 개인이다. 비밀이 폭로되는 과정은 언뜻 극복 불가능한 개별성의 한계("몰라, 너 알아서 해!")를 드러내기도 한다. 그럼에도 불구하고 폭로와 문제 해결의 과정에서 '벨 에포크'의 다섯 인물은 스스로를 다른 계층, 다른 성적 가치관, 다른 태도에 놓으며 성찰하고, 서로와 닮아간다. '나'와 너무 다른 '너'의 사적 문제를 해결하기 위해 말 없는 조력이 교환되거나 '쿨내 나는' 공동의 전선이 형성된다.

하우스메이트 간의 느슨한 연대가 가능한 이유는 각자가 지닌 비밀이 비단 개인사적 층위에만 머무르지 않기 때문일 것이다. '연애'와 '노동'의 문제로 요약될 수 있는 갈등의 동인은 인물의 특수한 문제라기보단 지금을 살아가는 여성 청년 누구나의 문제에 가깝다. 이는 연애를 이상적 상대와의 환상적 결합 혹은 신파적 파국으로만 그리거나 전문직의 노동만을 노동으로 인정하는 기존 한국 드라마가 누락시킨 부분이다. 반면 <청춘시대>는 여성 청년이 지닌 소수자로서의 정체성 또한 부각하는 방식으로 위의 두 이슈를 다룬다. 예은은 데이트 폭력을 저지른 애인에게 납치까지 당하며, 이나는 스폰서에게 상품으로 인식된다. 반면 진명은 연애를 너무 많은 비용이 드는 사치라고 여긴다. 그리고 그녀의 친밀성의 영역엔 길고 긴 노동이 자리 잡고 있다. 진명이 여성이기에 직장은 더 가혹하다.

먼저 드라마에서 그려진 예은의 연애사를 보자. 극 초반에 예은의 남자친구는 기념일에 늦을 뿐만 아니라 형편없는 선물을 건네고, 급기야 자신의 학력을 무시했다는 이유로 그녀를 땅바닥에 내친다. 예은은 억지로 웃으려 노력하며 이렇게 말한다. "내가 뭘 잘못했는데?" 데이트 폭력 장면을 본 이나(매춘을 한다는 그녀의 비밀이 폭로되어 셰어하우스에서 쫓겨난 상태다)는 이런 예은을 '병신'이라 부르며 헤어질 것을 종용한다. 예은은 이나와의 갈등 끝에 그녀의 충고를 받아들이고 남자친구에게 이별을 선고한다. 그녀가 상실감을 극복해가는 과정은 '상실의 다섯 단계(five stage of grief)' 이론에 빗대어져 유머러스하게 그려진다. 이후 예은은 자신을 무시했다는 이유로 전 남자친구에게 납치를 당하고, 하우스메이트들은 몇 가지 단서를 추적해 그녀를 구하러 출동한다.

그렇다면 <청춘시대>의 여성·청년·프레카리아트, 진명의 연애사는 어떠한가. 진명은 일하는 레스토랑에서 쉐프와 사랑에 빠지지만, 한편으론 가난이 요구하는 시시포스적 굴레, 다른 한편으로는 선의를 가장한 점장의 추행 사이에서 그에게 '나를 사랑하지 말라'고 선언한다. 그녀는 원하던 직장(오늘날 안정된 삶의 상징인 '공기업')의 입사 코앞에서 탈락하고 그녀의 가족을 가난의 늪에 빠뜨린 식물인간 동생을 살해하기로 마음먹고서야 데이트다운 데이트를 한다. 진명의 연애는 생활의 모든 조건을 포기해야만 가능했던 것이다.

짧게 살펴본 두 명의 연애사에서 드러나듯, '벨 에포크'의 연애는 권력투쟁의 부산물, 계층 상승의 판타지, 혹은 이성애 중심적 가부장제의 환상 등 기존 드라마에서 '사랑'이란 정념이 활용되는 방식과는 거리가 멀다. 예은은 연인에게 동등한 인격체로 대우받지 못한다. 진명의 연인은 현실의 우리가 그렇듯, 그녀를 구조적 모순에서 구출해낼 능력이 없다. 이들에게 사랑은 진정성 넘치는 감정의 소산이 아니라, '노오력'이 필요한 일종의 노동이다. 예은에게 연애는 헌신적 태도가 요구되는 감정 노동이자 파워 게임이다. 이나에겐 딱히 감정이 개입할 여지가 없는 육체와 돈의 '쿨'한 교환이다. 진명에겐 연인이라는 달콤한 적을 상대로 하는, 자원으로서의 시간을 건 투쟁이다.

노동의 문제인 만큼, 이들의 연애는 생활의 문제, 일상 속 권력의 문제다. 이러한 게임에서 유일하게 강자로 보이는 듯한 이나 또한 자신의 무기인 젊음이 영원할 수 없단 걸 안다. 그렇기에 각자의 전선에서 이들은 약자일 수밖에 없다. 또 그렇기에 이들은 서로와 연대함으로써 성찰하고, 변화의 계기를 모색하며 실제로 변화한다. 진명은 이나를 거울삼아 생활에 대한 악착같은 집착을 버리고 중국으로 여행을 훌쩍 떠나며, 이나는 진명을 거울삼아 아르바이트로 돈을 벌며 미술 공부를 시작한다. 예은은 자신을 구하러 온 은재가 다치자 구급 대원에게 그녀를 먼저 챙기게 하는 등 트라우마를 의연히 극복하려 한다. 이는 각자의 불완전함을 인정하는 변화, '그럼에도 불구하고'라는 접속사로 시작하는 변화다. 여전히 돈도, 의탁할 상대도, 트라우마에 대한 완벽한 해결책도 없기에 드라마가 끝날 때까지 고민은 계속되기 때문이다. 하지만 이 드라마가 아름답고 소중하게 느껴지는 것은 바로 이 때문이다. 삶과의 '가짜 화해'로 극이 마무리되지 않았기 때문이다.

<청춘시대>는 그동안 발언권이 박탈당하다시피 한 한국의 여성·청년·프레카리아트의 시점을 취한다. 승리도, 좌절 혹은 패배도 아닌 어중간

한 결말은 시청자들에게 어설픈 위로 하나 남기지 않기에 더욱 울림이 있다. 마지막 회의 마지막 장면을 장식하는 문구인 "다시, 벨 에포크로"는 삶의 계속성만을 지시할 뿐, 청춘을 교훈화하려는 의도 따윈 지니고 있지 않다. (그럼에도 불구하고) 살아가야 한다는 것. 살아남자는 것. 이것이 삶의 소실점이 사라진 우리 시대에 건넬 수 있는 최선의 위로이자 우리 세대가 할 수 있는 최대의 결단 아닐까.

입선

아름다운 시절(벨 에포크)의 역설

JTBC 드라마 <청춘시대> 속 청춘

정진호

"출발 선상의 두려움", JTBC 드라마 <청춘시대> 1화의 부제목이다. 사회로 나가는 출발선에 선 다섯 청춘, 그들의 고민을 고스란히 담은 이야기는 셰어하우스에 유은재(박혜수 분)가 새 하우스메이트로 들어오면서 시작한다. 다섯 명의 주인공이 모여 사는 셰어하우스의 이름은 '벨 에포크(Belle Époque)'다. 벨 에포크는 불어로 아름다운 시절, 1871년부터 1914년까지 프랑스의 황금기를 일컫는 말이다. 아름다운 시절이란 이름의 집에 모여 사는 청춘들의 이야기는 청춘이란 말의 함의를 생각할 때 마냥 유쾌할 거라고 쉬이 생각할 수 있다. 그러나 <청춘시대>는 기성의 시각이 아닌 청년들의 눈으로 본 청춘을 그림으로써 추측을 배신한다. 아름답지만은 않은, 진정한 청춘 드라마다.

전쟁의 끝, 벨 에포크의 시작

벨 에포크의 시작인 1871년은 '프로이센-프랑스 전쟁'이 끝난 해다. 전쟁은 프랑스의 선전포고로 시작됐지만 1년도 채 지나지 않아 프랑스의 항복으로 끝났다. 50억 프랑의 전쟁 배상금을 독일에 지급하고 프랑스의 심장인 베르사유에서 독일제국이 선포되는 광경을 지켜볼 정도로 프랑스는 참패했다. 수치스런 전쟁의 끝이 프랑스의 황금기, 벨 에포크의 시작이다. 다시 말해, 벨 에포크는 패전의 산물이다.

청춘은 전후에 황금기를 꽃피운 벨 에포크처럼 역설적이다. 벨 에포크에 사는 청춘은 모두 살아남은 사람들이다. 프랑스 국민들이 전쟁에서 살아남았듯 상처를 안고 살아남았다. 송지원(박은빈 분)은 유은재를 환영하는 자리에서 현관 신발장에 귀신이 산다고 말한다. 하우스메이트들은 신발장 귀신을 두려워하지도 않고 단순히 장난으로 웃어넘기지도 않는다. 각자 다른 귀신의 형상을 생각하며 그 말을 믿는다. 그들이 모두 살아남은 사람들, 죽음의 상징인 귀신과 뗄 수 없는 사람들이기 때문이다. 각자 다른 사연과 곡절을 품고 있지만 죽음을 외면할 수 없다는 공통점을 가진다. 그리고 죽음의 잔상은 트라우마로 남아 그들의 일상을 위협한다. 죽음의 이미지가 드리운 20대, 청춘의 현실이다.

유은재와 윤진명(한예리 분)이 생각하는 신발장 귀신의 정체는 가족이다. 가족이 유은재와 윤진명의 삶에 내재한 상처, 그 트라우마의 근원이다. 유은재는 귀신이 죽은 아버지라고 믿는다. 아버지의 죽음으로 풀 수 없게 된 의심과 아버지를 죽였다는 죄책감 때문이다. 집안이 경제적으로 어려울 때마다 남동생과 할머니가 사고로 죽었다. 매번 대가로 지급된 사망 보험금으로 어려운 가계 형편을 극복했다. 그리고 어린 시절 유은재는 아버지가 어머니 마실 물에 약을 타는 걸 목격한다. 그녀는 아버지 몰래 아버지 물통과 어머니 물통을 뒤바꿨고 약이 들어간 물통을 들고 외출한 아버지는 그날 사고로 죽는다.

윤진명이 믿는 귀신의 정체는 식물인간 동생이다. 의식도 없이 6년 동안 산소호흡기에 의지해 숨만 쉬고 있는 동생이 윤진명의 상처다. 언젠가 깨어날지 모른다는 기대로 가정은 무너졌다. 어머니는 병원에서 동생만 하염없이 바라보고 있고 빚은 늘어만 갔다. 학업과 아르바이트를 병행하며 근근이 살아가기도 벅찬 윤진명은 어머니의 사채까지 감당해야 한다.

가족은 청년들의 울타리가 되어주지 못한다. 일반적으로 부모는 자녀의 보호막과 쉼터가 되어준다고 하지만 모든 사람에게 유효한 말은 아니다. 가정의 무관심 또는 비뚤어진 교육으로 인한 청소년 탈선은 사회문제로 지적되기에 이르렀고 가정 폭력 신고 건수는 매해 늘고 있다. 또, '금수저', '흙수저' 같은 말들이 통용되고 있는 현실이 <청춘시대> 속 윤진명의 모습과 겹쳐진다. '흙수저' 집안의 아이들은 태어남과 동시에 사회적 격차에서 오는 무게를 짊어져야 한다. 사회 대다수가 가난했던 수십 년 전과는 분명히 다르다. 분명한 경제적 격차이며 사회로 나가는 출발선에 서기 이전에 드는 박탈감이다.

강이나(류화영 분)가 생각하는 신발장 귀신은 선박 사고에서 죽은 소녀다. 강이나는 고등학생 때 선박 사고로 바다에 빠져 죽을 뻔했다. 강이나는 구조됐지만 같이 사고를 당한 소녀는 죽고 만다. 2명 중 1명만 살 수 있는 상황이었다. 그 이후 그녀는 죄책감을 안고 산다. "왜들 그렇게 열심히 살까? 삶은 싸구려 장난감보다도 더 쉽게 부서지는데"라는 강이나의 독백에서 드러나듯 갑자기 무슨 일이 생길지 모른다는 불안감 때문에 삶의 목표도 없다.

자연스레 세월호 참사가 떠오른다. 붕괴된 사회 안전망 때문에 어린 학생들을 죽게 한 참혹한 사고와 강이나가 겪은 사고는 분명 닮았다. 우리 사회는 아이들을 지켜주기는커녕 그들을 죽음으로 몰고 갔다. 살아남은 이들에겐 죽음의 공포를 드리웠다.

푸를 청, 봄 춘. 이름대로라면 찬란하게 꽃피우며 눈부심을 자랑해야만 할 이들이 어린 시절 받은 상처로 신음한다. 울타리가 아닌 가시덤불이 되어버린 가족 때문에, 안전하지 않은 사회 때문에 청춘은 꽃피우기 전에 시들기도 한다. 봄은 요원한 것만 같은 청춘의 슬픈 자화상을 <청춘시대>는 생생히 그렸다.

아름다웠던 시절, 벨 에포크

아름다운 시절, 벨 에포크라는 말은 19세기 말부터 20세기 초를 살고 있던 파리 시민들이 스스로 만든 말이 아니다. 파리 첫 지하철 개통과 에펠탑 완공으로 대표되는 기술적·문화적 진보와 경제적 풍요를 누린 시기를 후대에 이르러 벨 에포크라 명명한 것이다. 다시 말해, 벨 에포크는 아름다운 시절이 아닌 '아름다웠던 시절'이라 불러야 맞다. 그 시절은 사실 정치적·사회적으로 굉장히 혼란스러웠다. 1894년 유대인 장교가 누명을 쓰고 종신형을 선고받은 이후 일어난 일련의 사건, '드레퓌스 사건' 때문이다. 프랑스는 자유주의 성향의 '드레퓌스파'와 국수주의 성향의 '반(反)드레퓌스파'로 이분돼 반목했고 심지어 내각이 해체되기도 했다. 오늘날 벨 에포크라 부르는 그 시기는 극도의 혼란기이기도 했다.

청춘도 마찬가지다. 20대는 그들 스스로 아름답다고 칭하지 않았다. '가장 찬란한', '다시는 오지 않을', '눈부시게 빛나는' 따위의 화려한 수식어들은 이미 청춘을 지난 이들이 추억을 기리기 위해 만든 찬사다. 지난 이들에게는 아름답게 보일지 모르나 살아내고 있는 이들에게 청춘은 치열하다. <청춘시대>는 추억이 아닌 현재로서의 청춘을 담았다. 저마다의 상처와 어려움으로 허덕이는 <청춘시대> 속 청춘엔 우리 사회가 고스란히 반영돼 있다.

윤진명은 'N포 세대'를 대표하는 인물이다. "회사원이 될 거야. 죽을 만큼 노력해서 평범해질 거야." 윤진명의 대사처럼 매일 밤 쓰러져 잠들고 과로로 코피를 쏟는 그녀의 꿈은 회사원이다. 특별한 사람이 되고 싶다는 어린 시절 꿈은 진즉에 포기했다. 학교에 다니며 취업을 준비하고 편의점, 레스토랑, 과외까지 아르바이트를 세 개씩 하느라 시간이 없다. 그렇게 아르바이트를 해서 번 돈으로는 학자금은커녕 생활비 대기도 빠듯하다. 네 명의 다른 하우스메이트들이 함께하는 자리도 어쩔 수 없이 포기했다. 시간도, 돈도 부족하기 때문에. 누군가를 좋아하는 마음조차 포기해야만 한다. "좋아하지 마요. 누가 나 좋아한다고 생각하면 약해져요. 여기서 약해지면 진짜 끝장이에요." 박재완(윤박 분)의 좋아한다는 말에 대한 대답이다. 윤진명도 박재완을 좋아하지만 남들에게 숨기고 스스로 감정을 속인다.

연애조차도 낭만적이지만은 않다. 마냥 좋고 설레기만 할 것 같은 젊은 날의 연애, 그 이미지는 허상에 불과하다. 미디어가 만들어왔던 허구다. <청춘시대>는 연애의 밝은 면 이면에 도사린 문제를 정예은(한승연 분)을 통해 보여준다. 고두영(지일주 분)과의 연애에서 많은 상처를 받은 정예은은 이별을 통보한다. 그 대가는 폭력이다. 고두영은 정예은을 납치해 감금하고 폭행한다. 이별을 받아들이지 못한 남자의 데이트 폭력이다.

경찰청 통계에 따르면 지난 한 해 데이트 폭력 신고 건수가 7000건을 넘었다. '사랑하는 사람이니까', '사랑했던 사람이니까' 같은 이유로 넘어간 건까지 합치면 수만 건에 달할지도 모른다. 그만큼 데이트 폭력은 일상화돼 있다. 또, <청춘시대>에서 여자인 정예은이 남자인 고두영에게 당했듯 피해자의 80% 이상은 여자다. 많은 여성 시청자들은 납치와 감금, 폭력이라는 극단적인 범죄 장면을 쉬이 넘기지 못했다. 현실적인 상황에서 오는 공포에 떨었다. 남의 일이 아니라 자신에게도 일어날 수 있는 일이라는 공감대가 형성됐기 때문이다. 몇 달 전 일어난 '강남역 살인 사건' 직후 강남역 10번 출구 앞에 1000개가 넘는 포스트잇이 붙은 이유와 일맥상통한다.

대표적인 청춘드라마인 <응답하라> 시리즈에선 볼 수 없는 청춘의 현실이다. <응답하라> 시리즈는 20세기 말을 시대적 배경으로 한다. <응답하라>에 등장하는 20대의 최대 화두는 사랑과 연애다. 서사의 중심은 한 명의 여자 주인공과 두 명의 남자 주인공 간의 삼각관계이며 가족애와 우정이 부수적인 에피소드를 형성한다. <응답하라>의 청춘에게는 '약해지면 끝장'이라고 말하는 <청춘시대>의 윤진명 같은 절박함이 없다. 생계를 위해 아르바이트를 한다거나 면접에서 떨어져 절망하는 모습도 없다. 좋았던 시대의 밝은 면을 조명하는 드라마와 <청춘시대>는 엄연히 다르다. 2016년을 살고 있는 청년들에게 청춘이라는 시기는 특권이 아닌 굴레다.

청년들의 연대, 그 씁쓸한

셰어하우스 벨 에포크의 주인공들이 문제를 해결하고 트라우마를 극복하는 방식은 그들끼리의 연대다. <청춘시대>는 연대의 가능성을 제시함으로써 희망을 보여준다. 한집에 사는 다섯 명이 우정을 매개로 연대함으로써 서로의 상처를 위로하고 위기를 헤쳐나간다. 연대는 노동조합이나 시민단체가 보여주듯 사회적 약자들에겐 희망이다.

윤진명이 공기업의 서류 전형에 합격해 면접 일정이 발표된 날, 정예은, 유은재, 송지원은 윤진명과 함께 면접용 정장을 사러 간다. 윤진명의 형편을 알기에 할인 상품들이 잔뜩 쌓인 매대에서 신중하게 옷을 골라준다. 보통의 쇼핑과는 다르다. 윤진명의 취업을 어떻게든 돕고 싶은 하우스메이트들의 간절한 의식에 가깝다. "특별히 윤 선배를 위해 기도합니다. 윤 선배는 지금 도움이 필요해요. 제가 어떻게 하면 윤 선배한테 도움이 될지 알려주세요. 제가 할 수 없다면 주님이 도와주세요." 윤진명이 면접에서 떨어진 후 정예은이 새벽 기도에 나가 손을 모으고 하는 기도다. 또래 청춘을 위해 무릎 꿇는 연대의 현장이다. 그러나 절대자에 의지하는 것 말고는 도와줄 방법이 없다. 취업난이라는 사회적 병폐는 연대로 극복하기엔 벅차다.

고두영에게 납치, 감금당한 정예은을 구출하는 것도 하우스메이트들이다. 정예은이 이틀 동안 집에 안 들어오자 하우스메이트들은 그녀를 걱정하기 시작하고 무언가 잘못됐음을 느낀다. 용의자는 고두영이다. SNS와 다이어리를 뒤지고 고두영이 사는 것으로 추정되는 오피스텔 우편함까지 뒤져 고두영의 집을 찾아간다. 여자 넷이 뛰어 들어가 칼을 든 고두영에게서 정예은을 구해낸다. 물리적으로 약한 여성 넷이 뭉쳐서 거둔 성과다.

청춘들이 힘들어하는 서로서로를 응원하고 돕는 모습, 심지어는 데이트 폭력의 희생자를 구출해내는 장면에서 드러나는 끈끈한 연대는 감동적이다. 그러나 동시에 씁쓸하다. 문제 극복과 상처의 점진적인 치유가 온전히 그들 스스로 이룬 성과기 때문이다. 그 과정에서 사회적 시스템은 부재한다. 청춘을 돕지 못하는 사회는 비판받고 바뀌어야 한다. 그러나 <청춘시대>는 문제를 당연한 전제로 설정하고 연대의 가능성만을 제시했다. 납치당한 정예은을 찾아내는 과정에 경찰은 등장하지 않는다. 정예은의 하우스메이트들은 경찰이 명확한 증거 없이는 수사를 진행하지 않을 거라고 판단해서다. 시스템을 배제해버린 <청춘시대>의 단면이다.

청년 실업은 연대로 해결할 수 있는 문제가 아니다. 올해 상반기 공식 청년 실업률은 10.3%다. 2000년 이후 가장 높은 수치다. 심지어 공무원 준비생과 인턴, 비정규직을 광범위한 실업 상태로 본 실질 청년 실업률은 34.5%에 달한다. 극단에 몰린 청춘은 자학한다. 스스로를 탓한다. "내 탓이야. 부모의 경제력도 아니고 스펙도 아니고 내가 좀만 더 잘하면 된다는 얘긴데, 문제는 내가 뭘 어떻게 더 해야 하는지 모르겠다는 거야." 면접에 떨어진 윤진명의 말이다. <청춘시대>는 취업 앞에서 좌절한 청춘 세대의 씁쓸한 독백을 보여주고 응원하는 데 그친다.

선박 사고에서 혼자 살아남은 죄책감과 삶에 대한 허무함으로 인생을 막살고 있는 강이나에게 삶의 의지를 불어넣은 건 하우스메이트들이다. 강이나는 하우스메이트들의 도움과 자신의 의지로 사고의 후유증을 극복해나간다. 세월호 사건 이후 '국립 트라우마센터' 건립이 논의됐지만 무산됐다. 많은 세월호 생존자들이 사고의 트라우마를 극복하지 못했고 심한 경우 자해를 시도하기도 했음에도.

<청춘시대>에서 언론은 강이나의 기적적인 생존을 보도하는 데 그쳤다. 강이나에 대한 현실적인 도움과 후유증 치료에 관한 얘기는 전무하다. 사고 후의 삶을 오롯이 강이나의 몫으로 돌린다. 사고 후유증 극복은 피해자의 몫이 아니다. 책임을 다하지 못한 사회가 도와야만 하는 일이다. <청춘시대>는 연대라는 희망을 제시했으나 미흡한 사회제도를 꼬집는

데는 소홀했다.

그래도 삶은 계속된다

강이나에게 던지는 오종규(최덕문 분)의 한마디는 청춘들에게 그 어떤 말보다 위로가 된다. 오종규는 강이나가 살아남은 사고에서 죽은 소녀의 아버지다. 딸은 죽은 선박 사고에서 살아남은 강이나에게 오종규는 말한다. "네가 뭐가 밉냐. 그냥 그렇게 된 거지." 너의 탓, 너의 잘못이 아니라는 한마디는 오늘날 청춘에게 가장 필요한 말이다. 열심히 노력했음에도 불구하고 취업에 실패한 건 더 열심히 하지 않은 탓이 아니고, 자신이 선택한 연애 상대에게서 폭행을 당한 게 남자 보는 눈이 없었던 탓이 아니며, 선박 사고를 당한 것이 무언가를 잘못한 탓이 아니라는 위로다. 사회적 문제조차도 젊다는 이유만으로 감내하라는 "아프니까 청춘이다"라는 말 따위와는 다르다.

오종규는 강이나에게 이 말을 덧붙인다. "살라고. 살아난 건 부끄러운 게 아니니까. 잘 살라고. 그렇게 살아가라고." 오종규의 말처럼 강이나와 이 시대의 청춘은 모두 하루하루를 살아갈 것이다.

"그래도 삶은 계속된다." 최종화의 부제다. 어린 시절의 상처가 문뜩문뜩 튀어 올라 삶을 괴롭혀도, 하루하루 사는 게 힘들어도 인생은 흘러갈 것이다. 그래서 <청춘시대>의 끝은 해피엔딩도 새드엔딩도 아니다. 유은재의 아버지가 먹은 약이 정말로 죽음의 원인이었는지도 끝까지 알 수 없고 디자이너가 되겠다며 초등학생들과 함께 미술 학원에서 그림을 그리고 있는 강이나의 미래도 여전히 알 수 없다. 정예은은 고두영과의 악연은 끊었지만 데이트 폭력의 트라우마로 길거리에서 울음을 터뜨린다. 170만원을 들고 중국으로 떠난 윤진명의 앞길도 순탄치만은 않을 것이다.

프랑스의 황금기, 벨 에포크는 1914년에 사라예보 사건으로 1차세계대전이 발발하면서 막을 내렸다. <청춘시대>의 셰어하우스 벨 에포크에 사는 청춘들과 이 시대의 청년들에게도 전쟁과 같은 커다란 시련이 기다릴지도 모른다. 그럼에도 청춘들은 <청춘시대>의 위로처럼 하루하루를 살아갈 것이다. 우리 사회가 제 몫을 다하기를 바라면서.

입선

친애하는 주름들에게

tvN 10주년 특별 기획 <디어 마이 프렌즈>를 보고 떠나게 된 10개의 길 위에서

허민선

주름의 길

종이 한 장으로 어떤 사람은 배를 접어 띄우고 어떤 사람은 비행기를 접어 날린다. 종이배는 젖고 또 젖다가 물이 될 것이다. 비행기는 날아가다가 조용히 떨어질 것이다. 접은 자국이 곧 주름이다. 주름은 걸어간 길이다. 살아가는 동안 주름이 나아가는 길은 저마다 다르다. <디어 마이 프렌즈>(이하 <디마프>)의 늙은 친구들처럼. 70대 초반의 조희자(김혜자 분)는 혼자 할 수 있다는 각오를 수시로 다짐하는 길이고, 70대 초반의 문정아(나문희 분)는 세계 일주를 꿈꾸는 길이다. 60대 초반의 장난희(고두심 분)는 장애를 갖게 된 동생의 짝을, 장애를 갖게 된 서연하(조인성 분)를 딸과 맺어주는 길이다. 60대 중반의 오충남(윤여정 분)은 가난과 배움의 한을

예술가들을 후원하고, 검정고시 학원을 다니며 풀어내는 길이다. 60대 초반의 이영원(박원숙 분)은 남편의 불륜으로 상처를 받은 난희와 우정을 회복하는 길이다. 70대 후반의 김석균(신구 분)은 무시했던 정아의 존재를 새삼 확인하는 길이다. 70대 중반의 이성재(주현 분)는 첫사랑 희자의 마지막을 함께하려는 길이다. 80대 후반의 오쌍분(김영옥 분)은 딸에게 상처준 영원의 머리를 서슴없이 뜯기도 하고, 영원에게 돈을 빌리기도 한다. 딸의 친구도 딸처럼 생각하는 길이다. 그리고 엄마의 친구들을 이모라고 부르며 결국 친구가 되는 30대 후반의 박완(고현정 분)의 길이 있다. 물론 이 길들 외에도 자신만 아는 무수한 길이 있을 것이다. 그럼에도 그들에게는 각자의 작은 길이 모여 만든 큰 길 역시 있다.

주름의 음악

<디마프>는 아코디언이라는 악기를 닮았다. 접었다 펼쳐지며 주름상자를 늘리면 음악이 흘러나온다. <디마프>는 시니어 세대의 일상과 취향에 대한 통념을 리드미컬하게 바꾼다. 얼마 남지 않은 공간에 멜로디를 부여한다. 희자가 사준 트렌치코트를 나부끼며 정아가 흑맥주를 먹듯이 '한'이라는 정서가 이국적으로, 감각적으로 배어나온다. 이루지 못한 꿈을 이루고 말겠다는 의지로 추진하는 능동적인 음악이기도 하다. 아코디언은 적극적으로 주름을 접었다 펼쳐야 하니까.

호두의 주름

호두를 먹다가 <디마프>의 주인공들이 생각났다. 호두의 껍질은 맨손으로 까기 어렵다. 단단한 것으로 깨야 한다. 부수어야 한다. 그래야 그 속에 들어 있는 고소한 알맹이를 먹을 수 있다. '꼰대'가 되기를 두려워하는 나는 이 호두가 '꼰대' 근성을 닮았다고 생각했다. 어찌 보면 자기애가 강한 호두. 그러다 호두의 주름이 노인의 주름으로 보이기 시작했다. 거친 주름은 석균 할아버지와 기자(남능미 분) 할머니를 닮았고, 사글사글한 주름은 희자 할머니와 영원 할머니를 닮았다. 할아버지라고, 할머니라고 붙이니까 그들에게 주름이 있다는 것이 실감된다. 보다 친근해진다. 호두의 주름은 뇌를 닮아 있기도 하다. "보통 사람들이 꼰대처럼 변하는 이유는 뇌의 20%를 차지하는 전두엽 때문이다. 나이가 들면 제일 먼저 떨어진다. 유연성이 떨어진다. 상황에 따라 생각의 모드를 바꿔야 하는데 잘 안 된다. (중략) 자신의 경험을 절대지식화해서 세상을 평가한다. 옳다고 믿고 타인에게 강요한다"(정신과 전문의 하지현, "늙음 그 너머를 준비해야 하는 이유" 중). <디마프>에서는 석균이 특히 그렇다. 정아의 생각을, 딸들의 생각을 듣지 않고 자신이 옳다고 믿어왔던, 당연하게 생각하는 일들을 강요한다. 심지어 정아가 집을 나간 뒤에 전화를 걸어 친구들에게까지도 강요한다. 왜 정아가 나갔는지를 묻기 전에 정아가 나갔으니 집안일을 하라는 식이다. 석균을 볼 때마다 분노했다. 황혼 이혼이 왜 일어나는지 조금은 이해하게 하는 캐릭터였다. 그러나 석균 역시 할아버지다. 늙어버린 한 사람이다. 죽기 전까지의 삶을 위해 늙어서도 열심히 일을 하는 할아버지다. 석균도 머리가 하얗게 샜고, 주름이 두드러진다. 단지 그것만 보여주었다면, 석균에게 감정이입했던 분노가 서글프게 끝났을 것이다. <디마프>는 그런 석균이 변화해가는 과정을 보여준다. 노력하고 반성하는 석균을 말이다. 석균은 정아로 인해 '꼰대'에서 어른이 되었다. 껍질이 깨지고 고소한 알맹이가 나왔다. '꼰대' 근성을 닮았던 호두의 주름이 다르게 보였다. 깨질 것 같지 않았던 호두 껍질이 깨지는 이유였다.

주름에 내장된 내비게이션

<디마프>는 저하되는 전두엽의 운전을 도와주는 내비게이션이다. 성재는 자신의 차에서 나오는 여자 음성을 들으며 "박 여사"라고 한다. "박 여사가 속도를 줄이라고 하네. 아이고, 착한 박 여사 음성도 좋지"하며 내비게이션에게도 인격을 부여한다. 주름 하나하나가 입처럼 실룩인다. 어떤 주름을 선택해야 보다 부드러워지는지, 어른스러워지는지, 그만의 노하우로 재치 있게 선택해나간다. 성재의 주름에는 위트가 있다. 기계적인 내비게이션 하나만을 갖고 여행을 한다면 얼마나 지루할 것인가. 주름에도 보다 많은 의미 부여와 숨통이 필요하다. 보다 즐거워지기 위한. 길을 잃지 않기 위한.

주름의 트라우마

희자가 자살을 하려고 한강 위에 올라선다. 물론 희자는 빈곤하지 않다(대한신경정신의학회에 따르면 한국은 OECD 국가 중 노인 빈곤률, 노인 자살률 1위다). 희자의 막내아들 민호(이광수 분)는 엄마에게 다정다감하다. 그런 희자에게, 트라우마가 있다. 아팠던 첫째 아이를 업고 병원으로 갔지만, 도중에 아이가 죽은 것. 추억을 되짚으며 여행지에서 하룻밤을 보내던 성재는 희자에게 물었다. 살면서 언제가 젤 좋았느냐고, 희자는 미소 지으며 답한다. 첫아들 낳았을 때라고. 성재는 다시 물었다. 언제가 젤 슬펐냐고. 희자는 담담히 답한다. 첫아들 죽었을 때라고. 열감기에 걸린 아이를 업고 병원으로 가는 길에 죽은 일. 희자에게는 그게 평생의 트라우마다. 희자는 늙어서, 알츠하이머에 걸려서, 밤에 베개를 업고 나갔다. 희자 등에 업힌 베개가 죽은 아이다. 살려야 했던 아이다. 희자는 자살을 하려고 택시를 타고 한강 다리에 세워달라고 한다. 결국 자살은 하지 않았다.

"트라우마 환자들은 사소한 자극에 온몸이 긴장되고, 충동적인 행동을 하게 되는 것이다"(정신과전문의 하지현, "트라우마와 통증의 공통점" 중). 희자가 알츠하이머에 걸려서도, 잊지 못하는 아이에 대한 엄마의 마음. 희자가 자살을 하려고 한 건 충동적인 행동이었다. 희자의 전두엽 속 주름은 아이에 대한 미안함으로 물결쳐져 있는 것일까. 희자가 겪는 과거의 그날은, 계속해서 현실적인 고통을 준다. "나의 영혼은 현실적인 고통을 겪고, 나의 신체는 실재적인 구타를 당한다."• 잠들지 못하고 뒤척이다가 베개(아이)를 업고 한강 다리를 건너던 희자. 그녀를 보면서 문득 든 생각은 한강의 물결이 주름 같다는 것이다. 강에게도 주름이 있었다. 희자의 강에는 아직도 죽은 아이가 떠내려오고 있었다.

주름의 상품화

나이 드는 것을 속일 수 있을까. 언제까지 속일 수 있을까. 안티에이징 상품이 유행하고, 리프팅을 하면서 감추려고 하는, 예뻐지려는 동시에 젊어지려는 노력들. 잡지를 뒤적이다 우연히 본 기사가 생각났다. 안티에이징 화장품을 선택할 때 가장 고려하는 부분을 묻는 설문이었다. 주름

• 질 들뢰즈, 『주름, 라이프니츠와 바로크』, 이찬웅 옮김(문학과지성사, 2004).

개선 효과에 응답한 비율이 높았다. <디마프>는 나이 드는 것을 속이지 않는다. 오히려 민낯까지 보여준다. 희자가 여행을 떠나기 전에 가방을 싼다. 그 가방 안에는 당이 떨어질까 봐 넣은 사탕 봉지와 초콜릿 봉지가 있었다. 함께 넣은 건 요실금 때문에 필요한 기저귀다. 주름이 없는 빨대보다 주름진 빨대가 부드럽다. 비단 빨대만이 아닐 것이다.

주름의 매력

오프닝과 주요 인물 소개를 보면, 배우들은 꽃을 들고 있다. 꽃은 아름답다. 살아 있는 꽃은 시든다. 보는 관점에 따라, 시든 꽃도 아름답다. 시든 꽃에게도 남은 생기가 있다. <디마프>는 그것을 보여준다. 자연스레 시들어가는 모습을. 꽃을 가만히 들여다보면 주름이 보인다. 종이로 꽃을 만든 적이 있다. 접고 접고 또 접다 보면 꽃이 된다. 다시 사각형의 종이로 펼쳐보면 곳곳이 주름져 있다. 주름투성이인 사각형의 종이가 인생이 아닐까. 모든 주름이 매력적이지는 않을 것이다. 주름이 품은 삶의 희로애락이 적절한 타이밍에 빛을 발할 때가 아닐까.

드라마의 주름

제목을 보자. '친애하는 나의 친구들에게'와 '디어 마이 프렌즈'는 뉘앙스가 다르다. 영어를 잘 모르는 할머니, 할아버지들이라면 드라마의 뜻을 묻기 위해 스마트폰을 검색할까. 스마트폰이 없다면, 손주들에게 물어볼까. 만일 드라마의 등장인물과 비슷한 세대의 시청자들이 드라마를 본다면 무엇을 느낄 것인가. 공감보다 이질감을 느끼는 시청자도 있을 것이다.

드라마와 현실의 거리다. 자살 소동을 벌인 희자가 경찰서에 가게 됐지만 경찰 간부를 지인으로 둔 친구 영원 덕분에 풀려날 수 있었다. 그런 배경이 없는 사람들에게 경찰서란 곳은 어떤가. 희자에게는 다행히 친구들이 울타리가 되어준다. 충남은 길을 헤매다가 반말하는 사람에게 나이가 몇이냐고 묻는다. 그들은 '꼰대'하고 무슨 말을 하냐고 무시하고 지나간다. 우울해진 충남이 폐지를 실은 리어카를 끄는 할아버지를 만나자 돌변한다. 왜 길을 막느냐고 소리친다. 박스를 흘린 할아버지를 보고 끈을 잡아주며 야무지게 매라고 하면서도 그러니 그 나이까지 이런 일을 한다고 말한다. 자신이 받은 무시를 남에게 돌려주는 이 장면을 보면서, 의문이 들었다. 정말 자기도 모르게 (전두엽의 기능 저하로) 그렇게 되는 것인지. 실제로 폐지를 주우며 생계를 유지하는 노인들이(2015 한국보건사회연구원의 발표에 따르면 1만 279명을 설문 조사한 결과, 65세 이상 노인 직업 분포 가운데 4.4%) 이 장면을 보았다면 어떻게 받아들일까. 희자 언니에게는 끝내 좋아하는 남자를 양보하는 큰 품을 지녔던 동생 충남이어서 실망이 컸다. 이 내용이 들어 있는 5부의 제목이 하필 "외로워 마세요, 그대 곁에 내가 있어요"라서. 물론 드라마에서 현실을 정면으로 보여주는 일도 필요하다. 불편한 진실이 꼭 알아야 하는 사실이기도 하니까. 최근에 메디안 사태에서 아파트 주민이 경비원에게 메디안 치약을 선물로 주었다는 뉴스를 보며, 석균이 겪은 갑질과 수치심이 자연스레 떠올랐다. 개를 안고 장난치며 아파트 주민이 서 있고, 석균은 트렁크를 꺼내려고 애를 쓴다. 간신히 꺼낸 트렁크를 밀고 가니까 주민은 새 거니까 밀지 말고 들고 가라고 한다. 석균은 화를 참지 못하고 터뜨린다. 결국 경비원을 그만두고 탄 버스 안에서 석균은 잘못을 저지른다. 화를 고스란히 사람들에게 전염시키는 것이다. 모두가 여학생을 안쓰럽게 볼 때 석균은 여학생의 팔을 보지 못한다. 뒤늦게 알고 난 석균의 멍한 표정. 석균은 아내인 정아에게도 그런 잘못들을 숱하게 저지르며 살았다. 밥 많이 먹는다고 구박하는 것은 예삿일이고, 젊은 시절 유산기가 있는 정아가 힘들게 찾아온 일터에서도 일만 하며 모른 척한 일. 결국 유산되자 시어머니에게 머리를 뜯기는 정아를 역시 모른 척한 일. 폭력을 방기하는 것도 또 다른 폭력임을 새삼 깨닫게 하는 시선들이 그렇다. 관대한 듯 보여도, 폭력의 민낯이 드라마의 탄력을 오히려 줄어들게 한 것은 아닐까. 이런 폭력이 있음을 꼭 알리기 위한 필요악으로의 폭력인지, 폭력을 보여주기 위한 수단으로의 폭력인지. 어떤 폭력이라도 폭력이 벌어지는 곳에는 수치심을 느끼는 사람이 있다.

언어의 주름

학생들이 주로 쓰는 말 가운데 '담탱이'라는 말이 있다. 오픈사전에는 "담임 선생님을 친구처럼 편하게 말하는 것이지만, 친구들끼리 담임을 낮추어 말하는 용도로 사용된다"라고 나와 있다. 여기서 '친구처럼'이 포인트다. 노희경 작가는 "어른과 노인의 차이가 대체 뭘까?"라는 질문이 <디마프>의 출발점이었다고 한다. 제목처럼 청춘과 어른이 '친애하는 친구'가 되는 관계가 되길 바라는 마음이라며 작가 의도를 밝히고 있다. 프랑스 속담에 "와인과 친구는 오래될수록 좋다"라는 말이 있다. <디마프>의 우정은 유년기에서부터 노년기까지의 우정이다. 세월을 통과한 우정이다. 60~70대인 그들과 30대인 완의 언어는 다르다. 또랑또랑하고 화끈한 엄마 난희를 닮았지만, 보다 이성적이다. 완은 30년 동안 묻어둔 얘기를 꺼내며 엄마가 너무 싫다고 말하면서도 끝내 엄마를 진심으로 이해하는 딸이다. 완의 언어는 엄마의 주름을 올바르게 발음한다.

주름의 성장, 죽음

노년에 이르면 죽음을 대하는 태도가 결정되어 간다. 충남은 고독사를 두려워하고, 희자는 죽음을 대하는 방식에 보다 예민하다. 자식들을 배려하는 방법을 궁리한 결과다. 그런 희자도 두려움과 불안을 느껴 요양원에서 나와 친구들과 함께 떠난다. 친구들이 모인 여관방에서 각자 죽음에 대해 얘기한다. 그러다 충남이 "우리 멋지게 객사하자"라고 하니까 영원과 난희가 객사라 그러지 말고 "길 위에서"라고 바꾼다. 정아의 엄마처럼 바다에 와서, 손에 쥔 조개껍데기를 놓아버리듯이 죽는 죽음도 있고, 억울하게 차에 치여 죽는 죽음도 있다. 죽음은 나이를 불문하고 찾아온다. 성장에는 주름이 따른다. 주름 안에는 대가, 경험, 지혜, 인생, 행불행 같은 것이 잠들어 있다고 믿는다. <디마프>의 할머니, 할아버지들은 각자의 상황을 견디며 성장했다. 슬프고, 화나고, 외로운 상황 속에서도 웃었다. 난희가 암을 이기듯이. 난희가 딸인 완을 장애가 있는 애인에게 믿고 떠나보내듯이. <디마프>를 보고 나서, 나를 비롯한 주변 사람들의 주름을 바라볼 용기가 생겼다. 주름은 그래서 드라마틱하다. 1년마다 하나씩 생기는 나무의 나이테 같은 것이기도 하다. 그러니 어느 날 문득 베어지더라도, 그럼에도 마지막까지 한 번 더 웃기를. 주름에 또 주름이 생기더라도.

입선

TV 속 '여신'들의 감추어진 모습

한국 방송의 젠더 의식 개선을 위한 제언

이나은

이른바 '여성혐오'와 '남성혐오'의 대립이 거세다. 작년 여름에 개설된 인터넷 사이트 '메갈리아'를 시작으로 젠더 이슈는 한국 사회에서 다양한 영역으로 퍼지고 있다. 특히 올해 5월 17일 발생한 강남역 살인 사건을 비롯하여 국가대표 남자 수영 선수가 동료 여자 선수들의 '몰카'를 찍었던 사건과 메갈리아 티셔츠를 입은 성우를 해고한 게임 회사 등 대중들은 날이 갈수록 젠더 이슈에 민감해지고 있다. 주로 온라인상에서 일어나고 있는 일련의 논쟁은 지금까지도 해소될 기미를 보이지 않는다.

한국 사회 전체가 젠더 이슈로 달아오른 지금 과연 한국 방송은 이를 잘 소화하고 있는지를 살펴보려고 한다. 제도적 장치는 이미 준비 중이다. 올해 9월 25일 방송통신심의위원회에서는 '방송 심의에 관한 규정' 개정안을 입안 예고하였다. 개정안은 방송이나 온라인에서 사용되는 성차별적 표현과 성 혐오 문화를 조장하는 표현을 제재 대상으로 하고 있다. 그러나 법적 장치가 마련된다고 해도 젠더 이슈를 바라보는 관점과 이해가 없다면 표면적인 변화에 그칠 것이다. 중요한 것은 젠더 의식 개선을 토대로 특정한 성을 대상화하지 않는 방송을 만드는 것이다.

예를 들어 텔레비전 방송에 등장하는 여성은 주로 외모가 아름다운 여성[•]과 그렇지 않은 여성으로 구분된다. 후자는 방송에서 여성으로 인정받지 못하고 희화화되는 경향이 있다. 주로 예능 프로그램에서 이러한 경향이 두드러진다. 외모가 아름답지 않은 여성 출연자나 여성 코미디언은 남성적인 행동이나 우스꽝스러운 모습을 보여 남성 출연자와 시청자의 웃음을 유발한다. 예쁜 여성 출연자에게는 거의 배정되지 않는 역할이다. 또한 여성 출연자는 그의 능력이나 역할보다 외모에 대한 평가를 더 많이 들어야만 한다. 보이는 것으로 평가받는 방송의 특성을 고려하더라도 여성의 외모를 평가하는 잣대는 남성에 대한 것보다 훨씬 엄격하다.

KBS 2TV <개그콘서트>에서는 한 프로그램 안에 짧은 연극 형식을 갖춘 꼭지들이 이어진다. 꼭지마다 상황이 달라져 그 안에서 다양한 인간 군상을 만날 수 있다는 점이 특징이다. 무대 위의 코미디언은 상황과 연기에 따라 우스운 모습을 보여 웃음을 자아낸다. 그중에서도 여성 코미디언은 보편적인 여성성을 포기하고 남성 중심의 기존 코미디 프로그램 질서에 편입된다.

올해 8월 28일 방송된 <개그콘서트>의 '꽃샘주의'에서는 여성성이

• 이 글에서 외모가 아름답다는 말은 사회적으로 통용되는 몇 가지 조건(눈이 크다, 피부가 하얗다, 쌍꺼풀이 있다 등)에 부합한다는 의미이다. 미·추라는 상대적인 관념이 방송에서 여성이 어떻게 구분되는지를 표현하기 위해 쓴 말로, 글쓴이가 주관적으로 판단하지는 않았음을 밝힌다.

없는 역할로 분한 여성 코미디언의 모습이 보였다. 남자 선생님이 예쁜 여학생에게 케이크를 주며 생일을 축하해준다. 잠시 후 펑퍼짐한 옷을 입고 뒷자리에 누워 있던 짧은 머리 여학생이 일어난다. 이 여학생은 달력을 가리키며 귀여운 표정을 지은 채 이렇게 말한다. "수지 생일은 29일. 기억해 두세요." 그리고 방금 보여주었던 어기적거리는 걸음걸이와 남성적인 목소리를 다시 보이며 자리로 돌아간다. 이때 사람들의 웃음이 터지는 순간은 남자처럼 분한 여성 코미디언이 어울리지 않는 애교를 부릴 때와, 다시 아무 일 없었다는 듯 남자 같은 모습으로 돌아가는 때다. 그의 두 모습은 뚜렷하게 대비를 이룬다.

그 부분에서 웃음이 터지는 이유는 여성성을 갖추지 않은 사람이 여성성을 드러내는 행동을 했을 때의 부조화 때문일 것이다. 이 부조화는 예전부터 흔한 웃음 코드로 쓰였다. 그러면서 외모가 아름다운 여성이 여성성을 드러내는 것은 긍정적으로 받아들여지지만, 그 반대는 웃음거리가 되거나 여성임을 인정받으려는 몸부림쯤으로 인식된다. 여성이 갖는 여성성은 사회적으로 재단될 수 없는데도 코미디 프로그램의 전통적인 캐릭터 설정은 젠더에 대한 편견을 쉽게 갖게 한다. <개그 콘서트>는 15세 관람가지만 어린이와 청소년들도 자주 시청하는 프로그램이다. 따라서 이러한 내용을 웃음 소재로 삼는 것은 적절하지 않다.

한편 아름다운 외모를 가진 여성 출연자에게 요구되는 것들도 있다. 올해 5월 2일 JTBC <냉장고를 부탁해>에 배우 한고은과 이성경이 출연했다. 이들은 방송 내내 '미의 여신들'이라며 칭송받았고 몸매 관리 비법을 공개했다. 그리고 남성 출연자들 앞에서 애교를 선보여야 했다. 배우로서의 커리어라든지 한 인간에 대한 궁금증을 해소하는 인터뷰 질문은 많지 않았다. 사랑스러운 분홍색 CG와 함께 여성 출연자들이 애교를 표현하면 남성 셰프들이 홍조를 띠는 CG가 연출된다. 화면 하단에는 "상상만으로도 흐뭇" 같은 자막이 나온다. 예능 프로그램에서 여성 출연자들이 나올 때마다 보이는 클리셰다.

이런 장면은 대중에게 보이는 이미지가 생명인 연예인에게 자신의 매력을 자랑할 수 있는 창구가 될 수도 있을 것이다. 그러나 당사자의 의향과 상관없이 짜여 있는 애교 '강요'는 그들이 연예인이기 전에 개인이자 여성이란 점에서 폭력적이다. 예능 프로그램에서 남성 연예인보다 여성 연예인에게 애교를 요구하는 빈도가 훨씬 높기 때문이다. 또한 방송의 파급 효과를 고려했을 때 애교가 여성의 미덕인 양 인식되는 분위기를 조성한다는 점에서 다소 위험하다.

어느 예능 프로그램에서 한 여성 아이돌 가수가 남성 출연자들의 애교 요청에 눈물을 보인 적이 있다. 일부 시청자는 그의 미숙한 방송 태도를 비난했다. 그에게 잘못이 있다면 짜인 각본대로 능숙하게 연기하지 못한 점일 것이다. 하지만 젊고 아름다운 여성에게 애교를 요구하고 관음적인 시선으로 그것을 소비하는 문화에 대해서도 반성이 필요해 보인다. 나아가서는 여성 연예인에게 주어지는 프로그램 내 역할을 남성 연예인의 역할과 비교하여 재정립할 수 있어야 한다. 그들이 '여성' 연예인이 아니라 그저 연예인, 배우, 가수일 수 있도록 말이다.

올해 8월에 리우 올림픽을 중계했던 몇몇 방송사는 '성차별 발언 중계'라는 불명예를 입었다. 경기 중계 혹은 선수 인터뷰 중에 아나운서와 해설위원이 한 발언이 문제가 됐다.• 경기에 참여한 여성 선수의 외모를

• 익명의 누리꾼들은 자발적으로 2016 리우 올림픽 중계에서 나온 성차별 발언들을 문서로 남겼다("2016 리우 올림픽 성차별 보도 아카이빙", https://docs.google.com/spreadsheets/d/1bjeKP6GHE44LZNyqF8clgBeIge8yL32os-CiOr9dEZw/htmlview?

평가하거나 여성에 대한 고정관념이 드러나는 발언이 난무한 것이다. 8월 6일 KBS 여자 펜싱 에페 경기에서 최승돈 아나운서는 "여성 선수가 철로 된 장비를 다루는 걸 보니 인상적"이라고 말했다. 8월 21일 MBC 여자 골프 시상식 중계에서는 김성주 아나운서가 "남편한테만 보여주는 애교를 국민 여러분한테도 보여주면 좋을 텐데요"라는 발언을 해 물의를 빚었다. 8월 6일 SBS 여자 유도 경기 중에는 해설위원이 첫 출전한 몽골 선수에게 "살결이 야들야들한데"라는 표현을 했다. 중계방송에서 남성 선수에게는 대부분 외모보다 경기 경력과 실력에 대해 언급한다는 점에서 대조적이다.

이번 성차별 중계 발언 논란은 올해에만 성차별적 표현이 심했기 때문에 부각된 것은 아니다. 여성 선수에게 '미녀', '요정' 같은 수식어를 붙이고 외모를 평가하는 일은 늘 있었다. 그만큼 방송에서 젠더가 다루어지는 방법에 문제의식을 느끼는 대중들이 많아졌다. 방송가 역시 대중들의 달라진 태도에 알맞게 화답해야 한다. 단순히 기존에 쓰던 성차별적 표현을 삭제하는 수준을 넘어선 고민이 필요하다. 스포츠 중계에서 여성 선수의 외모를 언급하는 것이 왜 부적절한지, 그냥 축구와 '여자 축구' 대신에 어떤 표현을 사용할 수 있을지, 여성 선수가 등장하는 경기 중에 선수의 신체 부위를 강조하는 카메라 앵글을 사용하진 않았는지를 생각해봐야 할 것이다.

가장 많은 성차별적 표현이 이루어지는 장르는 아이러니하게도 드라마다. 드라마는 많은 여성 배우가 출연하고 주로 여성에 의해 소비되는 장르다. 그럼에도 드라마는 여성의 연애와 사랑을 그릇된 방식으로 표현

---

pref=2&pli=1&sle=true#, 2016).

하고, 그것이 대다수 여성의 욕망인 양 착각하게 만드는 데 일조하기도 했다. 가장 심각한 문제는 연인 간 폭력의 미화다.

웹 매거진 ≪ize≫는 올해 8월 12일 "#더 이상_설레지_않습니다"라는 캠페인을 통해 한국 드라마 속 로맨스의 폭력적 클리셰 10가지를 꼽았다. 억지로 잡아끌기, 강제로 들쳐 메기, 벽에 밀치기, 난폭 운전, 동의 없는 관계 공표, 강제 기습 키스 등은 드라마에서 매우 자주 나왔던 장면들이다. 문제는 한국의 로맨스 드라마는 명백한 '범죄' 장면들을 사랑에 빠지는 과정으로 묘사해 달콤하게 그린다는 것이다. 이것은 드라마 속 남자 주인공이 '차갑지만 내 여자에겐 따뜻한 남자'로 설정되어 있기에 가능하다. 잘생긴 데다 능력 있지만 까다로운 성격을 지닌 남자 주인공은 여자 주인공을 만나면서 서툰 감정 표현을 하고 곧 연인으로 발전한다. 거의 대부분의 로맨스 드라마가 이런 줄거리와 클리셰로 구성되어 있다. 시청자들은 이에 면역이 된 지 오래다.

올해 5월 2일부터 6월 28일까지 방송된 tvN 드라마 <또 오해영>은 개성 있는 등장인물과 발랄하고 유쾌한 줄거리로 호평을 받았다. 그럼에도 두 주인공이 사랑에 빠지는 과정이나 스킨십 장면에는 박수를 주기 어렵다. 9화에서는 두 주인공이 몸싸움을 하던 중 남자 주인공이 여자 주인공을 벽에 밀치고 강제로 입을 맞추는 장면이 나온다. 저항하던 여자 주인공은 이내 남자 주인공의 목에 팔을 감고 남자 주인공을 받아들인다. 여자 주인공의 입술에 상처가 나는데도 이 장면은 달콤한 것으로 소비된다. 드라마가 아닌 현실이었다면 여자 주인공은 곧바로 남자 주인공을 경찰에 신고했을 것이다.

드라마는 현실이 아니지만 드라마가 현실에 미치는 영향력은 무척 강하다. 드라마 속 나쁜 남자를 보며 여성 시청자들은 남성의 서툰 구애를 기꺼이 이해해주는 여자가 되려고 한다. 폭력은 사랑이 아니며 정당화될 수 없는 것임에도 로맨스로 포장되면 그럴듯해 보이기 때문이다. 드라마를 쉽게 접하는 어린이와 청소년 역시 사랑의 방식을 본래 폭력적인 것으로 이해할 수도 있다. 시청자가 계속해서 폭력을 로맨스로 다루는 드라마를 접하다 보면 그것을 일반적인 것으로 인식하기 쉽다. 현실 여성이 맞닥뜨리는 공포를 별일 아닌 것으로 만들어 버릴 수 있어서다. 폭력성과 강제성 없이 사랑을 표현하는 드라마를 하루빨리 볼 수 있길 바란다.

방송은 시청자에게 평생교육의 장과 공적 토론의 장을 열어주는 역할을 수행한다. 방송이 교육적 역할을 수행한다는 것은 방송 프로그램이 공정성과 윤리성, 유익함을 갖추어야 한다는 의미다. 불특정 다수를 시청 대상으로 하기에 방송은 늘 흥미와 교육적 가치 사이에서 줄타기를 한다. 앞서 언급한 성차별 발언이나 전통적인 여성성에 기댄 성 역할 표현 역시 이런 맥락에서 생겨났을 것이다. 방송 제작 가이드라인이 명확해야 하는 이유도 그래서다. '방송 심의에 관한 규정' 개정안이 입안된다면 방송 내 성 역할과 표현 수위 등을 상황별로 세심하게 정할 수 있길 기대한다.

아울러 공적 토론의 장인 방송이 대중들의 갈등을 해결하는 열쇠가 되었으면 한다. 올해 6월 4일 방송된 SBS <그것이 알고 싶다> "강남역 살인 사건의 전말" 편은 뜨거워진 젠더 갈등을 해소할 실마리를 던져주었다. 사건을 둘러싼 사회의 시선을 차근차근 분석하고, 가해자의 인터뷰를 통해 사건의 원인이 정신 질환이 아닌 여성혐오에 있음을 밝혔다. 외모가 아름다운 20대 여성이 하루 동안 거리를 걸으며 남성들이 어떻게 접근하는지를 실험으로 보여주어 여성들이 얼마나 위험에 노출되어 있는지를 보여주기도 했다. 가장 많은 공감을 이끌어낸 장면은 강남역 살인 사건 피해자와 비슷한 경험을 지닌 여성들의 목소리를 남성 목소리로 변조한 부분이었다. 소위 '미러링'이라 불리는 이 방법은 여성들이 처해 있는 입장을 남성들이 느낄 수 있게 했다. 특정한 성을 적대시하거나 대상화하지 않아도 여성과 남성 모두 공감할 수 있는 방송이 가능함을 증명해 보인 것이다. 방송 제작에 종사하는 많은 분이 젠더 문제를 인식하고 기존의 틀에 대해 고민하길 바란다. 프로그램을 제작하는 사람의 생각이 조금씩 모이면 시청자는 더욱 보기 편한 방송을 접할 수 있을 것이다. 2017년에는 성차별 논란을 넘어 시청자의 젠더 의식 개선을 이끌고 사회 구성원 간의 갈등을 해소하는 한국 방송을 기대해본다.

입선

우리가 혼자 살아간다

MBC <나 혼자 산다>

임초이

수많은 1인 가구 대상 프로그램이 범람하는 지금의 상황에서 <나 혼자 산다>를 이야기하는 것은 진부한 이야기처럼 보일 수 있다. 그러나 <나 혼자 산다>가 1인 가구를 소재로 하는 프로그램의 시발점이자 상징적인 프로그램이라는 점은 부정하기 힘들다. 물론 프로그램의 오랜 방영 기간이나 상징성으로 비교적 많은 비평과 연구가 이루어진 만큼 해당 프로그램에 대한 의견을 선불리 내놓기는 어려웠다. 그러나 수많은 1인 가구 프로그램이 짧은 기간 내에 폐지되고 화제성을 잃는 반면에, 비교적 오랜 기간 동안 높은 화제성을 유지하고 <나 혼자 산다>가 살아남은 이유를 살펴보고 싶었다. 특히 최근 1년 동안 <나 혼자 산다>는 현실에 안주하지 않고 빠르게 변화하는 미디어 환경에서 전략적인 선택과 집중으로 다양한 시도와 변화를 추구해왔다.

<나혼자 산다>의 생존전략

민낯 보여주기

우선 <나 혼자 산다>는 남의 일기를 훔쳐보는 것(Peeping Tom) 같은 은밀한 일상의 공유라는 점에서 시청자의 관심을 끈다. 특히, 그 당시에 가장 화제성이 높은 연예인이나 인물의 알려지지 않은 개인적인 하루를 살펴본다는 점에서 많은 시청자의 관심을 끌기에 충분하다. 이런 시청자의 엿보기 욕망을 가장 빠르고 집중적으로 만족시켜주면서 동시에 시청자를 프로그램에 몰입하도록 하는 장면은 프로그램 초반에 나오는 '민낯 보여주기'에서 확인할 수 있다. 새롭게 출연한 사람은 프로그램의 통과의례처럼 갓 잠에서 깨어난 완전한 민낯으로 아침을 시작하고 이 장면은 <나 혼자 산다>의 도입부에 위치한다. 방송에서는 한 번도 공개하지 않던 그들의 사적인 민낯이 기대 이상으로 멀쩡해도 화제가 되고, 반대로 충격적이어도 화제가 된다는 점에서 민낯 보여주기는 시청자들이 프로그램에 빠르게 몰입할 수 있도록 도와주는 요인이다.

최근에는, 방영 중인 프로그램 내용을 요약해 실시간으로 인터넷 기사를 작성한다. 이런 상황에서 '민낯 보여주기'는 실시간 뉴스의 단골 소재이며 높은 조회 수를 보장하는 키워드로, 프로그램이 한창 방영되는 중에 포털의 메인 뉴스로 자리를 잡는다. 이는 시청중인 시청자뿐만 아니라 시청하고 있지 않는 포털 사용자들을 잠재적 시청자로 끌어들인다. 대부분의 사람들이 '본방 사수'라는 TV를 이용한 전통적인 시청 방식보다는 모바일 플랫폼을 통해 <나 혼자 산다>의 콘텐츠를 접하고 있는 상황에서 좀 더 많은 시청자들을 끌어들이기 위한 '민낯 보여주기'는 이제 전형적이지만 여전히 효율적이어서 포기할 수 없는 포맷으로 프로그램에 자리를 잡아가고 있다.

시청자가 선택하는 출연자

위에서도 언급하였듯이 <나 혼자 산다>의 주요 시청자들의 대부분은 모바일, SNS와 IPTV등 OTT(Over The Top) 플랫폼을 통해 <나 혼자 산다>의 콘텐츠를 자신이 원할 때 선택하여 시청할 수 있다. 따라서 새로운 시청 형태로 인해 <나 혼자 산다>의 본 방송이 종료된 후라고 해도 시청자들이 프로그램을 선택하고 구매할 수 있기 때문에 높은 화제성을 최대한 오래 유지하는 것이 중요해졌다. 이를 위해 최근 <나 혼자 산다>는 본 방송의 하이라이트 부분들을 2~3분정도의 짤막한 동영상으로 제공하여, 높은 조회 수를 유지하고 포털의 메인과 실시간 검색어의 상위권을 유지한다. 여타의 프로그램들도 비슷한 방식으로 OTT를 통한 서비스를 제공한다는 점에서 다른 프로그램들과 무슨 차이가 있냐고 물을 수 있다. 그러나 중요한 것은 <나 혼자 산다>는 바로 이런 과정에서 얻은 시청자들의 반응을 즉각적이고 유연하게 프로그램 포맷과 콘텐츠에 반영할 수 있다는 것이다.

이를 가장 잘 보여주는 것은 '무지개 라이브'라는 코너다. 기존에는 고정 출연자들의 일상을 반복적으로 보여주면서 발생하는 지루함을 해결하기 위해 새로운 출연자들을 등장시켜 그들의 하루를 1회성으로 소개하는 짤막한 코너였다. 물론 프로그램 방영 시간 중 적은 비중을 차지하고 있었고 비정규적으로 방영하는 코너였다. 그러나 최근에는 오히려 '무지개 라이브' 코너에 등장한 출연자의 콘텐츠가 더 많은 기사 재생산의 소재 거리가 되고 임시 출연자의 이름이 일요일 오후까지 검색어 순위 상위권을 유지하며 더 높은 화제성을 일으킨다.

이러한 현상을 파악한 <나 혼자 산다>는 이를 바로 프로그램 포맷에 반영하여 화제성을 꾸준히 유지하고자 하는 모습을 보여준다. 예를 들어 화제성의 정도에 따라 다르지만 사람들의 높은 관심과 재출연 요구는 얼마가지 않아 해당 출연자에게 재출연의 기회로 주어지고 있다. 또한 시청자의 꾸준한 관심과 응원은 임시 출연자가 '무지개 정회원', 즉 고정 출연자가 되는 것에도 주요한 기준이 된다는 점에서 <나 혼자 산다>는 기존의 프로그램과는 다른 쌍방향적인 상호 교류가 즉각적으로 일어남을 확인할 수 있다.

<나 혼자 산다>의 한계점

철없는 사람들의 삶

화제성을 높이기 위한 유연함과 변화의 수용력은 타 프로그램에 비해 높다. 그러나 이는 극히 제한적이며 여전히 사회에 만연한 혼자 사는 사람들에 대한 편견들을 재생산하는 한계점이 있다. 가장 대표적인 것은 아직도 1인 가구를 미완성과 극복의 대상으로 인식하고 설명한다는 점이다. 이것은 '무지개 라이브'에서 고정 출연자들의 코멘트를 통해 확인할 수 있다. 새로운 인물이 등장할 때마다 고정 출연자들은 함께 영상을 시청하며 그들의 하루를 평가하며 자신의 의견을 이야기한다. 이러한 형식은 그들의 삶을 시청자와 함께 시청하고 있다는 기분을 들게 하고 서로의 일상과 의견을 나누며 기존 출연자와 새로운 출연자 간의 공감과 연대감을 생성한다. 그러나 같은 1인 가구의 처지에 놓인 사람들임에도 불구하고 정회원들의 코멘트는 아이러니하게도 1인 가구에 대한 사회의 편견과 고정관념을 그대로 반영한 것들이 많다.

최근 결혼으로 <나 혼자 산다>를 떠나게 된 출연자 육중완의 처지를 '탈출', '해방', '완성', '어른', '성숙'으로 표현하며 1인 가구 당사자들도 여전히 1인 가구를 미완성과 극복해야 할 비정상성으로 인식한다. 나아가 출연자의 외모와 직업에 따라 같은 1인 가구라고 해도 고정 출연자들의 평가와 태도는 매우 달라진다. 이는 특히 희극인이 '무지개 라이브'에 등장했을 때 가장 극명하게 달라진다. 배우나 가수와 달리 희극인의 삶은 더욱 강한 비판을 받고 타자화되며 기존 출연자들과 구별되어진다. 심지어 프로그램의 자막과 배경음악에서도 차이가 있다. 즉, 같은 1인 가구라고 해도 성별과 직업에 따라 차별과 소외를 강요받는 것을 프로그램에서 확인할 수 있다. 이를 통해 <나 혼자 산다>는 화제성을 중시하지만 여전히 사회의 규범적인 틀 안에서 제한된 유연성을 추구하고 있는 것을 알 수 있다.

이는 <나 혼자 산다>에 등장한 혼자 사는 사람들의 '취미생활'을 언급할 때도 드러난다. 기린 인형을 수집하거나 새벽에 낚시를 하고 많은 애완동물을 키우는 사람들에게 패널들이 고정적으로 하는 질문은 '결혼할 때 어떻게 할 것이냐?'이다. 즉 결혼이라는 완성과 정상성에 이르기 위해 1인 가구의 취미 생활을 비생산적이며 철없는 행동으로 인식하는 패널들의 모습은 기존의 사회적 편견과 크게 차이가 없다. 결론적으로 프로그램의 형식은 미디어 환경의 변화와 시청자의 반응에 유연하고 민감하지만, 근본적인 콘텐츠의 본질은 그저 기존의 편견들과 선입견을 재생산하고 있다는 한계점을 지닌다. 이러한 반복성은 시청자에게 쉽게 피로감을 느끼게 하며 관심과 흥미를 빠르게 잃게 한다는 문제점으로 등장한다. 그리고 이를 보완하기 위해 <나 혼자 산다>는 잦은 출연자 교체라는 방법을 사용한다. 다시 말해, 일상 콘텐츠가 가진 짧은 주기의 화제성을 극복하기 위해 새로운 출연자들을 등장시키지만 결국, 이들의 삶과 생활 양식은 신선함을 위해 미디어에서 쓰고 버려지는 상품으로 변질되어가는 것 같다.

우리가 혼자 산다

<나 혼자 산다>의 고정 출연자는 프로그램 초기부터 '무지개 회원'이라고 불렸다. 무지개처럼 1인 가구의 삶에는 다양한 삶의 형태가 존재하므로 이를 존중하자는 말이다. 개인의 삶과 일상이 상품화되고, 같은 1인 가구 안에서도 차별과 소외 현상이 일어나는 <나 혼자 산다>에서 이런 초기의 소박함을 기대하는 것은 무리일 것이다. 그러나 혼자 사는 사람들의 삶을 다루면서 단순히 이것을 재현하는 것에만 치중한다면 프로그램이 추구하는 화제성을 오래 유지하기가 어려울 것이라고 생각한다. 나아가 지금까지 유지해오던 시청자의 관심을 잃게 되는 위기가 될 수 있다고 본다. 오히려 진정한 화제성은 혼자 사는 사람들이 왜 혼자 살 수밖에 없는지, 혹은 왜 혼자 사는 삶을 자발적으로 선택하는지, 그 이유를 다루는 데서 찾을 수 있을 것이다.

'나 혼자 어떻게 살아갈까'라는 질문과, '너는 혼자 어떻게 살까'라는 두 가지의 질문이 지금까지의 <나 혼자 산다>를 만들어온 근본적인 질문과 관심이었다. 앞으로의 <나 혼자 산다>에서는 '혼자' 어떻게 사는 삶이 아니라 혼자 어떻게 '잘' 사는 삶에 더 강조점이 붙기를 기대해본다.

새로운 것과 익숙한 것의 조화가 정점에서 이루어지고 있다.

입선

선생님이 집밥을?!

tvN <집밥 백선생>

김찬영

"집밥 너무 그리워 가족의 마법, 본가 따뜻한 집으로 내가 쉴 수 있는 곳." 가수 김범수가 재작년에 발표한 노래, 「집 밥」의 가사다. 언제부터인지는 몰라도 바쁜 현대인들의 일상에서 이 '집밥' 이라는 단어는 이렇듯 따뜻한 가족, 편안한 고향을 매개해주는 상징적인 명칭으로 자리매김했다. 듣기만 해도 가슴 따스한 이 집밥이라는 단어를 가족과 그리움을 꿰어내는 정서로 새롭게 빚어내어 세상에 올린 것은 다름 아닌 '백선생', 백종원이었다. 몇 년 전까지만 해도 배우 소유진의 남편이자, 성공한 외식 사업가 정도로만 알려져 있던 백종원은 사업에서의 큰 성공을 발판 삼아 방송에까지 진출한다. 특유의 구수한 입담으로 맛을 내는 '꿀팁'을 무심하게 툭툭 던져주는 그만의 방송 스타일은 MBC <마이 리틀 텔레비전>의 1인 방송 플랫폼과 만나 시청자들의 큰 호응을 얻게 된다. 그리고,

연이어 출연한 tvN <집밥 백선생>은 '집밥'을 가르쳐주는 대국민 '선생님'인 백종원의 가치를 증명해준 프로그램이 되었다. 방송에서 소개한 만능 간장은 모든 주부들의 밥상 고민에 해결책을 제시했고, 파 기름은 전국 자취생들에게 요리를 하는 즐거움을 일깨워줬다. 방송이 나간 다음 날이면 해당 회 차 주제였던 재료들이 마트에서 자취를 감췄고, SNS는 온통 '백선생 레시피 후기'로 뒤덮였다. 작년 말, 조선일보사가 뽑은 올해의 인물의 유력한 후보로 노미네이트되기도 했으니, 가히 백종원 신드롬이라 할 만했다. 그 후, 우후죽순 생겨났던 '먹방', '쿡방'에 대한 시청자의 피로감에 수많은 스타 셰프에 대한 관심도 점점 시들해졌지만, 백종원은 흔들림 없이 살아남아 그 명맥을 지켰다. 그리고 종영했던 <집밥 백선생>은 2016년 3월, 시즌 2로 화려하게 돌아왔다.

백선생이 찾아준 그리움?!

<집밥 백선생>에서 백종원이 만들어내는 음식들은 맛 좋은 음식이지, 훌륭한 요리라고는 할 수 없다. 애초에 이 프로그램의 지향점이 <냉장고를 부탁해>가 아니기 때문이다. 평범한 재료가 대한민국 최고 셰프의 손끝에서 일류 요리로 재탄생되는 스펙터클한 요리 쇼 <냉장고를 부탁해>와 비교하자면, 조리 자격증도, 유학 경험도 일절 없는 백종원이 가르쳐주는 음식은 맛은 있어도 멋은 없는, 그저 한 끼 때우는 정도의 '익숙한' 수준에 지나지 않는다. 하지만 이 한 끼 때우던 익숙한 음식이 '집밥'이 가진 상징적 개념과 만났을 때, 대중을 흔든 시너지가 만들어졌다. <집밥 백선생>이 호응을 얻은 이유가 바로 여기에 있다. 요즘을 사는 대중에게 추억 속 '집밥'의 구현은 그야말로 추억 속에서나 가능한 일이 되었고,

백선생이 만들어내는 음식은 바로 추억 속 그곳을 건드리는 '익숙한' 음식이었던 것이다. 방송에서 백종원이 뚝딱 만들어낸 요리를 보고, 패널들은 '이거 어디서 본 것 같다'며 흥분한다. 맛을 보고 나서는 황홀한 표정과 함께 '엄마가 해주던 맛'이라며 극찬을 쏟아낸다. 그러고서 다음 주 방송에서는 '선생님이 알려주신 방법대로 집에서 해보니 똑같은 맛이 나더라'며 감사를 표한다. 엄마가 해주던 음식을 이렇게나 간단히, 그것도 나 스스로 할 수 있다는 경험을 요리 무식자 네 명의 패널을 통해 간접 경험한 시청자는, 시청에 그치던 그전의 음식 예능 프로그램을 대하던 자세에서 벗어나 스스로 요리를 시도해보기에 이른다. 방송은 인스턴트 식품으로 한 끼를 때워내던 수많은 대학생과 직장인들에는 엄마가 해주던 집밥으로 위안을 주고, 요리에 자신 없던 주부들에게는 내가 먹고 자란 음식을 드디어 내 아들에게 해줄 수 있다는 자신감을 주었다. 이렇듯 시청자들은 백선생님이 해주는 집밥에서 엄마를, 가족을, 그리고 그리움을 찾아낸 것이다.

집밥엔 정답이 없다

집밥을 상징하는 정서인 그리움과 따뜻함, 그리고 편안함의 기저에는 언제나 '엄마'의 존재가 있다. 그렇기에 집밥이라는 단어가 '엄마가 해주던 밥'이라는 문장으로 해석되는 것은 어쩌면 당연한 일이다. 그리고 여기서의 엄마는 당연히 다른 누구도 아닌 '나의' 엄마를 의미한다. 그러므로 공통적 정서의 말인 집밥은 개개인에게 각기 다른 추억의 모양으로 존재한다. 엄마가 다르기 때문이다. 모든 이들은 저마다 다른 엄마의 자식이고, 저마다 다른 엄마의 밥을 먹고 자랐기에 집밥이라는 말을 들었을 때 떠올릴 음식의 종류와 맛은 천차만별일 수밖에 없다. <집밥 백선생>의 자막으로 쓰이기도 했던 구절, "세상의 모든 맛있는 음식의 수는 모든 엄마의 수와 같다"라는 말의 의미는 결국 집밥엔 정답이 없다는 것이다.

그렇기에 추억 속 집밥을 완성시켜 주는 인물로서, 백종원에게 '선생'의 지위를 부여한 <집밥 백선생>은 어쩔 수 없이 큰 역설에 마주하게 된다. '선생'은 언제나 학생에게 정답을 알려주어야 하는 존재이기 때문이다. <집밥 백선생>은 정답이 없는 집밥에 대한 백선생의 강의실이다. 그곳에서 제자들은 엉뚱하게도 어릴 적 엄마가 해주던 그 맛의 비결을 본인들의 엄마가 아닌 선생에게 묻는다. 제자들의 엄마가 아니기 때문에 백선생도 정답을 몰라야만 하지만, 백선생은 아무것도 아니라는 듯 레시피를 알려주고는 프라이팬을 든다. 이윽고, 그럴듯한 음식이 접시에 담긴다. 맛을 본 제자들은 선생이 구현해 낸 '엄마의 맛'에 감동을 받는다. "여기서 설탕을 넣은 이유를 알겠네!", "마지막에 참기름 두르는 게 포인트네!" 같은 제자들의 찬사는 본인이 원한 엄마의 맛을 재현한 선생의 비결을 향한다. 하지만 그 찬사가 제자들의 엄마가 해줬던 집밥을 그대로 구현한 데서 나온 것일지, 아니면 단지 맛있는 음식을 해내 준 것에 대한 감사 인사인지는 제자들도 백선생도 알 수 없다. 그것은 방송을 보고 따라 만들어 먹어본 시청자도 마찬가지이다. 백선생이 만들어낸 엄마의 맛은 필연적으로 정답일 수 없기 때문이다.

집밥의 결핍이 몰고 온, '집밥 열풍'

하지만, <집밥 백선생>의 제자와 시청자는 백선생이 해준 '필연적으로 집밥일 수 없는 음식'을 집밥이라고 철석같이 믿는다. 그러고는 집밥으로 명명된 레시피대로 스스로 음식을 만들어 먹음으로 집밥을 먹은 것 같은 뿌듯함을 느낀다. 엄마가 해주지는 않았지만, 엄마가 해준 것 '같은' 이 음식에, 우리는 쉽게 만족한다.

그토록 간절히 원했던 집밥이 정답이 아닌 비슷한 것임에도 우리가 쉽게 만족할 수 있던 원인은, 애초에 우리 머릿속 집밥의 기억이 선명할 수 없다는 데 있다. 농업사회에서 밥의 의미란, 집에서 먹는 끼니였다. 모든 식사는 집안에서만 이루어졌기에 옛사람들은 집밥이라는 개념을 따로 두지 않았다. 모든 밥이 '집밥'이었던 것이다. 이후, 산업사회로의 전환과 함께 외식의 개념이 생기면서 반대의 개념을 정의할 필요에 의해 만들어진 단어가 '집밥'이었다. 그렇기 때문에 집밥은 후에 명확한 어떤 맛으로 기억되기보다는 '밖에서 먹는 맛과는 다른 맛'으로 기억될 수밖에 없었다. 이런 현상은 사회가 발달하고 문명이 고도화될수록 더욱더 혼선이 일어났다. 1인 가구가 늘어나고, '혼밥족(혼자 밥을 먹는 현대인들을 이르는 신조어)'이 증가하면서 음식을 사 먹을 수밖에 없는 본격적인 '매식'의 시대가 시작됐기 때문이다. 결국, 어느 집에도 집밥이 존재하지 않는 이 근원적 결핍은 매식의 시대에 집밥 열풍이 일어난 까닭이 되었다. 외식의 반대 정도로만 집밥이 존재하던 시기에 태어난 우리가, 아예 집밥이 존재할 수 없는 시기를 살아가기에, 자연히 우리 머릿속 집밥에 대한 기억은 선명한 기억이기보다는 아련한 향수 정도로 남아 있게 되었다. 그리고 그 흐릿한 자리를 채운 것은 진짜 집밥의 속성인 '엄마'가 아닌, 집밥이라는 추상적 관념 안에 들어간 아주, 아주 '익숙한' 맛이었다.

엄마는 결코 그런 음식을 해준 적이 없다

<집밥 백선생>의 주인공, 백종원은 선생이기 이전에, 유능한 외식 사업가다. 전국에 1000여 개에 달하는 체인점을 운영 중인 그는 사실 '집밥'과는 가장 대척점에 있는 사람이다. 그런 그가 집밥을 가르치는 선생님이 된 역설에도, 그 누구도 불편함을 못 느낀 것에는 그가 만들어내는 맛이 너무나도 익숙한 맛이었다는 덫이 있었다. 방송에서 그는 음식을 만든 뒤, 맛보는 사람들에게 "그럴싸하쥬?", "어디서 먹어 본 것 같쥬?" 하고 묻는다. 익숙하냐고 묻는 것이다. 조금은 과한 양의 설탕을 쓰는 것부터 시작해, 건강보다 맛을 우선해 만든 그 음식은 물론 그럴싸하고, 어디서 먹어 본 듯 맛있다. 늘 사 먹는 그 맛이기에, 그래서 익숙하게 느껴진다. 이 지점에서 우리는 그 음식의 비교 대상을 집밥으로 착각하는 오류를 범한다. 음식이 익숙하게 느껴지는 것은 분명히 그 맛이 사 먹던 맛, 외식의 맛과 비슷해서임에도 불구하고, 우리는 그것이 마치 집밥 같아서 그럴싸하고, 엄마가 해줬던 것 같고, 그래서 익숙한 것으로 오해하고 만다. 그 음식을 해준 사람이 다름 아닌 '집밥' 백선생이었기 때문이다. 하지만, 집밥은 절대 익숙한 맛이 아니다. 세상에서 오직 나만이 알고 있는 특별한 맛이다. 달콤하진 않지만 과하지도 않고, 투박하지만 자극적이지 않은, 자식을 생각하는 엄마의 마음이 깃든 음식을 만드는 것은 세상에 오직 엄마만이 가능하다. <집밥 백선생>에서 백선생이 만들어주는 음식은 맛있는 음식이지 맛있는 '집밥'이 아니다. 당신의 엄마는 당신에게 결코 그런 음식을 해준 적이 없다.

그럼에도 불구하고, 백선생을 '선생의 탈을 쓰고 엄마를 사칭하는 사기꾼'으로 몰아갈 수만은 없는 이유는 그런 그가 만들어 준 '집밥인 척

하는' 밥에 우리는 이상하게도 상당한 위로를 받고 있기 때문이다. 그리고 그가 제시한 집밥이 정답이 아님에도 이 위로가 큰 힘을 가지 게 된 것은, <집밥 백선생>을 통해 우리가 체험한 집밥의 추억이 그때의 맛을 넘어 분위기까지 환기했기 때문일 것이다. 사회가 성장함에 따라 점차 우리가 잃어버린 것은, 사실 집밥의 맛이 아닌 가족끼리 둘러앉아 도란도란 음식을 나누는 집밥만의 분위기였다. 혼자 살게 되고, 혼자 밥을 먹는 시간이 많아지면서, 우리는 밥과 함께 누리던 많은 것들을 놓치고 살게 되었다. 밥 한술에 얹어지는 엄마의 잔소리 없이, 고기반찬 앞에 펼쳐지던 피 튀기는 젓가락 전투 없이, 하루하루 그저 삼켜 넘기는 끼니의 공허함은 우리에게 집밥만의 분위기를 열렬히 그리워하도록 만들었다. 그리고 백선생은 '집밥인 척하는' 집밥으로 그 분위기를 재연해주었다. 선생이 해준 음식을 앉은뱅이 밥상에 둘러앉아 게 눈 감추듯 해치우는 제자들의 모습이 시청자를 그 시절 우리의 밥상으로 이동시켜준 것이다.

어쨌든, 백선생이 해주는 위로에 우리가 적잖이 위로받고 있다는 것도, 하지만 그 위로가 그다지 건강한 위로는 아니라는 것도 우리는 알고 있다. 그렇기 때문에, 백선생이 흉내 내어 선물해준 집밥에 우리가 지금처럼 계속 감사해야 할지, 고작 집밥인 척하는 가짜 집밥 따위에 위로받는 현실을 슬퍼해야 할지는 스스로가 판단할 일이다.

입선

‘허기’를 채우는 두 가지 방법

채워지지 않는 정서적 허기와 환상적 방송

김아란

<썰전>과 <맛있는 녀석들>을 비교해보자. 두 프로그램을 모두 아는 사람은 이 비교를 어이없게 생각할 것이다. 그 이유는 두 프로그램이 다루는 내용부터 방송의 구조까지 어느 것 하나 비슷한 점이 없기 때문이다(비슷한 점이라고는 입을 쓴다는 것뿐이다. 그런데 방송 중 입을 안 쓰는 경우가 있던가?). 비교를 위해서는 적어도 방송 프로그램의 골격은 같아야 하지 않나 하는 의문이 들 것이다. 실제로 대부분의 방송 비평이 그런 식으로 진행된다. <맛있는 녀석들>에 대한 비평에는 <집밥 백선생>,<테이스티로드> 등등 음식 관련 프로그램과의 비교가 많다. <썰전>도 마찬가지로 여타 종편 방송에 우후죽순 만들어진 정치예능 방송과의 비교가 대부분일 것이다. 그러니 <맛있는 녀석들>과 <썰전>의 비교는 마치 양궁 선수와 레슬링 선수를 비교하는 것만큼 터무니없어 보인다. 하지만 두

프로그램은 하나의 사회현상을 중심으로 양극단에 위치한 방송이라는 점에서 충분히 비교할 만한 가치가 있다. 우선 <썰전>과 <맛있는 녀석들>에 대한 설명을 하겠다.

<썰전>과 <맛있는 녀석들>

<썰전>은 매주 주목해야 할 사회·정치·경제적 문제를 '토론' 방식으로 다루는 예능이다. 현재 유시민과 전원책이라는 대한민국 정치계 극단의 대명사들이 논객으로 나온다. 그들은 토론을 통해 사회현상의 문제점을 지적하면서, 그들이 가진 정치 성향을 대변한다. 정치 인사 두 명과 사회자 한 명, 총 세 명으로 구성된 방송은 토론자의 이미지 소비가 거의 없는 극단적인 콘텐츠 위주의 방송이다. <썰전>에 나오는 콘텐츠는 대부분 시사적 내용이라는 점에서 뉴스의 오락화라 볼 수 있다. 해당 방송이 예능인 이유는 방송 중간에 간간이 나오는 유머 코드도 있지만, 더 중요한 지점은 블랙 코미디에 있다. 블랙 코미디는 겉으로는 유쾌하지만, 문제의 정곡을 찔러 불쾌함이 함께 느껴지는 모순적 유희이다. <썰전>은 기존의 진중하고 무거운 분위기의 토론 방송과는 다르게, 무거운 주제를 다루면서도 그것을 풍자하고 희화화한다. <100분 토론>에서 했다면 신성한 토론의 장을 더럽혔다며 비난받았을 정치 풍자가 예능이라는 이름하에 그 죄가 사하여지는 것이다(놀랍지 아니한가). <썰전>의 정치 풍자의 극단은 토론 이후 진행되는 한 줄 평이다. 하나의 주제에 대한 토론이 끝난 후 각 논객은 그 주제에 대해 한 줄 평을 하는데, 그 한 줄에 함축된 풍자와 아포리즘은 블랙 코미디의 정수를 보여준다. 정통 코미디 프로그램에서 정치색을 지우기 시작했고, 한동안 블랙 코미디는

정체되었다. 그러한 블랙 코미디가 시사 예능에서 다시 살아났다.

<썰전>이 블랙 코미디의 부흥을 일으킨 반면 <맛있는 녀석들>은 재작년부터 유행하던 많은 먹방, 쿡방의 연속선상에 놓인 방송이다. 그렇다면 많은 음식 방송 가운데 왜 유달리 <맛있는 녀석들>이 많은 관심을 받는 것일까. <맛있는 녀석들>은 매주 주제로 선정된 음식을 가장 맛있게 먹는 방법을 알려준다. 그러나 해당 방송의 진짜 재미는 대식가 4명이 엄청난 양의 음식을 먹는 것 자체에 있다. 시청자들은 그들의 과잉된 식사 자체에서 재미와 대리 만족을 느낀다.

허기사회

그렇다면 양극단에 있는 것으로 보이는 두 방송을 연결 짓는 사회현상은 도대체 무엇일까. 그것은 바로 '허기'이다. 허기의 사전적 정의는 "몹시 굶어서 배고픈 느낌"이다. 비만율이 갈수록 높아지는 요즘 세상에 '허기'라니, 그것은 다이어트를 하는 사람만이 가질 느낌이 아닌가 하고 생각할 것이다. 그러나 허기의 원인인 '굶음'의 대상이 무엇인가에 따라 허기는 달라진다. 사랑에 굶주린 이들은 애착에 허기를 느낄 것이고, 성공에 목마른 이들은 명예에 허기를 느낄 것이다. 그렇다면 <맛있는 녀석들>과 <썰전>을 잇는 허기는 어떤 허기일까. 그것은 정서적 허기이다.

정서적 허기에서의 '허기'는 채우고자 하는 '욕구'보다는 부족함을 느끼는 '갈증'이다. 현대사회에서는 많은 이들이 정서적 공허를 경험하고 있다. 사람들은 개인화되고, 사회는 개인 간의 경쟁을 부추기고, 경쟁 안에서도 유대를 강요한다(경쟁 속에서 원만한 대인관계를 강요한다). 모순적 강요 속에서 개인은 이도 저도 아닌 상황에 놓이게 된다. 그러한 상황하에서 사람들은 대인 관계에 대한 위기의식과 원인 모를 외로움과 불안을 느낀다. 그를 인지한 방송국은 한때 '힐링'을 주제로 한 방송을 우후죽순 만들어냈다. 그러나 대중은 잠깐의 '힐링'이 정서적 공허를 해결할 수 없다는 점을 알았다. '힐링'은 임시방편에 불과했다. 그렇기에 방송에서도 '힐링'이란 주제는 소리 없이 사라졌다. 그렇다면 그들이 겪는 인간관계에 대한 환멸, 그와 모순된 대인 관계에 대한 위기의식, 내일에 대한 불안, 변하는 것이 없는 현재에 대한 공허, 외로움은 어떻게 해결해야 할까. 사회는 정서적 공허를 개인의 노력으로 극복하라 말한다. "아프니까 청춘"인 것이다. 열심히 살면 공허는 해결될 것이라 말한다. 그러나 우리는 충분히 열심히 살고 있고, 그에 비해 너무도 아프다. "아프니까 청춘"이란 말에 대중은 분노하기 시작한다. 우리는 아픔의 원인을 찾아서 해결해야 한다는 목적의식을 공유하게 된다.

아픔의 근본 원인은 사회 그 자체에 있다. 그러나 사회 자체가 문제라는 말은 우리가 사는 세상 전체를 부정하는 것이다. 우리는 분명 현 사회에 환멸을 느끼지만 쉽사리 사회 전체를 부정하려 하지는 않는다. 세상을 바꾸려는 많은 시도들이 실패했다는 것을 우리는 알고 있기 때문이다. 하지만 세상을 바꾸지 않으면 바뀌는 것은 아무것도 없을 것이란 점도 알고 있다. 우리는 우리에게 불가해한 세상에 분노하지만, 그 분노를 표출할 수는 없는 모순적 상황에 처한다. 그로 인해 회의주의와 무기력증이 생겨난다. 이것이 정신적 공허를 재생산한다. 정신적 공허는 채울 수 없는 갈증이 된다. 그러나 갈증은 해소되어야 하기에 대중은 정신적 공허를 해결하는 방법을 찾는다. 그중 가장 손쉬운 방법은 마취 혹은 마비이다. 아픔의 근본을 치료할 수 없다면 아픔 자체를 일시적으로 지우는 것이다. 그러한 마취의 가장 손쉬운 방법이 방송 시청이다. 방송으로 현실을 지우고 가상에 집중한다. 그런데 정신적 공허를 채우는 방송 시청이 두 가지, 지식과 음식으로 극단화되었다.

입선

가면 한 장의 무게

<복면가왕>이 감춤으로써 드러내는 것들

김성준

징후와 파열음

어찌 보면 TV만큼 자유와 평등이라는 민주적 가치를 철저히 옹호하는 것도 드물다. 뭘 보든 시청자의 자유고, 누가 보든 시청률 집계도 평등하다. 그런 점에서 TV 프로그램은 시청률의 양적 팽창에 목말라한다. 이게 전적으로 옳다는 건 아니지만, 바로 이 때문에 시청자를 위해 철저히 봉사하기도 하는 것이다.

우리는 여전히 민주주의라는 정치 시스템 자체는 신뢰하지만, 그것을 현실적으로 실현하는 장치들에 환멸을 느끼고 있다. 실은 구태의연한 투쟁들이 '정치'라는 '가면'만 쓴 채 삐걱거리는 파열음을 낼 때 시민은 대안을 찾게 마련이다.

그 대안이라는 것이 반드시 거창할 필요도 없고, 혁명적이어야 할 필요도 없다. 가장 거대하고 진정성 있는 분노의 대상이 매달 받는 앙상한 급여 내역서에 지나지 않을진대 거대 담론은 너무나 먼 세계의 일이다. 차라리 우리가 무엇을 원하는지를 어떤 징후를 통해 보여주는 것이야말로 가장 현실성 있는 대안일 수 있다. 가면을 쓴 가짜들이 내는 파열음에 대항하는 징후라는 것 역시 가면을 통해 나타난다는 게 역설적이기는 하지만.

우리는 무슨 색을 띠는가

<복면가왕>이든 여타 프로그램이든 시청자의 욕구를 반영할 수밖에 없다. 시청률이 나오면 뜨고, 안 나오면 폐지되는 살얼음판 위에서 디딜 돌다리는 시청자의 마음밖에 없다. 그러니 뜨는 프로그램을 보면 시청자(이면서 동시에 시민)의 속내가 읽힌다. <복면가왕>처럼 10%를 훌쩍 넘는 시청률을 꾸준히 유지하는 프로그램이라면 더더욱 그렇다.

<복면가왕>에서 출연자가 쓰고 나오는 가면은 형형색색, 알록달록, 각양각색이다. 하지만 <복면가왕>의 속살을 들춰보면 색깔은 세 가지밖에 없다. 금색, 은색, 흙색 말이다.

프로그램이 뜨려면 뭐든 하나 입에 물어야 한다. <슈퍼스타K>는 공정사회라는 사회적 화두를 입에 물고 오로지 실력만으로 경쟁하는 공정한 룰을 보임으로써 성공했다. 시청자들은 직접 인기투표에 참여함으로써 흑막 저편에 혹시 있을지도 모를 불공정을 차단했다. 드라마 <정도전>은 정치적 개혁과 사회 부조리 척결이라는 국민적 열망을 물고서 인기몰이를 했다. <복면가왕>이 덥석 문 것은 엉뚱하게도 '수저'다.

<복면가왕>은 요즘 이슈가 되는 '수저론'을 깔고 있다. '금수저', '은

수저', '흙수저'로 나뉘는 '수저론'은 하나의 계급론으로 부상하면서 사회적·경제적 불평등을 꼬집는다. 이는 '헬조선'이라는 섬뜩한 신조어와 결합하여 '살기 싫은 나라 시리즈'의 1+1 상품을 기획한다.

주지하다시피 '수저론'은 불평등에 대한 항의를 주요 내용으로 한다. "어라, 태어나 보니 아빠가 회장이네? 난 회사 하나 차려서 아빠 그룹에 납품하면 되겠다"라고 '금수저' 문 성골과 진골이 옹알거릴 때, '흙수저' 하나 달랑 물고 태어난 아기는 "왜 하필 '헬조선'에 태어난 거야!"라고 절규하고는, '금수저' 문 아기의 회사에 고용되기 위해 도서관에서 청춘의 삽질을 해야 한다. 마침내 취업에 성공, 중산층 진입을 위한 첫 삽을 뜬 후로는 가혹한 노동시간을 견뎌가며 평생에 걸친 삽질을 계속해야 한다.

출생신고 때 정해진 수저 색깔은 많은 걸 결정한다. 우리는 다시 한번 재평가를 요구하고 싶지만, 그런 패자부활전은 좀처럼 가능해 보이지 않는다. '흙수저'인 우리를 양자로 받아줄 회장 아빠도 있을 것 같지 않다.

내일이면 또 월요일이라는 사실, 일요일 오후의 이 질량에 숨이 컥컥 막힌다. 우울하게 틀어놓은 TV에서 마침 <복면가왕>이 한다. 그곳에서는 수저 색깔이 전혀 문제가 되지 않는다. 오로지 노래만으로 승부한단다. '헬조선 흙수저'의 1+1 인생이 보기엔 판타지 같다. 그래서 판타지 장르가 잘 팔리나 보다.

반전이 안기는 성찰

"인기라는 계급장을 떼고 진정한 노래 실력으로만 최고의 가수를 뽑는다면 누가 될까? 인기라는 편견을 버리고 진정성 있는 가수로 자리할 수 있는 무대!"

이 내레이션처럼 <복면가왕>은 인기, 외모, 배경 등 모든 것을 가면 뒤에 숨기고 오로지 노래 실력으로만 승부를 낸다.

아이돌급 외모와 다소 거리가 있는 임세준에게도, 걸 그룹 f(x)의 루나에게도 가면은 가수로서의 진짜 모습을 드러내는 렌즈였다. 시청자는 그 렌즈를 통해 근시를 교정하고 편견을 깰 수 있다. 아이돌은 노래를 못 부를 거라는 편견은 뛰어난 가창력을 선보인 루나가 가면을 벗는 순간 여지없이 무너졌다. 그리고 이 편견이 붕괴된 자리에서 작은 성찰이 비롯된다. '세상에, 걸 그룹이 노래를 저렇게 잘 불러? 어쩌면 난 가수뿐만 아니라 다른 대상에 대해서도 편견을 가지고 있는 것일 수도 있어. 나만 편견의 희생자인 줄 알았는데, 나도 얼마든지 가해자가 될 수 있어.'

반전에는 제한이 없다. 가면을 벗겨보니, 세련되긴 했지만 왠지 딱딱하게 느껴지던 아나운서가 떡하니 서 있지 않나, 틀림없이 여자라고 모두 단언했건만 알고 보니 백청강이 나타나질 않나, 개그나 할 줄 알지 노래와는 거리가 멀 거라고 단정했던 개그맨이 짠 하고 얼굴을 드러내질 않나.

이들은 외모, 직업, 배경 등 나름의 수저 색깔을 띠지만 얇은 가면 한 장이 그 색깔을 지워버린다. 우리는 그가 누구인지를 알기 전에 우선 그의 노래부터 들어야 한다. 재미있는 점은, 노래를 듣고도 웬만해선 추리가 쉽지 않다는 것이다. 이는 그만큼 우리가 편견에 익숙해져 있음을 방증한다. 가수는 노래를 부르는 존재이며, 우리는 그것을 듣는다. 그러나 '보는 것'에 익숙해진 우리는 '듣는 것'만으로는 그를 쉬이 알아맞히기 힘들다. 그래서 반전이 놀라우면 놀라울수록, 인식과 결과의 간극이 넓으면 넓을수록 시청자는 놀라워한다. 심지어 가창자에게 미안함까지 들 수 있다. 그러나 이 놀라움과 미안함은 결코 불쾌한 경험은 아니다. '너는 편견에 사로잡혀 사람을 재단하는 나쁜 버릇이 있어'라고 탓하는 경험이 아니다. 오히려 누구나 편견의 희생자일 수 있음을 보임으로써, 우리 모두가 겪고 있는 부당한 편견의 폐해를 어루만져준다. 어쩌면 걸 그룹이라는 이유로, 댄스 가수라는 이유로 가창력과 거리가 멀 것이라는 편견이 박살나는 그 순간, 우리는 흥겨운 것인지도 모르겠다. '괜찮아. 나만 피해자인 것은 아니군'이라는 연대 의식 비슷한 것이 우리의 마음을 녹인다. 언 것이 일단 해동이 돼야 꽃이든 풀이든 필 게 아닌가. <복면가왕>이 피워내는 것은 '인간의 얼굴을 닮은 가면'이다.

무엇이 진짜 '가짜 얼굴(假面)'인가

가면을 조금 어려운 말로 '페르소나(persona)'라고 한다. '가면을 쓴 인격'이라는 뜻의 페르소나는 흥미로운 단어다. 우선 인간, 인격체, 역할을 의미하는 영어 단어 'person'과 형태부터 비슷하다.

정신분석학자 카를 구스타프 융(Carl Gustav Jung)은 의식과 소통하는 자아에 대비하여, 자아의 어두운 면을 페르소나라고 정의했다. '어두운 면'이라고 하니 마치 음험하고 사악한 느낌을 풍기는 듯하지만, 실은 그것보다는, 밝게 드러난 '겉'에 대비한 어둡게 숨은 '안'이라고 해야 좋을 듯하다. 내적으로 아무런 갈등도 없고 늘 명경지수 같은 마음을 유지하는 사람이 아니라면, 누구나 하나쯤 페르소나(가면을 쓴 인격)를 장만해놓고 있다.

어려운 말 다 제쳐두더라도, 우리는 가면을 쓰지 않고는 살아갈 수 없다. 출근해서 팀장에게 웃어줄 수 있는 것도, 점심시간에 개고기 먹자는 부장의 '제안'에 하하 호호 고개를 끄덕일 수 있는 것도, 당장에라도 욕을 퍼부어주고 싶지만 그래도 최소한의 예의를 지켜 동료를 대하는 것도 모두 가면 덕분이다. 모두 죽어서야 비로소 가면을 벗을 수 있다. 공동묘지에 가는 순간까지 가면은 생필품이다.

가면은 그 자체로 정체를 숨기는 물건이라 그런지, 선악의 정체성 역시 모호하다. "당장 그 가면을 벗고 본색을 드러내라!"라는 진부한 호통에는 가면이 위선에 협조한다는 타박이 묻어 있다. 그러나 가이 포크스(Guy Fawkes)의 가면은, 그리고 이 가면을 쓰고 인터넷 세상을 헤집어놓는 어나니머스(Anonymous)는 저항의 상징이다. 이처럼 가면은 때로 거짓말의 협조자이기도 하지만, 정체를 감춤으로써 더 큰 효과를 내는 소품이기도 한 것이다.

<복면가왕>의 가면도 그렇다. <복면가왕>의 출연자들이 나쁜 의도로 가면을 쓰는 것은 아니다. 그들은 가면을 씀으로써, 앞서 언급했듯, 반전의 쾌감과 성찰을 안겨준다. 그러나 <복면가왕>의 가면은 한 가지 기능을 더 가진다. 가짜 같은 진짜 얼굴을 가림으로써, 진짜 같은 가짜 얼굴로 웃는 역설, 바로 이것이다.

직장의 모든 사람에게, 이웃에게, 친구에게, 심지어 가족에게도 우리가 가면을 써야 하는 것은 생활을 유지하기 위해서다. 이때 쓰는 가면은 눈에 보이지 않는다. 그 누구도 가이 포크스 가면을 쓰고 출근하지는 않으니까. 하지만 이때의 가면이야말로 가장 두꺼워서 실제를 가리는 진짜 가면이다. 우리는 그것을 애써 웃는 표정이나 담담한 표정으로 연출한다. 그래야 살 수 있으니까.

<복면가왕> 출연자들은 실제로 가면을 쓴다. 그것도 꽤 우스꽝스러운 것들로. 하지만 이건 가면이 아니다. 오히려 그들의 진짜 얼굴이다. 그들은

가면을 씀으로써 진짜 자기를 드러낼 수 있다. 감추고 숨는 게 아니라 드러내고 나타난다.

출연자들에게 경쟁은 의미가 없다. <복면가왕>이 실력만으로 '최고의 가수'를 뽑는다지만 듀엣 경쟁에서 탈락한 출연자가 아쉬워하거나 열등감을 느끼는 장면을 본 적이 없다. 오히려 탈락 후 가면을 벗고 청중의 환영을 받을 때 그들은 더 기뻐한다. 왜냐면 그들은 진짜 자기로서 노래를 불렀고, 그것으로 평가를 받은 후에 민낯을 드러낸 것이니까. 경쟁에 일그러진 표정이 아니라 진정 자신의 표정으로 나타나는 것이니까. <복면가왕>의 가면은 경쟁이 성형해놓은 가짜 얼굴이 아니라 경쟁이 거둬진 진짜 얼굴을 소환하는 마법사의 가면인 셈이다. 경쟁을 표방하면서도 패배가 아름다워지고, 탈락이 아쉬워지지 않는 희한한 경험은 그래서 가능하다.

<복면가왕>이 우리에게 말하는 것은 무엇인가. 그걸 꼭 들어야 하는가? 그리고 TV 프로그램은 꼭 묵직한 무언가를 말해야 하는가? <복면가왕>은 애초에 아무것도 말할 게 없었는지도 모른다. 우리가 뭔가를 본다면, 그리고 듣는다면 그것은 바로 우리 스스로가 듣고 본 것이다. 아마 우리가 경험한 그것은 우리 속에 응어리져 있는 상처일지도 모르겠다. 가면을 쓰지 않고서는 살기 힘들지만, 역설적이게도 <복면가왕>의 가면이 확인해주는 '자유'와 '평등'은 그렇게 반가울 수 있는 것이니까. 그래서 <복면가왕>의 가면은 일요일 오후의 압도적인 중량감과 양팔 저울 반대편에서 너울너울 춤을 추는 듯하다.

입선

외계인에서 능력자로

MBC <능력자들>

남정모

다양성 상실의 사회

경기 침체에 따른 저성장 시대에 사는 우리는 획일화된 사회에서 살도록 강요받고 있다. 비슷한 모양과 색깔의 옷을 입고, 전국에 퍼져 있는 똑같은 맛의 음식점에서 식사를 하고, 대동소이한 구조의 아파트에서 잠을 잔다. 길거리는 프랜차이즈 가게로 가득 채워져서 그 장소만의 특징을 잃어가고 청춘들의 장래 희망은 대기업 직원이나 공무원으로 귀결된다. 이런 사회적 환경은 우리의 의식에도 침투해서 가치관이나 취향에 영향을 미친다. 남들과는 다른 선택을 하거나 다른 것을 좋아하고 관심을 가지는 것은 자신을 불안하고 초조하게 만든다. 이런 개인이 모인 사회는 자연스레 경직화되고 유연성을 잃어버린다. 도전보다 안정을 추구하는 사회는 다양성의 가치를 상실하기 마련이다. 점점 더 시간이 지날수록 우리의 선택권은 줄어들고 있고 은연중에 삶의 정체성마저 복사된 듯 규격화되고 있다. 이런 시대에 반기를 들며 아직 우리 사회에 다양성이 살아 있음을 전하는 프로그램이 있다. 바로 MBC <능력자들>이다.

외계인에서 능력자로

2015년 추석 파일럿 방송으로 첫선을 보인 <능력자들>은 한 가지 분야에 깊이 빠져 있는 이른바 '덕후'들을 소개하는 프로그램이다. 방송은 그들의 능력을 검증해서 판정단에게 가장 많은 표를 받은 출연자가 우승하는 형식을 취하고 있다. 콘셉트상 지하 100층에 위치한, 네모난 종이봉투로 얼굴을 가린 그들만의 아지트는 우리 사회가 그들을 바라보는 시선을 대변한다. 하지만 독특한 설정의 포장지를 살짝 들춰보면 <능력자들>은 진부한 프로그램이다. 소재는 과거 <화성인 바이러스>와 상당한 공통분모를 가지고 있고(<능력자들>의 로고는 이름 모를 행성 모양이다) 형식은 <안녕하세요>와 거의 동일한 시스템이다. 수많은 영화, 드라마에서 사용했던 '~들'로 끝나는 타이틀을 그대로 따라한 '능력자들'이란 제목조차 진부하기 짝이 없다.

그럼에도 <능력자들>만의 빛나는 가치는 출연자들을 바라보는 시선에 있다. 그동안 남들과는 다른 유별난 취향이나 취미를 가진 이들을 능력자라고 칭하는 방송은 없었다. 그들은 기인이거나 단순한 구경거리, 또는 외계인으로 불렸다. 지금은 종영된 <화성인 바이러스>는 '덕후'라는 단어의 부정적 이미지를 대중적으로 각인시키는 데 큰 공을 세웠다. 당시 일명 '십덕후'라고 불린 한 출연자는 지금까지 회자될 정도로 많은 화제를 낳았다. 애니메이션 여자 캐릭터가 그려진 커다란 베개를 꼭 껴안고 있던 출연자의 모습은 '덕후'라는 단어에서 자연스레 연상되는 이미지로 지금까지 남아 있다. 방송 출연 당시 그의 모습은 당연히 지구에 사는 외계 생명체로 비춰졌다. 이후에 전해진 사실에 따르면 방송 출연상의 모습은 상당 부분이 제작진의 요구에 따른 것이었다. 애니메이션을 좋아하는 한 젊은 청년을 화성인으로 만들기 위해 제작진은 출연자를 자신들의 입맛대로 꾸미고 방송에 소비시킨 것이다. 황당한 것은 이 출연자가 <안녕하세요>에 또 등장한 것이다. 이번에는 주변에 걱정을 끼치는 애니메이션 '덕후'로 나온 이 출연자는 이미 유명인이었다. 심지어 해외 뉴스에서도 소개된, 아는 사람은 다 아는 화제의 인물이었다. 하지만 <안녕하세요> 제작진은 케이블 방송과 지상파의 간격을 너무 크게 생각했는지 기어코 그 출연자를 다시 출연시켜서 시청률 확보를 위한 도구로 활용했다. 이미 화제가 된 인물을 섭외한 이유에 다른 변명이 따라온다는 건 구차한 일이다. 만약 당시 출연자가 <화성인 바이러스>와 <안녕하세요>가 아니라 <능력자들>에 출연했다면 어땠을까? 모든 애니메이션의 내용과 제목, 캐릭터의 특징을 알고 있는 대단한 능력자로 기억되었을 것이다. 화성에서 온 외계인도 주위에 걱정을 끼치는 별종도 아닌 자기 관심 분야에 열정을 쏟아붓는 건강한 사람으로 보였을 것이다. 반대로 <능력자들>에 출연한 이들이 <화성인 바이러스>와 <안녕하세요>에 출연하면 그들은 외계인이 되고 타인의 고민거리가 될 것이다. <능력자들>에 만화·비디오 능력자로 나온 한 출연자는 자신이 희화화되거나 조롱거리가 될 것을 염려해 다수의 다른 프로그램 섭외를 거절하다가 <능력자들>의 방송 내용을 보고 출연을 결심했다고 밝힌 바 있다. 그만큼 <능력자들>은 적어도 출연자를 무책임하게 방송 소재로만 소비하지 않는다는 것이다. 출연자들은 말미에 자신이 '덕질'을 하는 대상에게 영상 편지를 쓴다. 신발, 버스, 기차, 돈가스, 빵 등등 종류는 다양하다. 그저 하나의 객체일 뿐인 대상을 의인화해서 메시지를 전하는 이 우스꽝스런 상황 속에서 출연자들은 의외로 눈물을 흘리는 경우가 많다. 그것은 그동안 쌓아온 노력을 공개적으로 인정받은 기쁨과 쓸데없는 일을 미친 듯이 열심히 하는 자신을 바라보는 주위의 시선을 묵묵히 견디며 지내온 시간들이 엄습해오기 때문일 것이다.

배려와 존중이 필요한 방송

동일한 대상이라도 어떤 프레임으로 바라보느냐에 따라 전혀 다른 의미로 해석되곤 한다. 방송 매체는 편집, 단어 선택, 노출 빈도 등을 통해 얼마든지 프레임을 조절할 수 있다. 이는 제작진이 항상 조심하고 유념해야 할 부분이다. 특히 그 대상이 일반인이라면 더욱더 조심하고 배려하는 자세가 필요하다. 하지만 많은 방송 프로그램이 이를 무시하고 일반인 출연자에게 피해를 끼치곤 한다. 특히 리얼리티 프로그램에서 자주 논란이 일어난다.

<슈퍼스타K>는 그 화제성만큼 논란도 뒤따라왔던 프로그램이다. 누가 봐도 가창력이 떨어지는 참가자를 방송에 내보내서 웃음을 유발하는 소재로 사용하고 예선 과정에서 출연자들에게 캐릭터를 부여하고 스토리텔링을 만들기 위해 출연자의 여러 모습 중 한 가지만을 지나치게 부각시켰다. 이 과정에서 특정 출연자를 악역으로 만들어버리곤 했다. 먹잇감을 발견한 언론은 과다한 이슈 생산에 열을 올렸고 이를 소비하는 네티즌들은 특정 단어로 출연자를 규정하고 마녀사냥을 일삼았다. 제작진은 뒤늦게 해명을 하곤 했지만 출연자는 이미 특정 단어의 프레임에 갇혀서 대중의

머릿속에 각인되었다. 최근 <슈퍼스타K>의 인기가 떨어진 것은 지속적으로 발생한 이런 과정이 대중에게 염증을 느끼게 한 것이 주요 원인 중 하나일 것이다.

최근 종영된 <동상이몽>도 여기서 자유로울 수 없다. 일반인 부모와 10대 자녀 사이의 갈등을 보여주고 솔루션을 고민해보는 포맷이었던 <동상이몽>은 자주 논란을 낳았다. 갈등의 양상에 집중하는 과정 속에서 출연자는 상식 밖의 모습을 보여주곤 했다. 이는 편집을 하는 제작진의 과욕에서 비롯된 경우가 많았다. 시청자의 이목을 집중시키기 위해 제작진은 본의 아니게 왜곡된 시선을 만들어냈다. 예능 프로라는 틀 안에서 매번 적절한 수위의 사연을 가진 출연자를 지속적으로 섭외하는 것이 쉬운 일이 아니었음을 감안하더라도 출연자에 대한 일정 정도의 배려를 배제한 것은 적절치 못한 태도였다. 논란에 의한 피해는 고스란히 일반인 출연자에게 돌아갔다. 개인 신상 정보가 일방적으로 공개되고 악플러들의 무분별한 공격이 이어졌다. 출연자는 해명의 글을 올리며 여론을 돌려보려 했지만 한순간에 쏟아지는 비난의 소나기를 흠뻑 맞은 뒤의 헛수고인 경우가 많았다.

결정적인 사건은 <짝>에서 발생했다. 한 여성 참여자가 촬영 기간 중 스스로 목숨을 끊은 것이다. 원인이 방송 촬영 중 있었던 일 때문인지, 아니면 지극히 개인적인 일로 인한 충동적 행동이었는지 명확히 밝혀지지는 않았지만, 출연자의 감정과 욕망을 주 소재로 하는 방송 프로그램이 아무런 영향을 끼치지 않았다고 말하기는 어려울 것이다. 이 사건으로 결국 <짝>은 종영하게 되었다.

리얼리티에 대한 요구가 점점 더 커지고 있는 요즘의 방송 트렌드에서 앞으로 다시 유사한 사건이 벌어질 가능성은 언제나 열려 있다. 방송에 익숙한 연예인도 방송으로 인한 비난의 여론에 상처받거나 때로는 극단적 선택을 하는데 하물며 일반인 출연자가 받을 상처와 충격은 얼마나 크겠는가. 제작진은 방송 제작 과정 중이나 방송 후 여론의 피드백 과정에서 발생할 수 있는 일반인 출연자의 고충을 좀 더 섬세히 살펴보고 관리해야 할 의무와 책임이 있다. 이를 위해 일반인 출연자에 대한 배려와 존중이 필히 선행되어야 할 것이다.

총체적 난국 그리고 추락

어느 정도 안정적으로 시청률을 유지하던 <능력자들>은 20회를 기점으로 갑자기 추락했다. 너무 많은 변화가 한꺼번에 들이닥쳤기 때문이다. 첫째, 방송 요일이 금요일에서 목요일로 변경되었다. 고정 시청층을 확보하지 못한 방송 초기에 방송 요일을 바꾸는 것은 리스크가 너무 큰 자충수였다. 둘째, 방송 시간이 줄어들면서 기본 구조가 무너졌다. 판정단의 투표 결과 누가 최종 능력자가 되는지가 이 프로그램의 집중도와 흥미성을 유지하는 중요 골격이었다. <안녕하세요>도 비슷한 구조를 가졌지만 효율성은 <능력자들>보다 떨어진다. 고민의 강도가 더 센 출연자가 우승을 하는 아이러니한 상황은 웃지도 울지도 못하는 뜨뜻미지근한 정서를 만들어낸다. 상대적으로 <능력자들>은 우승자에게 뜨거운 감정을 유발하기 때문에 구조의 효과는 훨씬 크고 유용하다. 하지만 이 과정을 생략하게 되면서 단지 출연자를 소개하고 전시하는 단순하고 평면적인 프로그램이 되었다. 셋째, 출연자 섭외에 어려움을 겪었다. 시청자의 관심을 끌 만한 수준의 출연자를 꾸준히 섭외하는 것이 쉽지 않았을 것이다. <세상에 이런 일이>, <생활의 달인>, <VJ 특공대> 등 비슷한 소재를 소화할 수 있는 타 방송 프로와의 섭외 경쟁은 어려움을 가중시켰을 것이다. 이런 섭외에 대한 고충은 뜬금없는 일본 특집으로 증명되었다. 1, 2부로 방영된 일본 '덕후' 소개 편은 <능력자들>의 정체성을 완전히 상실한 최악의 방송이었다. 조금만 눈치 빠른 시청자라면 일본 출연자들이 이미 일본 방송에서 소개된 이들이라는 것을 알아챘을 것이다. 일본 현지로 간 진행자들이 일본의 '덕후'를 찾아가는 콘셉트였던 이 방송은 재방송 아닌 재방송이었으며 타 방송과의 차별성을 잃어버리고 소재 고갈만 스스로 실토한 꼴이 되었다. 넷째, 진행자가 부적절한 태도를 보였다. 방송 요일이 바뀌면서 겹치기 출연을 피하기 위해 김구라가 하차하고 이경규, 김성주가 메인 진행자가 되었다. 공교롭게 세 사람은 과거 <화성인 바이러스>를 함께했던 이들이다. <화성인 바이러스>와 <능력자들>은 비슷한 소재를 다루지만 극과 극의 태도를 취하는 방송이다. 김구라와 김성주는 이 차별성을 간파하고 잘 적응했지만 이경규는 여전히 능력자들을 화성인으로 바라봤다. 그가 출연자들에게 가장 많이 했던 멘트는 "이런 걸 왜 하는 겁니까?"였다. <능력자들>은 새로운 '덕후' 문화를 만드는 취향 존중 프로그램이라고 스스로의 정체성을 밝혔다. 여기서 핵심 키워드는 존중이다. 그러나 진행자로서 이경규의 태도에는 존중이 없었다. 방송 프로그램의 기본적인 태도를 위배하는 멘트는 웃음 코드로도 작동할 수 없는 마이너스 요소가 된다. 그가 관록 있는 방송인이라는 것은 누구나 인정하는 사실이지만 <능력자들>에 어울리는 진행자는 분명 아니었다. 결과적으로 <능력자들>의 시청률은 반 토막이 났고 끝내 종영을 맞이하게 되었다.

시즌 2를 기대하며

"모든 덕후는 자유로우며 그 취향과 분야에 있어서 평등하다"(세계덕후 선언 1조).

세계인권선언을 패러디해 방송 오프닝에 자막으로 나오는 이 엄중한 선언은 <능력자들>의 존재 가치와 메시지를 명확히 전달한다. <능력자들>은 순수한 열정으로 바보처럼 한 가지에 집중하는 이들에게 당신들은 외계인도 아니고 남들에게 폐를 끼치는 골칫거리도 아니며, 다른 이들에게는 없는 특별한 능력을 가진 진정한 능력자들이라고 말한다. 그리고 시청자에게 당신은 한 번이라도 무언가에 미쳐서 뜨거워본 적 있는지 되물으며 '연탄재 함부로 발로 차지 말라'고 전한다. 다양성을 인정하고 취향을 존중하는 <능력자들>의 태도와 자세는 1여 년, 40회라는 짧은 흔적에 비해 훨씬 크게 빛날 것이다. 기약 없는 시즌 2를 예고하며 떠나버린 <능력자들>이 다시 돌아올 수 있기를 기대한다.

입선

초심 잃은 <문제적 남자>

tvN <뇌섹시대 - 문제적 남자>

서하솜

지금은 '뇌섹시대'

창의성은 지금 이 시대에 떠오르고 있는 화두다. 일명 '스펙(specification)' 보다는 '창의성(creativity)' 과 '혁신성(innovation)'의 가치가 커지고 있는 추세인 것이다. 이전과는 달리 예술뿐만 아니라 과학기술, 경제, 교육, 문화 등 다양한 부문에서 창의성의 비중은 더욱 커지고 있다. 기존 틀에서 벗어나 남들과 다르게 생각할 수 있는 창의성과 혁신성은 우리 사회에서 필요로 하는 인재의 핵심 능력으로 꼽히게 되었다. 특히 알파고 같은 인공지능이 출현하면서 인간이 가지고 있는 창의성의 가치는 더욱 부각되었고 이제는 "창의적이어야만 살아남는다"라는 말조차 등장하게 되었다. 이에 따라 '창의성 및 창의력 발달'은 끊임없이 치열한 경쟁 사회 속에서 살아남기 위한 무기로 자리 잡았으며 또한 많은 현대인의 주 관심사가 되었다.

시대가 변함에 따라 tvN 예능 프로그램인 <뇌섹시대－문제적 남자>(이하<문제적 남자>)는 많은 시청자의 이목을 끄는 데 성공하였다. <문제적 남자>는 여섯 명의 남자 출연자가 다양한 유형의 IQ 테스트, 입시·입사 문제, 뇌 발달 추리 문제 등 비판적이고 창의적인 사고를 필요로 하는 문제들을 주기적으로 푸는 프로그램이다. 이 시대의 패러다임에 맞게 외모보다는 두뇌, 화려한 스펙보다는 실력이 중시되는 '뇌섹시대', 즉 '두뇌가 섹시한' 시대라는 새로운 신조어를 제시하면서 지성과 창의성의 가치를 드러내어 시청자의 흥미를 사로잡고 공감을 얻어내었다. 단순히 주목을 끈 것에서 멈춘 것이 아니라 직접 쉽게 접할 수 없는 새로운 정보와 문제를 제공함으로써 시청자도 같이 문제를 풀 수 있는 공간인 '문제의 장'을 열어주었다. 또한 인터넷을 통해 시청자들이 직접 문제를 제시할 수 있는 '소통의 장'을 만들어 출연자와 시청자 간의 거리감을 좁혔다. <문제적 남자>의 출연진은 시청자를 웃기고 즐겁게 하는 예능인으로서의 역할뿐만 아니라 실질적인 조언을 제공하고 사고력과 창의력을 키울 수 있는 교육자로서의 역할도 수행하였다.

하지만 점점 <문제적 남자>는 기존 출연진 외에도 고학력을 갖춘 일명 '특급' 게스트를 섭외하고 자기들만의 리그를 형성해 경쟁적으로 문제를 푸는 모습을 보여주었다. 이는 스펙주의·학력주의의 분위기를 조성하고, 더 이상 시청자에게 참여하고 소통하는 친밀한 시간이 아니라 출연진이 치열하게 문제를 푸는 것을 구경하는 낯선 공간으로 전락한 모습이다. 이렇듯 초심을 잃은 <문제적 남자>의 모습에 우려가 되는 바이다.

고정관념을 깨고 소통하다

사회적으로 많은 사람은 어떤 대상을 판단할 때 외모와 학력 같은 일부 특성에 주목해 전체적인 평가를 하는 경향이 있다. 미국의 심리학자인 에드워드 손다이크(Edward Thorndike)는 이를 후광 효과(halo effect)라고 정의하였으며 이를 일종의 사회적 지각의 오류 현상이라고 설명하였다. 이러한 인간의 심리적 특성으로 우리 사회에서는 개인의 실력, 능력 그리고 노력보다는 형식적인 학력을 과도하게 중시하는 관행인 학력주의가 조성되었다. 이에 더하여 학점이나 어학 점수 그리고 대외 활동이나 자격증 여부까지 포함한 스펙주의까지 등장하게 되었는데 <문제적 남자>는 이러한 학력주의와 스펙주의라는 고정된 관념에서 벗어나게 하는 역할을 하였다. <문제적 남자>는 험난한 세상에서 살아남기 위해 실질적인 실력을 갖추고 남과 다른 생각을 해야 하는 필요성을 기획 의도로 삼았으며 이를 강조하였다. <문제적 남자>에서는 스펙보다는 개인이 가지고 있는 능력, 가능성 그리고 창의성에 더 초점을 두어 실력을 발휘할 수 있는 시간과 공간을 제공한 것이다.

구체적으로 <문제적 남자>는 국내외 세계적 대기업의 입사 문제부터 시작해서 뇌 발달 추리 문제, 로스쿨 입시 문제, 아이큐 테스트, 두뇌 훈련법 등 쉽게 접할 수 없는 새롭고 독특한 유형의 문제들을 제시하였다. 이러한 '문제의 장'을 시청자에게 열면서 남녀노소 누구나 출연진과 같이 직접 문제를 풀 수 있는 유용하고 효율적인 시간을 보낼 수 있게 되었다. 지속적이고 꾸준한 문제와 풀이 과정의 제공은 출연진뿐만 아니라 시청자에게도 창의성과 비판적 사고력을 발달시킬 수 있는 기회를 만들어주었다. 또한 <문제적 남자>는 인터넷을 통해 직접 시청자가 문제 제기를 할 수 있는 '소통의 장'을 열어주었다. 이는 TV 프로그램과 시청자 간에 놓여 있는 공간의 한계를 뛰어넘어 거리감을 좁히는 결과를 가져왔다. 이처럼 <문제적 남자>는 시청자와의 활발한 교류를 통해 함께(com) 하나 되는(unify), 즉 커뮤니케이션(communication)을 형성하는 이상적인 프로그램으로 성장하였다.

멘토가 되어주다

퀴즈 프로그램은 시대를 불문하고 항상 존재했었고 지금도 tvN <문제적 남자>뿐만 아니라 다른 퀴즈 프로그램들도 방영되고 있다. 이전에 방영한 예능 중심적 퀴즈 프로그램인 MBC <세상을 바꾸는 퀴즈>와 지금까지도 꾸준히 방영하고 있는 시사·교양 중심의 EBS <장학퀴즈>, KBS 1TV <도전! 골든벨>, KBS 2TV <1 대 100>등을 예로 들 수 있다. 이 프로그램들 또한 시청자에게 다양한 시사 상식을 전달하기도 하지만, 단순히 답을 맞히고 승패를 겨루는 데 목적을 두는 경향이 강하다. 이와 달리 <문제적 남자>는 정보 전달을 넘어서 '멘토(조언자)'로서의 역할을 같이 수행하기도 한다.

초반에 <문제적 남자>에서 국내 혹은 글로벌 대기업의 입사 문제를 풀었을 때는 직접 전문 기업 분석가와 출연진이 면접 시뮬레이션을 하는 새로운 묘미를 선사하였다. 이는 시청자, 특별히 취업 준비생 혹은 미래에 취업을 할 사람에게 간접적으로 면접 체험을 할 수 있는 기회를 제공하였다. 이뿐만 아니라 전문가는 기업의 문제 성향과 질문 의도 등 실질적인 설명을 통하여 출연진과 시청자가 쉽게 이해를 할 수 있도록 도왔다. 멘토로서 전문가가 알려주는 세밀하고 핵심적인 조언을 얻음으로써 시청자는 조금 더 준비된 자로 거듭날 수 있었다.

‘넘사벽’ 등장: 학력주의와 스펙주의의 부활

하지만 시간이 지남에 따라 <문제적 남자>는 초반의 이상적인 모습과는 달리 초심 잃은 모습을 보여주고 있다. 먼저 이 프로그램이 선호하는 창의성과 실력 중심의 기획 의도와는 달리 학력주의와 스펙주의를 추구하는 면모를 드러내고 있다. 기존의 <문제적 남자>에서는 출연진끼리 문제를 풀며 지인 특집을 통해 게스트를 초대하기도 하였다. 하지만 2016년 9월 6일에 방영했던 25회에서 멤버가 새로 교체된 이후부터는 매회 새로운 게스트와 함께 문제를 풀기 시작했다. 물론 게스트를 초대하여 시청자의 흥미를 유발시키고 시선을 끌어당기며 게스트의 새로운 반전 매력을 보여주는 것이 문제가 되는 것은 아니다. 하지만 프로그램을 홍보하고 사람들의 시선을 집중시키기 위해 고학력·고스펙 위주의 게스트를 섭외하여 출연시키는 데서 <문제적 남자>의 기반이 흔들리고 있는 것이 문제이다. “최초! 서울대 의대 출신 출연”, “과학고 조기 졸업! 세계 최고 명문대 하버드 입학!”, “세계 금융 재벌 가문 출신 엄친아 법대생”, “옥스퍼드 출신 천재 소녀”, “전국 0.001% 수능 만점자”, “세계적인 명문대 출신, 억대 연봉 SAT 스타 강사 그리고 대학교수” 등 뛰어난 학력과 스펙을 소유하고 있는 일명 ‘넘사벽(넘을 수 없는 사차원의 벽, 즉 뛰어넘을 수 없는 상대를 가리키는 말)’들이 등장하면서 학력주의와 스펙주의의 부활을 도모하고 있는 모습을 보여주고 있다. 이는 기존에 <문제적 남자>가 후광효과 같은 사회적 고정관념을 깨뜨리려고 했던 시도를 무산시키고 실력보다는 다시 학력과 스펙을 기준으로 능력을 평가하는 사회적 분위기를 조성하게 되는 결과를 초래하였다.

문제는 이뿐만이 아니다. 뛰어난 학력과 스펙을 갖춘 게스트가 출연하자 <문제적 남자>의 시청자는 이전처럼 출연진과 함께 문제를 풀고 활발한 소통을 이루는 참여자가 아니라 넘기 힘든 벽이 생겨 소통의 단절이 생기고 소외감을 느껴 그들만의 리그를 멀리서 지켜보는 구경꾼으로 전락하였다. 이전과 달리 시청자가 제시하는 문제의 수가 줄어들고 더욱 복잡하고 심화된 문제를 방송에서 출제하면서 시청자는 출연진을 평가하는 입장에 놓이게 되었다. 비록 방송 프로그램으로서 시청률을 올리는 것은 무시할 수 없는 중요한 쟁점이지만 과연 <문제적 남자>가 추구하는 가치가 무엇인지, <문제적 남자>는 누구를 위한 프로그램인지 되돌아보아야 할 필요가 있다.

누가 먼저 푸나: 과정보다는 결과

<문제적 남자>에서 비춰지는 또 다른 아쉬운 점은 출연진 간의 치열한 경쟁의식이다. 퀴즈 프로그램에서 경쟁하는 것은 당연한 것이지만 이전처럼 서로 토론하고 상의하는 모습을 보이기보다는 누가 먼저 빨리 푸는지에 더욱 혈안이 되어 있다. 누군가 '정답'이라고 외치는 순간 다른 출연자들이 탄식하며 펜을 놓는 모습을 보았을 때 과정보다는 결과에 더욱 치중되어 있는 성과주의 혹은 결과주의적인 모습을 볼 수 있다. 어쩌면 어떤 특정 출연자가 필사적으로 문제를 푸는 것은 주어진 문제를 못 풀었을 경우 느낄 박탈감과 실망감을 피하기 위해서일 수도 있을 것이다. 하지만 어떤 문제에서 누가 정답을 빨리 풀었나를 판단하는 것보다는 그 문제의 해결 방법을 제시하는 것이 더 중요하므로, 결과보다는 협력과 과정에 더욱

노력을 집중해야 한다. 또한 이러한 경쟁적이고 결과 중심적인 분위기 형성은 시청자를 제외한 자신들만의 리그를 형성하는 촉매 역할을 하기 때문에 <문제적 남자>는 시청자와 함께 조화를 이룰 수 있는 새로운 방안을 구축해야 한다.

초심을 잃지 말자

<문제적 남자>는 기존의 퀴즈 프로그램과는 달리 시대의 패러다임에 맞는 창의적이고 실용적인 문제를 제공하면서 시청자와 깊이 있는 이상적인 커뮤니케이션을 이루었다. 방송이라는 한계를 뛰어넘어 동시간대에 같이 문제를 푸는 것 같은 가까운 친밀감을 형성하고 든든한 조언자로서의 역할을 수행하였다. 하지만 익숙해짐에 따라 새로운 변화를 추구하면서 기존의 가치와는 상반되는 결과를 가져왔으며 시청자는 더 이상 동반자가 아닌 문제를 제공하는 도구와 구경꾼으로 변했다. 그러므로 이렇게 변심한 <문제적 남자>는 다시 초심으로 돌아갈 필요가 있다. 물론 빠르게 변화하고 새로운 것을 요구하는 현대사회에서 완전히 처음 그대로의 모습으로 돌아가는 데는 한계가 있다. 하지만 <문제적 남자>가 처음 이 프로그램이 추구한 가치를 잊지 않고, 기존에 의도한 것처럼 이 험한 세상에서 살아남기 위해 남들과 다른 생각을 하여 창의적으로 시청자와 조화로운 소통을 이루려고 하며, 동시에 기존의 틀을 뛰어넘는 혁신적인 프로그램으로 성장하기를 바라는 바이다.

입선

토크쇼의 이름으로 '헤쳐모여'

토크쇼를 표방하는 예능 프로그램들에 관하여

이희수

"방송 빚쟁이들이 리모컨을 들고 잔뜩 몰려왔습니다. 어떻게 할까요?"

"대세인 쿡방에 '그것'을 첨가해서 일단 드려."

"또 다른 빚쟁이들이 드라마가 대박 났으니 서비스를 달라고 난리인데요?"

"주인공 배우 농촌에 데리고 가서 힘든 일 시키고 '그것'을 추가해서 줘봐."

"마음이 아픈 현대인들을 위로해주라는 빚쟁이들이 나타났습니다!"

"푸근한 MC와 따뜻한 음악을 더해서 힐링과 공감의 '그것'으로 달래봐."

"금세 또 밑도 끝도 없이 새로운 걸 내놓으라고 아우성들입니다. 어쩌죠?"

"할 수 없지. '신개념 그것'으로 버무려. 아이돌, 노래, 드라마, 콩트, 예능, 집어넣을 수 있는 건 몽땅 다 집어넣어!"

공격하는 시청자 대 방어하는 방송사?

수천만의 '시청자 채권자'에게 일 년 열두 달 시달리는 방송사라는 채무자. 실상은 그 어느 시청자보다 돈 많고 부유하고 가진 것 많은 집단이 바로 방송사겠지만, 마치 사채꾼에게 쫓기는 사람처럼 늘 TV 속 네모난 화면 안에 갇혀 전전긍긍하는 이들 또한 방송사이다.

불특정 다수의 시청자에게 도대체 방송사가 무슨 빚을 졌느냐고 묻는다면, 오늘도 리모컨을 부여잡고 서슬 퍼렇게 TV 화면을 노려보며 '재미없기만 해봐'라고 도끼눈을 뜨는 자기 자신의 모습을 되돌아보라. 드라마 PPL, 협찬 광고, 콘텐츠 수출, OST 판매, 연예인의 신작 홍보 등이 고급스럽게 녹아든 프로그램 앞에서 신용카드를 손에 쥐고 '어디 한번 내 지갑을 털어보시지?'라고 도발하는 사람들, 바로 당신과 나, 우리 시청자 부대는 무시무시한 집단이다. 방송사 입장에서 이보다 더 힘세고 무서운 채권자가 어디 있겠는가?

그렇다고 평범한 소시민에 불과한 시청자가 방송사 걱정까지 해줄 필요는 없다. 얼핏 뭉칠수록 강한 시청자 부대 앞에서 한없이 약한 존재인 듯 보일 수도 있지만, 방송 채무자인 그들이 아무 대책도 준비도 없이 그저 손 놓고 있는 것은 아니니 말이다. 사실상 주고받는 유·무형의 거래가 제법 공정한 것이 방송사와 시청자의 관계다.

문제는 시청자가 주는 것(콘텐츠 소비 비용 및 프로그램에 대한 사랑과 응원이라고 해두자)은 비교적 정량적이어서 그 정도가 명확하게 느껴지지만, 방송사가 주는 것은 간혹 고개를 갸웃하게 한다는 것이다. 과하게 받은 것 같기도 하고, 굉장히 손해 보는 것 같기도 하다. 게다가 방송사는 매번 튼실한 미끼를 숨기고 있다가 '돈 내놔!'라고 으름장 놓는 채권자들에게 돈 대신 그 미끼를 슬쩍 던지고는 반응을 떠보는 습관을 지니고 있다. 미끼인 줄 뻔히 알면서 왜 덥석 무느냐고? 그 미끼가 꽤 달콤하고 또 궁금하니까. 그들에게서 받을 빚이 얼마든 그 미끼를 문 순간만큼은 그게 그다지 중요한 게 아닐 만큼 신선한 거래니까. 그러다가 어느 순간 정신이 퍼뜩 들면서 '어라, 이것 봐라?'라는 생각이 들 때쯤이면 다시 또 도끼눈을 뜨고 그들을 닦달하는 것이다.

"이제 됐으니까 좀 새로운 것을 내놓으라고!"

TV를 위한 변명

그렇다면 다시 처음으로 돌아가서 질문을 하나 해보자. 글 서두의 채권자와 채무자의 대화 중 '그것'에 가장 적합한 단어는 무엇일까? 정해진 답은 없다. 그저 최근의 방송 프로그램 제목들을 슬쩍 훑어보고, '토크쇼'라는 답을 한번 적어보자. 더 적합한 다른 답이 존재할 수도 있지만 아마도 최근의 흐름으로 볼 때는 비교적 그럴싸한 답에 가까울 것이다.

최근 방송 중 토크 없는 프로그램이 과연 있을까?

물론 예능 프로그램에 한해서다. 드라마나 다큐멘터리, 시사, 보도, 그리고 코미디 프로그램은 예외로 하자. 지상파와 케이블, 종합 편성 채널을 모두 포함하면 셀 수도 없을 만큼 예능 프로그램이 많아졌다. 그리고 대부분의 예능 프로그램은 출연자들이 쉴 새 없이 이야기를 나눈다. 역시 쉴 틈 없는 자막들과 함께.

토크쇼는 많을수록 좋다는 것이 개인적인 생각이다. 재미있기 때문이다. 굳이 토크의 정보성이라는 의미를 찾자면 찾아도 되고, 정보성이나 유익성을 차치하더라도 그 순간의 소통이 주는 재미만으로도 '이야기'의 무게는 절대 가벼운 깃이 아니라고 본다. 설시 히등 쓸데없다고 느껴지는 가십거리면 어떤가. 소통에는 정해진 장르도 주제도 아무 필요 없는 법이다. 그저 수다만 떠는 데 전파를 낭비하느냐는 지적도, 글쎄다. 일명 '혼술', '혼밥'의 시대에 함께 수다라도 떨어주는 고마운 존재라는 생각은 지나친 것일까?

TV를 바라보는 관점은 조금은 달라져야 한다. 몇몇 채널이 독점하고 TV를 대체할 매체나 도구가 아예 없던 과거와는 다르다. 드라마 속 대사를 가상이 아닌 현실로 받아들이는 시대도 아니다. 물론 사실을 사실이 아닌 것으로, 혹은 그 방송사가 원하고 바라는 방향으로 은근슬쩍 몰아가는 나름의 이데올로기 전략은 지금도 있고 앞으로도 존재할 것이다. 하지만 이를 확인하거나 평가할 길 없이 오롯이 보이는 대로 들리는 대로 흡수하던 옛날과 달리 지금은 '어라, 이상한데' 싶으면 곧바로 이를 확인하고 피드백하고 공유하고 항의하고 내버릴 방법이 널리고 널렸다.

그런 의미에서 TV는 더는 바보상자가 아니다. TV가 여전히 사람들을 바보로 만드는 바보상자라고 느껴진다면, '이건 아닌데'라고 느꼈을 때 얼른 리모컨을 집어 들지 못한 자신을 돌아봐야 할 것이다. 그래도 불특정 다수에게 영상과 소리가 노출되는 매체이니 여전히 지켜야 할 기본적인 선이라는 것은 있다. 하지만 공동체 사회의 질서와 가치관에 위해를 가하는 부분이 아니라면 이제 TV의 기능에 지나치게 엄정하고 고차원적인 잣대를 적용할 필요는 없다고 본다. 특히 예능은 더욱 그렇다. 설령 공익과 재미 사이에서 아슬아슬한 줄타기를 할지언정 말이다.

새삼 'TV 시청자론'을 언급하는 이유는 요즘의 토크쇼를 말하기 위해서다. 일단, 제발 토크쇼에서 온 국민에게 유익해야 하는 교과서 같은 의미를 찾지는 말자. 학자나 전문가가 출연하는 토크쇼는 정보로서의 가치가 있는 훌륭한 프로그램이고 연예인이 나와서 술자리 대화하듯 사사로운 이야기를 나누는 토크쇼는 시간만 잡아먹는 프로그램이라고 섣불리 판단하지 말자. 총 몇 개인지 헤아릴 수도 없을 만큼 차려진 프로그램이 많은 시대인데, 그중 굳이 그들의 이야기를 듣겠다고 선택한 사람은 당신이다. 억울한 혹평을 듣는 토크쇼가 있을 수 있고 또 누가 봐도 제작비만 날린 듯한 허접스러운 토크쇼가 있을 수 있을 텐데, 후자는 자연스럽게 스스로 소멸하게 돼 있다. 제작비며 공들인 시간을 손해 보는 것은 그들이다. 손해 본 만큼 그들은 진화하여 다시 등장할 것이고 방송의 발전이라는 것은 그러한 크고 작은 시행착오를 거쳐 지금 이 자리까지 왔을 것이다.

예능의 만능열쇠 '토크쇼'

그렇다면 이 글의 목적은 어쨌든 모든 것은 시청자의 몫이니 방송사의 토크쇼나 예능 프로그램에 이대로 면죄부를 주자는 결론을 내리기 위함인가? 반은 맞고 반은 아니다. 토크쇼 자체의 품질이나 방향성에는 그것이 사회악을 옹호하지만 않는다면 후하게 면죄부를 줘도 좋다는 생각이다. 하지만 절대로 면죄부를 주기 싫은 부분이 하나 있다. 토크쇼의 본질을 고민하지 않는 방송사다. 좀 더 범위를 좁혀 말하자면 토크쇼가 아닌 프로그램에 무턱대고 토크쇼를 버무리는 것, 그리하여 정체불명의 토크쇼를 대량 양산하는 것, 그것이 바로 요즘의 토크쇼라는 프로그램을 바라볼 때 느끼게 되는 불편함이다.

정장 입고 두 손 모으고 소파에 앉아 'A가 질문하면 B가 답하시오', 이러한 형식을 갖추라는 말이 아니다. 오히려 형식은 다양할수록 좋지 않겠는가? 정통 토크쇼가 있다면 말 그대로 신개념, 형식 파괴 토크쇼가 더 많이 생겨야만 방송은 진화할 데니 말이다. 문제는 이제 토크 없이는 진화할 수 없을 것만 같은 예능 프로그램의 한계성이다. 토크쇼의 발전이 아닌, 예능의 확장에 토크쇼가 이용되는 격이다.

누가 봐도 토크쇼인 프로그램은 제외하고 아무 예능 프로그램이나 스튜디오에서 진행되는 방송을 한번 머릿속에 떠올려보자. 그리고 그중 토크 없는 프로그램을 골라보자. 아마 많지 않을 것이다. '토크'를 규정하는 기준 나름이겠지만 적어도 MC와 게스트의 대화, 출연자 간의 대화가 고정적으로 등장한다면 이는 '토크'라는 범주에 넣어도 될 것이다. MBC의 <일밤-복면가왕>처럼 훌륭한 노래로 귀가 호강하는 프로그램에서도 연예인 평가단의 토크가 지나친 비중을 차지한다. 복면 속 인물을 추리하는 과정이 필요하니 토크가 당연히 있어야 하지만 간혹 비중 조절에 실패하는 모습으로 역효과를 일으킬 때가 있다. JTBC의 <냉장고를 부탁해>도 일류 요리사의 요리에 냉장고 주인, 요리사의 개인적인 토크가 상당 시간 더해진다. 퀴즈 프로그램인 KBS 2TV의 <1 대 100> 역시 퀴즈 풀기의 빈자리는 그 퀴즈와 상관도 없는 근황 토크로 채워진다. SBS의 <자기야-백년손님>도 마찬가지. 사위들의 좌충우돌 처가살이를 쫓는 화면에 스튜디오의 토크를 결합한다.

지루하지 않고 재미있으니까, 토크는 예능 프로그램의 양념 같은 존재임은 분명하다. 하지만 최근 각종 방송 프로그램을 소개하거나 홍보하는 타이틀을 한번 보자. 국방 토크쇼, 의학 토크쇼, 공감 토크쇼, 독한 토크쇼, 가격 측정 토크쇼에 기부 토크쇼까지. 신개념 패션 토크쇼라는 온스타일의 한 신설 프로그램은 "세탁 토크쇼"라는 표현의 홍보 자료로 어안을 벙벙하게 했다. 낚시와 토크쇼를 결합한 SBS플러스의 신설 프로그램에는 "손맛 토크쇼"라는 정식 타이틀이 붙었다.

만약 '그만큼 시청자의 수요가 있으니 실제로 토크쇼가 많아진 것뿐'이라고 한다면, 전혀 그래 보이지 않는다고 말하고 싶다. 그저 아무 데나 토크쇼를 갖다 붙인 느낌이다. 즉, 끊임없이 새로운 예능을 기획해야 하는 과정에서 본질은 토크쇼가 아닌 프로그램에 자꾸만 토크쇼의 옷을 입혀 내보내는 느낌이라고 해야 할까. 이미 오랜 기간 시청자에게서 검증받은 재미의 요소인 '토크'를 큰 고민 없이 이 프로그램 저 프로그램에 활용하며 최소한의 시청률, 최소한의 재미를 보장받고 싶다는 안전제일주의마저 느껴진다. 저마다 '신개념 토크쇼'라고 하지만 이제는 어떤 독특한 토크쇼를 제시해도 전혀 신개념같이 보이지 않는다.

시청자 부대 앞 '헤쳐모여'는 그만

'○○ 토크쇼'의 끝은 과연 어디일까? 만약 그 '○○'이 빛을 발하고 유행이 지나면 그 프로그램은 곧 사라지고 앞부분만 '△△'로 바꿔 장소를 이동해가며 또 다른 토크쇼를 양산해나가야 하는가? 거듭 말하지만, 예능 중에서도 '진짜' 토크쇼는 이 논의에서 예외다. 예를 들자면 이런 것. KBS 2TV <대국민 토크쇼 안녕하세요>는 일반인이 제공한 소재로 연예인 패널과 일반인이 함께 이야기를 나누는 '진짜' 토크쇼다. tvN <현장토크쇼 택시>도 마찬가지. MC가 모는 택시를 탄 인기 연예인이 도로 곳곳을 누비며 가끔은 현장 시민들의 반응도 보고 자기의 이야기를 풀어내는 '진짜' 토크쇼다. 고품격을 지향한다고 하면서 역설적으로 서로 치부를 건드리며 B급 유머를 세련되게 소화해내는 MBC <황금어장 라디오스타>도 '진짜' 토크쇼 범주에 넣을 수 있다.

'토크쇼'라는 장르를 광범위하게 적용했을 때의 문제점 중 하나는 출연자의 역량이 해당 프로그램의 운명을 너무나 크게 좌지우지한다는 점이다. 쿡방 토크쇼든 의학 토크쇼든 출연자가 잘하면 성공하고 출연자가 못하면 실패한다. 무엇을? 토크를. 쿡방이 음식 종류 잘못 골랐다고 망하는 법 없고 의학 토크쇼가 질병 아이템 잘못 잡았다고 실패하지는 않는다. 누가 출연해서 얼마나 재미있는 이야기를 하느냐에 프로그램의 성패가 달려 있다. 고정 출연자가 말실수하거나 사회적 물의라도 일으키면 그 프로그램의 존폐도 고민해야 한다. 왜? 토크가 중심이 되니까. 토크가 중심이 되면 개인적인 사고방식이 고스란히 드러날 수도 있고 제작진의 판단 착오로 사전에 걸렀어야 할 이야기를 놓칠 확률도 높아지니까. 그리고 그 프로그램은 이미 주요 아이템보다는 '그 출연자'의 '토크'가 메인이 되어버렸으니까.

그래도 토크라는 것이 이를 감수할 만큼의 재미를 주니까 여기저기 '핫한' 연예인과 방송인을 불러 모아 최대한 많은 이야기를 뽑아내고 정체불명의 토크쇼를 자꾸 만들어내는 것인데, 이미 존재하는 토크쇼만 활용해도 이는 충분하지 않을까? 어느 토크쇼 방송에서 들은 A라는 연예인의 재미있는 에피소드를 스포츠 대결하는 다른 방송에서도 듣고 노래 부르는 또 다른 방송에서도 또 듣는다. A의 팬이라면 이마저도 즐겁고 행복한 시간이겠지만 A의 이런저런 에피소드는 '진짜' 토크쇼에서 듣고 다른 예능 프로그램에서는 A가 운동하는 모습, A가 노래 평가하는 모습에 좀 더 무게중심을 두면 안 되는 것일까? 그러면 혹여 A가 어떤 말실수를 했다고 해도 메인 아이템이 탄탄하게 존재하니까, 무르익기도 전에 프로그램이 단명하는 오류는 되풀이하지 않을 수 있지 않을까?

끊임없이 '새로운 예능을 달라!'고 외치는 시청자 부대의 요구에 기상천외한 토크쇼 장르를 늘려가는 것도 일종의 트렌드라고 할 수 있을 것이다. 하지만 이제는 프로그램 홍보에 어떠한 기발한 '○○ 토크쇼'라는 말을 붙여도 그 이름만 보고 갖는 기대감은 점점 빛을 잃어가고 있다. 그 실질적인 이유가 '○○'에 있는 것이 아니라 '토크쇼'에 있음을, 사실상 신개념 예능 프로그램의 상당수가 토크쇼의 이름으로 '헤쳐모여!'를 하고 있다는 것을 수많은 제작자는 심각하게 고민하지 않는 것 같다.

어쩌면 이 글을 읽는 제작자 대부분은 이렇게 생각할지도 모른다. '우리 프로그램은 토크쇼가 아닌데? 그러니까 상관없어.' 하지만 프로그램 제목에는 없더라도 얼마나 많은 예능 프로그램이 손쉬운 토크쇼를 지향하고 있는지, 토크쇼의 굴레에서 벗어난 진짜 새로운 개념의 예능을 기대한다면 욕심인 건지 생각해준다면 좋겠다. 나아가 토크쇼라는 장르의 확장성과 한계성을 고민해주는 방송사나 제작자가 더 많아지면 좋겠다. 아무리 밑도 끝도 없이 공격적인 시청자 부대라고 해도 일단 신규 예능 프로그램이 나온다고 하면 '이번엔 또 무슨 토크쇼냐'라는 냉소적 시선 대신 좀 더 호기심 어린 시선을 가질 수 있게 되도록 말이다.

입선

'덕후', '화성인'에서 '능력자'되다

MBC <능력자들>을 통해 본 '덕후'

김보경

능력자로 불리는 '덕후'

오랜 시간이 걸렸다. '덕후'가 능력자라 불리기까진. MBC <능력자들>은 덕후를 능력자로서 존중한다. 프로그램은 "모든 덕후는 자유로우며 그 취향과 분야에 있어서 평등하다"는 '세계 덕후 선언 1조'로 시작을 알린다. 제작진은 "'덕후 문화'를 브라운관으로 접속시켜 다양한 지식을 전파하고 공유하는 데 일조하겠다"라는 포부를 밝혔다.• 무언가 열렬히 좋아하는 '덕질'을 전문성으로 인정한다. 이 프로그램에는 '덕후'에 공감하기 위한 장치가 곳곳에 마련됐다. 연예인 패널은 마니아 기질이 있는 사람들로 구성된다. '덕후'를 이해할 수 있는 마음가짐과 눈높이를 우선적

• "'기상천외 덕후들이 온다'…'능력자들' 관전포인트 3", ≪엑스포츠≫, 2015년 11월 13일 자.

으로 놓는다. '덕려금'이란 상금 지원 방식도 도입된다. '덕질'도 경제적 요건이 뒷받침돼야 하기 때문이다. 방청객의 투표수로 결정되는 '덕려금'은 능력자들의 열정과 노력을 인정해주는 장치로 활용된다.

2010년 tvN <화성인 바이러스>는 '덕후'를 그저 별난 사람으로 그렸다. 일본 애니메이션인 <마법소녀 리리컬 나호하> 속 캐릭터 '페이트'에 빠져 있는 한 출연자를 희화화했다. 뚱뚱하고 사회성이 결여돼 보이는 이미지는 '덕후'에 따라붙는 꼬리표가 됐다. 이 외에도 "치즈 중독녀", "옷 사재기녀", "치아 부식녀", "엽기 거식녀" 등으로 부제를 달았다. 남들과 다른 취미를 인정하기보다는 비정상적인 범주로 다가갔다. 반면 <능력자들>은 파일럿 방송에서 이렇게 말한다. "오늘 방송을 기점으로 ('덕후'의 이미지를) 바꿔보자는 얘기다."

<능력자들>은 기존의 미디어와 다르게 '덕후'를 바라본다. 이는 공통의 소재에서 확연히 알 수 있다. 남성 화장이란 소재다. 제목부터 다르다. tvN <화성인 바이러스>에선 '화떡남'이 MBC <능력자들>에선 '그루밍·코스메틱 능력자'다. tvN <화성인 바이러스>는 기대와는 다른 성 역할을 교정의 대상으로 그렸다. 출연자는 특이한 사람이자 주변 사람들의 걱정을 사는 인물로 그려진다. 그가 만나는 동성 친구들 또한 진한 화장을 했다. 그들은 기이한 모습으로 그려진다. 하지만 <능력자들>은 다르게 접근한다. '코스메틱 능력자' 편은 고정적인 성 역할에 균열이 생긴 모습을 솔직하게 보여준다. 코스메틱 능력자는 자신이 남성이라는 이유로 고충을 겪지 않는다. 모임에서도 친구들은 그에게 차가운 시선을 보내지 않는다. 코스메틱 능력자는 부모에게 직접 메이크업까지 해준다. 고심에 가득 찬 부모의 인터뷰가 아닌 자식을 자랑스러워하는 부모의 모습이 담긴다.

화성인에서 능력자로 불리기까지

왜 달라졌을까. 과거, 능력과 취미는 철저히 분리돼 있었다. 정치적 저항과 이념주의가 핵심 담론이었다. 하지만 시대가 변했다. 민주화를 통해 점차 개인은 자유로운 개성을 추구할 수 있게 됐다. 이전의 세대는 먹고사는 것이 주요 관심사였다면, 이젠 자신에게 충실하려고 한다. 이는 '능력'에 대한 범주와 '덕후'에 대한 범주가 통합되는 사회 분위기를 조성했다. 취미가 곧 능력이 될 수 있는 시대가 열린 것이다. 미디어는 이러한 사회 분위기를 반영했다. SBS <생활의 달인>에서 '달인'은 능력을 생업에만 한정한다. 시간이 지난 2000년대 후반 tvN <화성인 바이러스>는 '덕후'를 프로그램 소재로 내세운다. 하지만 아직 '덕후'를 포용할 사회적 인식이 자리 잡지 못했다. 프로그램 이름만 보더라도 부정적 뉘앙스다. "변종 지구인 감별 프로젝트"라며 '덕후'를 보통 사람들과 구분 짓는다. 정상 범주 바깥에 있음을 상기시키며 자극성을 앞세웠다.

하지만 점차 '덕후'에 대한 사회적 분위기가 변해갔다. 이제 '덕밍아웃', '일코'라는 단어가 새삼스러울 만큼, 무언가를 좋아하는 사람이라면 '덕후'를 자처하는 시대가 왔다.• 연예인들의 '덕질'도 전파를 타기 시작하며 '덕후'의 이미지는 개선됐다. 배우 심형탁은 도라에몽 캐릭터 '덕후'로 유명세를 탔다. 덧붙여 김희철, 데프콘, 허지웅, 케이윌 등 다양한 '덕후' 연예인이 점차 미디어에 비춰졌다. <수요미식회> "짬뽕 라면" 편에선 전문가로서 라면 '덕후'가 출연하고, KBS JOY <전국덕력자랑 최강남녀>란 프로그램이 만들어졌다. MBC <능력자들>은 시대의 흐름에 발맞

• "<능력자들>, 전 국민 '덕후 시대'의 선언", ≪ize≫, 2016년 1월 8일 자.

줬다. 일반인 '덕후'들이 능력자로서 프로그램의 주인공이 됐다.

지하 100층에서 본 <능력자들>의 한계

'덕후'는 자신이 좋아하는 일을 좋다고 말하기 힘든 시간이 있었다. 그들에게 <능력자들>은 뜻깊다. '좀비 능력자'는 주변의 만류에도 불구하고 "30분 동안 좀비를 (방송에서) 소개할 기회가 왔을 때 망설이는 건 '덕후'의 자세가 아니다"라며 출연 의사를 밝혔다. 그들에겐 취미를 넘어선 또 다른 의미다. 하지만 MBC <능력자들>은 좋은 취지와 다르게 한계점이 있다. '지하 100층'이란 프로그램 콘셉트부터 <능력자들>의 취지와 어울리지 않는다. 이 콘셉트은 음지의 '덕후'를 양지로 끌어올리지 못한다. 여전히 사람들의 시선이 차갑다는 식이다.

타자의 시선

"주변에서 보면 웬 미친X 아니야." MC 김구라는 '버스 능력자' 편에서 지나가는 버스의 차종을 맞추는 능력자를 보며 말한다. 프로그램의 MC조차 이해하지 못하는 태도다. 타자의 시선에 머무는 것이다. 이는 프로그램 포맷에도 나타난다. <능력자들>은 VCR 영상을 통해 '덕후'의 일상을 보는 관찰 예능 형식이다. 이는 '덕후'를 비판과 희화의 대상으로 바라보는 한계점을 지닌다. '모차르트 능력자' 편에서 모차르트 가발을 쓰고 피아노를 치고 있는 능력자의 모습은 기이함이 느껴진다. '금손 능력자' 편에서 능력자는 미니어처 모형 제작 외에는 무능력한 모습으로 그려진다. 패널들이 관찰 카메라를 보며 "왜 저래"라고 말할 분위기가 연출된다. 실제로 '좀비 능력자' 편에선 "이게 뭐하는 거죠"라는 자막과 말이 총 9번이나 나온다.

관찰 카메라는 주변의 시선을 부각한다. '덕후'를 보며 순수한 공감을 이끌어내기 어렵다. 관찰 카메라 속 능력자들은 다른 사람들과 함께 있는 자리에서도 '덕질' 삼매경이나. '미니어처 능력자'는 치즈 케이크 모형을 만들기 위해 친구들이 케이크를 못 먹게 한다. '병뚜껑 능력자'도 마찬가지다. 술자리에서 친구들은 그에게 "집에 가서 만들어", "만질 수도 있지 쓰레기 갖고"라고 말한다. 그의 취미를 이해하지 못하는 태도다. 스토리의 재미를 위해서지만, '덕질'이 지나치다는 느낌을 자아낸다. '모차르트 능력자' 편에서 VJ도 능력자에게 "안 지겨워요?"라고 물어본다. <능력자들>도 한계를 인정했는지 4화부터는 새로운 룰을 도입한다. '덕후맘' 패널은 엄마 같은 존재로 능력자를 보호해야 하는 임무가 주어진다.

프로그램은 '덕후'들로 채워진 방청석에서 출연자가 스튜디오로 나오는 형식이다. 방청객도 '덕후'인 것이다. 능력자를 지켜보는 방청객이 출연자를 독려하기 위함이다. 하지만 방청객 얼굴에 종이 상자를 씌우며 공감은 어려워졌다. 상자로 가려진 방청객은 표정조차 보이지 않는다. 더구나 프로그램은 "상자 인간들, 정체를 밝힐 용기 있는 자는?"이라며 출연자를 부른다. 아직도 '덕후'는 얼굴을 공개하기 힘들다는 전제가 있다. 결국 프로그램의 방향성과는 다르게 '덕질'의 공감 여부는 방청객 투표수로만 알 수 있게 됐다. 그러나 이마저도 방청객의 판정단 역할이 커지며 왜곡됐다. 그들의 역할은 '덕후'를 감별하는 임무로 더 주요해졌다.

자막도 다르지 않다. '코스메틱 능력자' 편에서도 다소 아쉬운 점이 있었다. "코스메틱인데 건장한 청년이 등장"이란 자막과 함께 땀방울 이모티콘이 나온다. 상자를 벗기 전엔 "가부키 화장 있는 거 아니야?"라며 MC 김구라의 조롱 섞인 말이 나온다. 코스메틱 능력자가 상자를 벗자

"말끔"이란 자막을 앞세운다. 얼굴 공개 전부터 깜짝 놀랄 인물이란 분위기를 조성한 이유를 알 수 있다. 전형적인 '덕후' 이미지와 다른 출연자로 반전을 꾀했다.

오락 대상화(자극성)

'오타쿠'에 대한 기존의 이미지를 차용해 능력자를 오락의 대상으로 그린다. MC들과 패널들은 종종 못마땅하다는 태도와 비웃음을 보였다. '버스 능력자' 편에선 능력자에게 버스 엔진 소리를 성대모사 해달라고 요청한다. 능력자가 버스 성대모사를 하자 패널들은 웃느라 정신이 없다. '종이로봇 덕후'와 '괴수 덕후' 편에선 대뜸 '결혼을 하셨냐'고 물어보고 '아직 못 했다'는 대답을 끌어낸다. 출연자들의 일상에서는 "~했다능" 식의 자막도 단다. 방송의 지향점과는 어긋난다.

지나치게 오락성을 추구하다 보면 프로그램은 자극적으로 변하기 쉽다. '덕후'들에게 능력 검증을 명목으로 무리한 테스트를 요구한다. '라면 능력자' 편에선 맛보지 않고 시각과 후각만으로 라면을 맞추는 테스트를 시킨다. '금손 능력자' 편에선 눈썰미 테스트라는 명목으로 '다른 얼굴 찾기' 테스트를 한다. 이 테스트를 통해 출연자의 눈썰미를 검증했는지는 알 수 없다. '매운 맛집 능력자' 편에선 출연자보다는 매운 음식을 먹는 연예인에 중점을 둔다. 연예인 패널들이 매운 음식을 먹고 고통스러워하는 모습을 희화한다. 막상 능력자 검증에 쓴 시간은 10분도 채 되지 않는다. '모차르트 능력자' 편에선 지휘자로 전향한 개그맨 김현철에게 '그 짧은 혀로 모차르트의 풀 네임을 말하라'고 말한다. 능력 검증에 불필요한 공격으로 그를 무시하는 태도를 여실히 알 수 있다.

퇴색된 취지

회가 거듭될수록 지나치게 연예인 중심으로 변했다. '덕후' 출연진에 블락비 태일, 전준영, 고명환, 정이랑 등 연예인이 출연하는 빈도가 상당히 높아졌다. 또한 김현철, 심형래 등 연예인을 출연자의 대결 상대로 놓기도 했다. 물론, 해당 분야에 '덕후' 기질을 보이는 마니아층 연예인은 맞다. 하지만 일반인 '덕후'를 게스트로 한 프로그램에서 일반인 출연자의 입지가 줄어들지도 모른다.

'덕후' 기질이 보이는 연예인을 패널로 출연시킨다는 본래 의도도 점차 옅어졌다. 출연 패널의 닉네임은 '계단 덕후', '행사 덕후', '코미디 덕후', '리액션 덕후' 등 다양했다. 하지만 프로그램 콘셉트에 맞추기 위해 출연 연예인이 특정 분야의 '덕후'라 주장할 뿐이었다. 개그맨 김기리는 스스로가 '리액션 덕후'라 했지만, 마니아 기질은 볼 수 없었다. 주변 연예인 패널들도 "너무 갖다 붙이기 식"이라 비판했다. 개그맨 박성광은 스튜디오에 나와서야 자신의 '덕후' 면모를 고민했다. 뒤이어 그가 주장한 '덕후' 콘셉트엔 "덕후 코스프레"라는 자막이 달렸다. 결국 그는 '홍삼 덕후'라 했지만, 상품 홍보에 지나지 않았다.

'덕후'와 미디어가 만났을 때

미디어가 '덕후'를 바라보는 시선은 아직 과도기다. 사회를 반영하는 미디어지만 온전히 담아내기란 어렵다. 하나에 심취해 있는 사람들이 '화성인'으로도, '덕후'로도, '능력자'로도 불릴 수 있다. MBC <능력자들>이 '덕후'를 '능력자'라 부르지만, 능력자 대접은 하지 못한 것처럼 말이다. 어쩌면 MBC <능력자들>에 출연한 '덕후'들도 좋은 사회 분위기에서 인정받았다면, SBS <영재발굴단>에서 영재로 불릴 수 있었던 사람들이다.

'덕후'라고 부르는 범위는 점차 넓어지고 있다. 처음에는 일과 관련된 능력에서 시작해 점차 개인의 취미 분야로 확장돼갔다. 영화, 화장, 역사, 맥주 등 다양한 분야로 넓어졌다. 이제는 '덕후'의 범위를 예상할 수 없을 정도다. 축제, 지우개, 요들, 워터파크 등 모든 분야에서 '덕후'들은 활약하고 있다. 예상할 수 없는 분야까지 '덕후'는 섭렵했다. '덕후'는 더 이상 특별하거나 특이한 존재가 아니고, 이제 누구나 무언가의 '덕후'가 될 수 있다. 남들은 주목하지 않더라도, 자신의 애정도가 더 중요해진 것이다. 진정한 '덕후'인지는 더 이상 중요치 않다. '덕질'의 짜릿함을 진정으로 즐기는 '덕후'의 모습이면 된다.

입선

안중근 의사의 자취를 따라가다

KBS 2TV <해피선데이 - 1박 2일> “하얼빈을 가다”

강혜윤

들어가며

큰 인기를 얻었던 MBC 드라마 <대장금>(2003)은 조선왕조실록의 한 줄 언급•에서 시작되었다고 한다. 그 한 줄로부터 54부작의 대하드라마가 펼쳐졌다니 놀랍지 않은가. 드라마 <대장금>이 픽션이라는 점에서 같다고 할 수는 없겠지만, <해피선데이-1박 2일>(이하 <1박 2일>) “하얼빈을 가다”는 역사 교과서 속 두 문장인 “연해주에서 의병 활동을 하던 안중근은 만주 하얼빈에서 한국 침략의 원흉인 이토 히로부미를 사살하였다(1909). 안중근은 자신의 행위를 한국의 독립 주권을 침탈하고 동양 평화를 교란시킨 자를 처형한 것이라고 밝혔다”에서 시작했다. 역사 책

• “중종의 총애를 받은 천민 출신 의녀이며 의술과 요리에 뛰어나 대(大)자를 써서 대장금으로 불렸다.”

속에서 짧게 언급된, 시험 점수를 위해 암기하던 한두 줄의 토막 정보가 아니라 짧은 글 밑에 숨겨져 있던 진짜 '그'의 이야기를 말이다.

이러한 진짜 '그'의 이야기는 시청자의 마음을 울렸다. 인터넷상에서 네티즌들은 주변 사람에게 꼭 추천하고 싶은 편이라며 극찬을 하였다. 또한 제43회 한국방송대상에서 작품상을, 방송통신심의위원회로부터 '이 달의 좋은 프로그램 상'을 수상하기도 하였다. 많은 감동을 주고 인정을 받은 이번 <1박 2일> "하얼빈을 가다"에는 세 가지의 매력이 있다. 철저한 고증과 다양한 사료를 바탕으로 안중근 의사의 온기를 느낄 수 있었다는 점과 몰입도 높은 영상미 그리고 마지막으로 답 없는 물음을 통한 안중근 의사에 대한 이해이다.

첫 번째, 그의 온기(溫氣)를 따라가다

<1박 2일> "하얼빈을 가다"의 마지막 편은 이전 편•과는 조금 다른 분위기로, 안중근 의사의 의거 전 준비부터 의거 현장과 이후 루쉰 감옥에서의 마지막까지, 그의 한발 뒤에서 천천히 자취를 따라가고 있다.

멤버들의 발걸음은 먼저 거사가 있기 3일 전, 안중근 의사가 동료와 함께 계획을 논의했던 조린 공원을 향했다. 현재 조린 공원에는 하얼빈 시 정부가 세운 안중근 비석이 있고, 그 앞에서 멤버들은 거사일이 확정되었을 때 그의 심정을 예상해보기도 하였다. 다음으로 동지 우덕순, 유동

• KBS 2TV <해피선데이-1박 2일> "하얼빈을 가다"는 총 4회를 거쳐 방영되었다. 앞의 세 편은 춥디추운 하얼빈에서의 복불복 생존기로 길 한복판에서의 야외 취침을 두고 바들바들 떨며 게임을 하기도 하고, 어둠을 뚫고 집 찾아오기 등의 유쾌한 미션으로 '재미'에 집중하였다.

하*와 함께 공원 근처에서 거사 전 마지막이 될 사진을 촬영하였던 것으로 추정되는 사진관으로 갔다. 당시에 사용되던 카메라 앞에서 멤버들도 그들처럼 경건한 마음으로 사진을 남기며 그들을 기억했다. 지금은 남아 있지 않지만 거사 당일까지 묵었던 집터 위에 지은 건물을 거쳐 거사가 일어났던 하얼빈 역으로 향했다. 현재 하얼빈 역에는 "안중근 격폐 이등박문 사건 발생지"라는 표지판과 이토 히로부미(이하 이토)를 저격한 위치의 표시만 남아 있지만 멤버들은 그곳에 서서 의거 당시의 긴장감과 그의 온기를 느꼈다. 그가 외친 "코레아 우라"(러시아어로 대한민국 만세)가 울려 퍼지는 듯했다.

안중근 의사의 자취를 따라간 마지막 장소는 뤼순(다롄)에 있는 재판이 진행되었던 뤼순 일본 관동 법원과 마지막 144일을 보냈던 뤼순 감옥이었다. 일본인 간수 도시치**는 안중근 의사의 사형 집행을 통보한 후에 벽에 머리를 박으며 슬퍼했고, 구리하라 형무소장까지 그를 존경하여 사형 집행일을 늦춰달라고 요청하기도 했다고 한다. 독방을 지나 1910년 3월 26일, 안중근 의사가 순국한 사형장에서 묵념하며 그의 마지막 온기를 느꼈다.

다양한 사료는 당시 상황의 온기를 더 생생하게 느낄 수 있게 했다. 미국·영국·이탈리아 등 각국의 신문사에서 이토를 저격한 안중근 의사 사건을 보도한 그때 당시의 신문을 보여주었다. 제국주의가 팽배하던

---

* 이들은 같은 날, 1차 의거지로 채구가 역에서 이토를 기다리고 있었으나 삼엄한 경비와 조선 사람이 있다는 신고로 인해 지하에 갇혀 의거를 거행하지 못했다고 한다.

** 슬퍼하는 그에게 안중근 의사는 "위국헌신군인본분"(나라가 위급할 때 헌신하는 것은 군인의 본분이다)이라는 유묵을 전해주며 당신을 원망하지 않겠으니 개인적인 감정은 뒤로하고 자신의 본분을 다하라 하였다고 한다.

1909년 당시 국제 상황이 어떠했는지, 얼마나 많은 나라에서도 이 사건에 관심을 가졌는지 실감했다. 또한 왜 안중근 의사가 조선과 먼 하얼빈에서 이토를 저격했는지에 대해서도 보여주는 자료였다. 토막토막 알고 있는 정보들이 이어지는 부분이다.

안중근 의사와 동지의 강직한 기개가 담겨 있는 '장부가'와 의거의 계획과 함께 자신의 죽음을 예상하고 총을 사기 위해 빌린 돈을 대신 갚아달라며 남긴 편지를 비롯하여 사형 집행을 앞두고 쓴 어머님 전 상서와 동생에게 남긴 유언과 아들의 죽음을 앞둔 어머니(조 마리아 여사)가 쓴 편지를 보여주었다. 천천히 읽어 내려가는 차태현의 목소리는 점점 그 또는 그들, 그녀의 목소리가 되었고, 그 목소리는 큰 울림이 되어 시청자들의 마음에 들어왔다.

그 외에도 뤼순 감옥에서 고국을 그리며 남긴 "第一江山"(제일강산)을 비롯해 안중근 의사가 남긴 여러 유묵에선 그의 필체를 직접 볼 수 있었다. 그리고 당시 러시아 촬영기사가 촬영한 의거 영상 속에서 비록 일본에 의해 저격 장면은 편집되었지만 이토 저격 후 연행되는 안중근 의사의 모습도 보였다. 흑백에 화질도 좋지 않아 잘 보이지는 않지만 당시의 혼란한 분위기가 생생하게 전달되었다.

두 번째, 영상미에 몰입하다

한층 더 진지한 집중과 몰입이 필요했던 이번 <1박 2일> "하얼빈을 가다" 특집에서 전체적인 구성과 편집 외에도 그 역할을 톡톡히 해낸 건 영상 효과였다. 다양한 시각 효과와 분위기에 적절한 음향 효과로 두 감각을 자극하며 다소 추상적이었던 것들을 구체적으로 그려냈다.

그중에서도 가장 눈에 띄는 것은 중간중간 삽입된 작화들이었다. 하얼빈 역사에서 언제 올지도, 얼굴도 모르는 이토를 기다리며 차를 마시는 작화 속 안중근 의사의 표정은 당시 그의 앞자리에 앉아서 보는 것 같을 정도로 섬세했다.

현재의 하얼빈의 모습을 촬영한 영상 화면에 같은 곳의 과거 모습이 그림으로 오버랩되어 나타난다. 그런 배경 위에 안중근 의사를 비롯한 당시 사람들의 모습을 그려낸 작화들은 마치 과거와 현재의 시간을 허무는 것 같은 느낌을 주었다. 이는 시청자가 유호진 피디와 전문가 의 설명을 들으며 그들의 이야기가 눈앞에서 실제로 펼쳐지는 것 같은 느낌을 받아 좀 더 당시의 상황에 몰입하도록 도왔다.

특히 의거 당시의 상황을 표현한 장면은 시각과 청각을 모두 몰입하게 한 최고의 장면이었다. 상황을 하나하나 설명하는 전문가의 말에 따라 비어 있던 실제 하얼빈 역은 이토를 기다리는 러시아 군대와 헌병대, 일본인 민간 환영단, 일본인 대표단으로 둘러싸여 가며 채워졌다. 그러면서 자연스레 군중 속에 있던 안중근 의사의 작화로 넘어갔다. 가장 인상 깊은 장면은 바로 이 장면이다. 이토가 기차를 내리는 순간 많은 사람들은 다 사라지고 작화 속에는 안중근 의사와 이토 둘만 남았다. 긴장감 넘치는 BGM은 흐르고 있고 안중근 의사가 쏜 총탄 세 발은 이토를 명중했다. 그 긴장감 도는 장면을 영화에서도 이렇게 표현하기 힘들었을 것이라 생각한다.

작화뿐만 아니라 연표와 이동 경로, 거리를 보여주는 지도로도 몰입을 높였다. 원래 의거 장소는 하얼빈 역이 아니라 채가구 역이었다고 한다. 이 사실을 설명하면서 일본에서부터 이토의 이동 방향과 안중근 의사의 이동 방향을 지도 위의 움직임으로 보여주어 채가구 역이 왜 첫 번째 의거 장소였고 두 번째 의거 장소가 하얼빈인지를 쉽게 이해할 수 있었다.

세 번째, 답 없는 물음에 답하다

안중근 의사의 자취를 따라가는 멤버들에게 유호진 피디는 "만약 자신이 3일 뒤에 죽게 된다면 무엇을 할 것인가?", "마지막 사진을 찍고 돌아온 그날 밤의 안중근 의사의 기분은 어땠을까?" 등 물음을 던졌다. 야외 취침을 걸고 맞추는 퀴즈도 아니었고, 정답을 얻고자 하는 물음도 아니었다. 그냥 생각을 해보게끔 하는 물음이었다. 물음에 대한 생각을 함으로써 가치가 생기는 물음인 것이다. 멤버들은 하얼빈 역사에서 "차를 마시면서 안중근 의사는 무슨 생각을 했을까?" 하고 스스로 물으며 서로의 생각을 이야기하기도 했다. 아마 방송에 몰입하던 시청자도 함께 물음에 답을 하기도, 또 어떤 장면에서는 스스로 묻기도 했을 것이다. 답 없는 물음들은 안중근 의사에 대한 이해로 한 걸음 더 나아갔다. 그러한 상황에서, 그의 입장이 된 자신을 생각해보는 것만큼 그를 이해하기에 적합한 방법은 없을 것이다.

가장 마지막의 답은 안중근 의사의 유골이 묻혀 있을 것이라 추정되는 가장 유력한 후보지인 어느 아파트 사이의 허름한 공동묘지에서였다. 바로 안중근 의사, 그를 이해하는 물음에 대한 답이었다. 세 자녀의 아버지인 차태현은 "자식에게 좀 더 나은 환경을 물려주고 싶은 여느 부모의 마음이 아니었을까"라고 말했다. 나는 조금 다르게 자식의 입장에서 생각해보았다. 당시의 내가 안중근 의사의 어린 자식이었다면 어떤 아버지로 기억했을까? 어린 마음에 가족 곁에 있어주지 못하고 일본의 감시와 억압을 받게 한 아버지를 원망했을 수도 있을 것 같다. 하지만 할머니와 어머니를 통해 아버지가 어떤 일을 하셨는지 알게 되면 아버지의 뜻을 이해하고 존경했을 것이다. 또 한편으로는 순국하신 지 얼마 지나지 않아 한일합병이 된 현실에 안타깝고 마음이 아팠을 것 같다.

나오며

<1박 2일> "하얼빈을 가다"는 한마디로, 역사책 속 안중근 의사에 대한 두 줄의 문장으로 시작하여, 실제 의거가 일어났던 하얼빈에서 그의 온기 가득한 자취를 따라가며, 때론 영상미에 몰입하기도 하며, 답 없는 물음들에 답하며 그를 이해해가는 과정이었다. "영웅은 한 명이지만 그를 이해하는 방법은 모두 다르다"라는 자막처럼 각자 안중근 의사를 또는 다른 역사를 이해하는 방법은 다르며 특정한 이해를 강요할 수는 없을 것이다. 하지만 적어도 이해에 앞서 한두 줄의 문장에 그치지 말고 멤버들이 안중근 의사의 발자취를 따라 걷듯 진중한 자세와 충분한 시간을 가졌으면 한다.

예능 프로그램에서 그것도 특히 버라이어티에서 프로그램 전체가 역사를 다루는 것은 부담일 것이다. 가볍게 다뤄서도 안 되고 역사 드라마처럼 픽션을 가미하기에도 민감한 부분이 있기 때문이다. 그래서 보통 예능에서 역사는 미션 완료를 위한 퀴즈 대결에서 정치, 사회, 경제, 연예 등 많은 카테고리 중 하나인 경우가 많다. 어쩌면 이번 특집도 '빵빵 터지는' 앞의 세 편이 없었다면 단독으로는 불가능했을지도 모른다. 그렇다고 해서 여행을 하며 벌어지는 갖가지 에피소드를 다루는 <1박 2일>이 하얼빈을 여행하며 자연스레 안중근 의사의 자취를 따라가는 것이 기존 프로그램의 취지와 어긋난 것도 아니다. 앞으로도 프로그램별로 자신들의

특성에 맞는 다양한 시도를 통해 좀 더 많은 시청자가 쉽게 시청하는 예능 프로그램에서 역사를 녹여낼 수 있었으면 하는 바람이다.

입선

지역 방송은 꺼져야 하는가

TBC <고택음악회>를 통한 지역 방송의 역할 모색

정완식

'꺼지다.' 우리는 '꺼지다'라는 동사를 크게 불 따위가 사라져 없어지거나 걸렸던 시동이 죽을 때, 거품 등이 가라앉아 없어질 때, 분노가 사라지거나 풀릴 때, 목숨이 끊어질 때, 눈에서 안 보이게 없어질 때 이따금씩 사용한다.

서울·경기·인천 지역만 벗어나더라도 가끔씩 지역 방송이 없어져야 한다는 생각을 가진 시청자, 지역민들이 있을 것이다. 서울 MBC에서 인기 프로그램을 방송할 때 지역 MBC는 자체 특선 다큐랍시고 해외 다큐멘터리를 방영하거나 아니면 자체 제작 프로그램을 방영해 지역 시청자의 원성을 산 것은 하루 이틀 일이 아니다. 비단 이런 논란은 MBC뿐만 아니라 KBS, SBS와 같은 지상파 채널의 모든 지역 방송국에 해당된다.

그럼에도 지역 방송이 우리의 텔레비전에서 꺼지지 말아야 하는 이유를

TBC(대구방송)의 <고택음악회>를 통해 살펴보고자 한다.

TBC의 <고택음악회>는 2013년 의성 사촌마을을 시작으로 시즌 5인 지금까지 약 3년간 이어져오는 프로그램이다. 이 프로그램은 타이틀 그대로 대구·경북 지역에 있는 고택에서 음악 공연을 하는 어찌 보면 매우 단순한 프로그램이다. 그러나 이 단순한 프로그램이 주는 의미는 오히려 무겁다.

지역의 관광자원 발굴

경상북도 지역의 고택 수는 전국 고택의 40% 이상을 차지할 만큼 많다. 이 통계는 지정 문화재만을 계산한 것으로 비지정 고택을 포함하면 그 수는 더욱 많을 것이다.

고택은 우리 조상들의 삶과 전통문화가 오롯이 계승되고 조상들의 정신적·물질적 유산이 고스란히 담겨 있어 집 이상의 의미를 지닌다. 또한 고택은 그 자체로써 건축적 의미를 지니거나 전통 생활 문화를 알 수 있는 교육의 장이기도 하다. 곡선의 처마가 뿜어내는 선의 아름다움과 은은한 나무 향을 느낄 수 있는 곳 또한 고택이다.

그러나 몇몇 이름난 고택이 아닌 이상 일반 시민들이 고택이 어디에 있는지를 알기는 어려운 것이 사실이다.

이렇게 찾기 힘든 고택을 발굴해내어 그곳에서 음악회를 개최함으로써 하나의 관광자원을 상품화하는 것이 <고택음악회>다. 실제 방송을 보면 공연 시작 전 고택의 이미지를 나타내는 간단한 문구로 시작하며, 대체로 가수 한 팀의 공연이 끝난 다음 해당 고택과 마을에 대한 영상과 소개를 자막으로 처리하면서, 고택과 관련된 지역 주민들이 고택이나 마을에

깃든 일화 등을 소개하는 하나의 시퀀스가 존재한다. 만약 아무 설명 없이 그냥 공연만 한다고 해도 홍보 효과를 낼 수 있겠으나 공연 사이에 고택과 관련된 정보를 제공함으로써 좀 더 해당 고택에 대한 정보의 접근성을 높인 것은 매우 유효한 전략이었다고 생각한다.

지역마다 숨어 있는, 유명하지 않은 관광자원은 무궁무진할 것이다. 아무리 <1박 2일>이 전국을 돌아다닌다고 하더라도 곳곳에 숨어 있는 관광자원을 모두 발굴해내는 것은 불가능하다. 이렇게 수도권 중심의 지상파 채널의 프로그램이 모두 아우르지 못한 부분을 지역 방송이 아우름으로써 좀 더 완벽하게 방송의 역할을 수행할 수 있다. 이러한 것은 비단 관광자원 발굴뿐 아니라 뉴스도 마찬가지다. 지역민들은 전국 단위의 정보도 중요하게 여기지만 실제 그들의 삶과 연결 고리를 가지는 지역 밀착형 정보 또한 중요하게 여긴다. 지역의 정보는 곧 자신의 일일 수도 있기 때문이다.

지역민들의 문화 향유 기회 제공

단순화할 수는 없으나 고택이 위치한 곳은 대부분 시내와 떨어져 있는 농촌지역이다. 농촌에 사는 지역 주민들에게 <고택음악회>는 평소 누리지 못하는 문화생활을 향유할 수 있는 기회를 제공해준다. 아무리 자연과 함께 사는 사람들이라고는 하지만 그들 또한 문화적 욕구를 가지고 있다. 지역에서 <전국노래자랑>이나 가요 프로그램 녹화가 있다고 하면 하던 일도 그만두고 구경하는 모습을 왕왕 보곤 한다. 그만큼 이런 기회는 그들의 인생에서 몇 안 될 특별한 문화 향유의 기회일지도 모른다.

또한, 공연뿐만이 아니라, 고택과 관련된 지역의 인물과 관련 역사를 함께 소개함으로써 우리가 그동안 몰랐던 우리 지역의 역사, 우리나라의 역사를 알게 하고 그동안 잊힐 뻔했던 역사에 대한 경각심을 일깨운다.

지역 방송사가 지역민들에게 이러한 문화적 욕구를 충족시켜준다는 의미에서 지역 방송국이 앞으로 나아가야 할 방향을 잡을 수 있을 것이다.

상이한 것들이 가져오는 시너지

한옥, 고택은 한국을 대표하는 하나의 요소다. 건물뿐 아니라 건물을 둘러싼 자연은 수천 년 전부터 이어져온 그대로다. 한국의 미를 가장 잘 드러내는 것 중 하나가 한옥일 것이다.

한편, 우리가 요즘 듣는 대중음악은 본래 우리의 것이라 보기 어렵다. 물론 그 기본에는 우리 민족의 흥과 리듬이 있겠으나 오랜 곡절의 세월 동안 중국, 몽골, 일본, 미국 등의 외국에서 많은 영향을 받았고 그것이 조금씩 한국화된 것이라 생각한다.

보통 음악과 한옥은 서로 어울리지 않을 것이라 생각한다. 상상해보자. 경복궁에서 윤수일의 「아파트」가 불리는 광경을!

그러나 <고택음악회>는 이러한 우리의 고정관념을 보기 좋게 깬다. 실제 프로그램을 보면 어스름해진 고택과 은은한 조명이 비추는 나무와 꽃, 넓지도 않은 고택 마당에 둘러앉은 사람들, 가수들의 연주와 노래가 울려 퍼지는 모습은 너무나 따뜻하고 포근하며, 정겹다.

실제 6월26일 방영된 '영양 두들마을' 편에 나온 가수 거미는 "이런 분위기 너무 좋다. 연주자들과 이야기했는데 이런 콘셉트의 공연을 기획해서 마련해보겠다"라고 이야기한다. 또한 9와 숫자들이라는 인디 밴드도 자신의 경험을 이야기하며 "이런 곳이 있는 줄 몰랐다"며 공연에 대한 만족감을 드러낸다.

TV 프로그램이 시청자의 흥미를 유발하기 위해서는 시각적 요소와 청각적 요소가 적절히 배합되어야 한다. 개개인의 시청자가 원하는 개인적 기호 아래 모든 시청자가 관심을 가질 수 있는 보편적 요소까지 모두 갖춰야 한다. 그런 측면에서 <고택음악회>는 고택으로 시각적 요소를, 메인 가수의 공연으로 보편적 청각적 요소를, 메인 가수 다음에 이어지는 인디 가수의 공연으로 신선한 청각적 요소를 구성하며 시청자가 프로그램에 관심을 가지고 온전히 빠질 수 있게끔 만든다.

비주류 음악을 주류 음악으로

<고택음악회>를 보고 있으면, EBS의 <스페이스 공감>이라는 프로그램의 오마주로 생각되는 것은 무엇일까? EBS의 <스페이스 공감>은 국내외 유명 아티스트는 물론이고 신진 아티스트까지 아우르는 음악 프로그램으로 <고택음악회>와는 포맷과 장소, 분위기가 조금 다를 뿐이다.

<고택음악회>의 구성은 특집이 아닌 이상 간단한 고택의 이미지, 한 팀 정도의 가수 공연, 고택에 대한 소개 및 설명, 두세 팀 정도의 가수의 공연으로 이루어진다. 주목할 만한 것은 매회 보통 두 팀 정도의 인디 가수가 하는 공연이다.

지역에서는 인디 가수의 공연을 접하기 어렵다. 서울 홍대에서 주로 활동하는 인디 가수의 음악을 어떻게 지역민들이 알고 접할 수 있을까?

지역 방송사이기 때문에 여러 상황적 제약으로 프로그램 구성을 이렇게 했는지는 모르겠으나 분명한 건 비주류 음악을 하는 이들에게 <고택음악회>는 분명 기회다. 배고픈 그들에게 이 공연은 그들의 공연에 대한 갈증을 해소하고, 동시에 자신들의 음악을 지역민들에게 소개하는 기회인 것이다. 이러한 기회를 통해 조금 더 언더에서 활동하는 그들의 음악이 발전할 수 있다면 그것만으로도 방송의 역할은 충분하다고 할 수 있다.

하지만 아쉬운 점도 분명히 있다. 우선 <고택음악회>의 방영 기간을 보면 대체적으로 5월을 시작으로 10월에 종영한다. 푸르른 녹음에서 시작해 가을 초입에 다다르면 방송을 끝낸다. 제작진의 의도는 이 시기가 가장 고택의 아름다움을 잘 나타내는 시기라고 생각했기 때문일 것이다. 또한 1년 내내 해당 시간대에 SBS의 프로그램을 송출하지 못하는 것에 대한 리스크도 있었을 것이고, 시즌제인 만큼 프로그램을 준비하는 시기도 필요했으리라 생각한다.

하지만, 고택의 아름다움이 여름과 초가을에만 빛나는 것은 아니다. 봄은 봄대로, 가을은 가을대로, 겨울은 겨울대로 아름다움을 가지고 있다. 이런 부분을 제작진이 파악하고 있는지 모르겠지만, 가능하다면 고택의 사계절 모습을 보여줄 수 있는 방안을 찾아보면 어떨까 한다. 굳이 시즌제로 가야 한다면 한 시즌은 지금처럼 5~10월에 제작하고, 그 다음 시즌은 11~4월에 제작하는 방식을 채택한다면 고택의 사계절 모습을 보여줄 수 있지 않을까?

또 한 가지 아쉬운 점이 있다면 고택을 지역에 한정하지 않았으면 한다. 대구·경북 지역 방송사이기 때문에 지역 내 고택을 선정하는 것은 당연한 일이다. 하지만 그 폭을 조금 더 넓혀보면 어떨까 하는 것이다.

최근 대구와 광주가 지역감정 해소를 위해 다양한 방식으로 노력하고 있다. 하나의 예로 최근 88고속도로가 새롭게 개통하면서 광주대구고속도로로 이름을 바꾸는가 하면, 달빛(대구의 옛 지명인 달구벌과 광구의 옛 지명인

빛고을의 앞 글자를 따 만든 명칭)동맹이라는 이름 아래 대구와 광주가 문화, 경제, 사회 등 전 분야의 정책을 공유하고 협력하고 있다.

이처럼 지역에서는 지역감정 해소가 가장 시의적인 주제로 떠오르고 있다. 이러한 시점에 대구 MBC와 광주 MBC는 서로 협력하여 <달빛소화제>라는 토크쇼를 제작해 방영함으로써 지역 방송국으로서 역할을 수행하고 있다. 이를 선례 삼아 TBC도 <고택음악회>를 지역에서만 할 것이 아니라 KBC 광주방송과 협력하여 호남 지역에 분포되어 있는 고택에서도 음악회를 개최하여 지역 간 감정 해소를 위한 노력에 힘을 보태야 한다.

최근 <고택음악회>는 해외 아티스트를 초청하여 공연을 하는가 하면 몇몇 아티스트를 고택에 초대해 며칠간 함께 지내며 음악 창작 작업 프로젝트를 진행하는 등 프로그램의 폭을 넓히고 발전시키고자 하는 노력을 엿볼 수 있다.

무조건 지역 방송국이라고 해서 외면하고, 불필요한 존재로 인식해서는 안 된다. 지역 방송국은 우리나라 방송의 다양성을 확보하고, 지역민들에게 소통과 문화 향유의 기회를 제공하며, 지역의 여론을 결집할 수 있는 몇 안 되는 매체다. 그러나 그렇다고 해도 지역 방송국의 안일한 태도는 분명 지양되어야 한다. 끊임없이 지역 시청자에게 어떻게 접근할 것인지, 어떤 프로그램을 통해 어떤 메시지를 제공할 것인지를 고민해야지 그저 모회사, 본사에서 보내주는 신호만 재전송하고 해외 프로그램을 수입해서 방영하는 식의 운영은 매우 곤란하다. 이제는 지역 방송국이 지역 시청자에게 자신의 존재 이유를 분명하게 드러낼 수 있어야 한다. 그렇게 해야만 지역민들이 지역 방송을 TV에서 끄지 않고 외면하지 않을 것이다. TBC의 <고택음악회>처럼 말이다.

입선

'난세: 각축의 장'으로의 초대

여섯 용들의 험난한 난세 극복기, SBS 드라마 팩션 사극 <육룡이 나르샤>

이규성

SBS 창사 25주년 특별 기획 <육룡이 나르샤>는 '여말선초'라는 난세에 놓인 여섯 인물들의 활약을 담은 드라마다. 작가는 '여말선초'라는 실제의 역사적 사실 위에 특유의 상상력을 발휘하여 50부작이라는 방대한 서사를 창작했다. 또한 주인공인 여섯 인물이 처한 상황이나 지위는 각기 다르다. 세 명은 지배층이고 실존 인물이다. 세 명은 피지배층이고 허구적 인물이다. 실존과 허구, 지배층과 피지배층의 여섯 인물이 한데 어우러지고 협력하며 대의와 명분을 위해 싸워가는 팩션 사극 드라마 <육룡이 나르샤>.

여섯 명은 모두 난세를 평정하고 새 세상을 열겠다는 대의명분 아래 있지만 각자의 위치와 상황이 천차만별이니 저마다 다른 각양각색의 서사 속에 놓인다. 아버지 이성계와 아들 이방원은 서로 다른 방식으로 각기 다른 이상적 인간상을 위해 난세를 발판 삼는다. 정도전과 분이는 '욕망'이 가진 정치철학적 함의에 대한 논쟁을 통해 난세를 말한다. 무휼과 이방지는 각자만의 무협을 통해 난세와 싸워간다. 이처럼 인물들이 그려내는 다채로운 내러티브 속에 내포하는 주제 의식과 의미는 서로 부딪치고 보완되는 형태를 취한다. 그래서인지 드라마 <육룡이 나르샤>가 가진 서사는 여타 다른 사극의 서사보다 입체적으로 다가온다. 입체적으로 다가오는 <육룡이 나르샤>의 서사는 대표적으로 세 가지다.

난세를 발판 삼아 도약하는 두 개의 이니시에이션 스토리, 이성계 대 이방원

전쟁터에서 잔뼈가 굵은 무장 태조 이성계가 정치적 지도자로 성장해가는 역사를 각색한 것은 <육룡이 나르샤>가 가진 매력적인 지점 중의 하나다. 그것은 건국 서사의 영웅인 태조 이성계를 성장 서사의 기법으로 묘사하기 때문이다. <육룡이 나르샤>에서 태조 이성계의 성장 서사는 '이니시에이션 스토리(initiation story)'로 읽어야 한다. '이니시에이션 스토리'란 인류학의 개념으로 볼 때 소년이 성인 사회로 진입하기 위해서는 통과의례를 거쳐야 한다는 뜻이다. 이때 통과의례를 치르는 과정에서 육체적 고통이나 금기를 어겼다는 것에 대한 정신적 고통이 따른다는 것은 이니시에이션 스토리의 필요충분조건이다. 드라마 속 태조 이성계는 끊임없이 고려를 무너뜨리고 조선을 건국하여 대업을 이뤄내라고 정도전에게 촉구당한다. 정도전의 촉구는 계속해서 사적 영역에서 공적 영역으로 이행시켜 이성계를 정치적 지도자가 되게 하려는 시도다. 사실 서사

초반 <육룡이 나르샤> 속 이성계가 사적 영역에서 쉽게 벗어나지 못하는 이유는 그가 이미 자신과 혈연적 관계를 맺고 있는 가족들을 저버리지 않겠다는 금기에 본인을 가두었기 때문이다. 그럼에도 불구하고 이성계는 어느 순간 선택의 기로에 놓였고 금기를 어기게 된다.

드라마 중반부의 가장 극적인 구조였던 위화도 회군 사건이 선택의 기로다. 특히 <육룡이 나르샤>는 위화도 회군 사건을 이성계가 치르는 하나의 통과의례로 그려낸다. 승리가 불확실한 전쟁을 앞둔 요동 정벌을 위해 출정했던 이성계는 위화도 회군이라는 선택의 기로에 놓이게 된다. 다수의 병사를 구하기 위해 사적 영역을 이탈하고 인질로 붙잡혀 있는 가족을 버릴 것인가. 아니면 병사들을 희생시키더라도 가족의 목숨을 위해 사적 영역을 지킬 것인가. 드라마는 두 가지의 선택 속에 놓인 이성계의 내적 갈등에 집중한다. 결국 이성계는 사적 영역에서 벗어나 공적 영역으로 넘어가고자 한다. 수많은 병사를 살리기 위해 위화도 회군을 결단하고 조선 건국의 첫 단계인 군사적 혁명을 감행한 것이다. 위화도 회군을 결단하는 시점에서 자신의 가족의 이름을 차례차례 부르며 정신적으로 고통스러워하는 이성계의 모습이야말로 '이니시에이션 스토리'에서 소년이 성인 사회에 진입하기 위해 금기를 깨며 정신적 고통을 당하는 모습과 매우 유사하다.

이를 통해 이성계의 성장 서사는 한 명의 자연인이 정치인으로 성장하는 과정을 보여준다. 정치적 지도자가 되기 위한 통과의례는 '사'와 '공' 중에 무엇을 선택할지에 대한 과제이다. '공'을 선택하고 '사'를 버리는 순간에 분명 한 개인에게는 감당하기 힘든 정신적 고통이 따른다. 그럼에도 불구하고 이런 정치적 담금질로 정치적 지도자의 가장 큰 덕목인 정치적 책임 의식을 갖출 수 있다. 다시 말하면, 국가를 책임지겠다는 정치적 지도자는 권력에 대한 의지와 정치적 결단을 지니기 위해서 항상 '사'를 버리고 그에 수반되는 고통을 끝까지 감내해야 한다는 것을 태조 이성계의 '이니시에이션 스토리'는 함의하고 있다.

그뿐만 아니라 <육룡이 나르샤>는 태조 이성계의 아들인 태종 이방원까지 '이니시에이션 스토리'로 풀어낸다. <육룡이 나르샤>에서 묘사되는 태종 이방원은 청년이다. 이전에 방영됐던 <용의 눈물>(1996)과 <정도전>(2014)에 비교했을 때 외형적으로 가장 젊은 이방원의 모습에 주목한다. 청춘의 이미지로 자리매김한 배우 유아인이 이방원을 연기해서일까. '선'과 '정의'라고 생각했던 가치가 짓밟히는 난세에서 좌절하고 절망하는 이방원의 모습은 시대적 아픔 속에 방황하는 청년의 이미지로 묘사된다. <육룡이 나르샤> 속 이방원은 냉혹한 군주 태종 이방원이 아닌 절망하고 좌절한 뒤 꿈을 위해 희망을 품고 난세를 발판 삼는 청년 이방원이다. 여기서 그의 성장 서사의 모티브는 전반부에서 '친아버지를 죽이고 새아버지 찾기'로 시작해 후반부에서 '새아버지를 죽이고 스스로 아버지 되기'라는 성장 서사로 마침표를 찍는다. 이는 '이상적 인간상'에 도달하고자 두 번의 통과의례를 거쳐야 하는 남자의 이야기라고 할 수 있다. 그러니까 <육룡이 나르샤>에서 직접적으로 이방원은 유년시절 자신의 '이상적 인간상'을 '잔트가르(몽골어로 최강의 사내)'로 인식하는데 처음에는 자신의 아버지 태조 이성계를 '잔트가르'로 동경한다. 하지만 아버지 태조 이성계가 자신이 악으로 규정했던 도당 3인방 중 한 명인 이인겸에게 머리를 숙이는 모습을 목격한 시점부터는 아버지 '이성계'를 자신의 이상적 인간상인 '잔트가르'의 자리에서 내쳐버린다. 동시에 고려를 전쟁의 위기로 몰아넣으려 했던 이인겸의 악행에 저항해서 승리를 거둔 삼봉 정도전을 자신의 세계관의 새아버지로 모신 것이다. 정도전이 가진 사상과 신념을 동경하며 그를 새 '잔트가르'로 인식한 청년 이방원. 따라서 드라마 전반부에서 보여주는 이방원의 성장 서사는 정도전이라는 이상적 인간상에 도달하고자 하는 과정에 가깝다. 그러나 고려의 충신 정몽주를 두고 견해 차이를 보이면서 새아버지의 자리에 있었던 정도전 또한 이방원의 세계관에서 추방당한다. 정도전의 신념인 선한 수단만이 선한 목적을 이룰 수 있다는 '대업'을 이방원이 거부했기 때문이다. 그 대신 이방원은 선한 목적을 위해 악한 수단도 마다치 않는 '패업'을 자신의 세계관 속에 안착시킨다. 정몽주를 죽이고 왕자의 난에서 자신이 이상적 인간상으로 여겼던 새아버지이자 스승인 정도전마저도 죽이게 되는 이유도 그 때문이다. 결국 난세 속에서 청년 이방원의 성장 서사는 우리가 누군가를 동경과 선망의 대상으로 여기고 이상적 인간을 따라가는 과정 속에서 그 이상을 내치고 자신만의 확고한 자아와 신념을 갖게 되기까지의 고군분투와 그 맥을 같이하는 것이다. 이는 아버지 태조 이성계와 아들 태종 이방원이 그들에게 다가온 고난과 역경의 시기인 '난세'를 발판 삼고 각기 나름의 통과의례를 거치고 이상적 인간상을 향해 끊임없이 도약하고 담금질하는 성장 서사인 것이다.

'욕망'에 대한 정치철학적 함의를 논하는 방식: 보이지 않는 대립 구도

이야기의 극적 구조를 위해 인물과 인물 간의 대립 구도는 뺄 수 없는 장치다. <육룡이 나르샤>의 시대적 배경은 '여말선초'라는 난세니까 인물 간의 대립 구도를 만들기에는 더할 나위 없다. 고려 유지파와 조선 혁명파 간의 대립 구도, 신권과 왕권을 둘러싼 정도전과 이방원의 대립 구도, 모두 역사적 사건이다. 하지만 이는 역사 속에 실제 있었던 갈등이기 때문에 각색이 아무리 창의적일지라도 창작된 이야기에 비해 평면적일 수밖에 없다. 그래서 <육룡이 나르샤>는 또 하나의 보이지 않는 대립 서사를 진행시킨다. 시배층이며 실존 인물인 정도전과 피지배층이며 허구적 인물인 무명의 수장 연향과 그녀의 딸 백성 분이 사이에서 진행되는 대립 서사다.

이미 말했듯이 '보이지 않는 대립 서사'이다. 직접적인 충돌이 될 만한 사건은 없었기 때문이다. 그 대신 그 자리에 각 인물이 가진 신념과 가치관의 충돌을 통한 대립 서사를 내세운다. 대립할 만한 논제는 "인간은 '욕망'을 어떻게 볼 것인가?"라는 물음이다. 인간이 가진 사적 감정 중 하나인 '욕망'이 어떻게 대립 서사의 주제 의식이 될 수 있다는 것인가? 답을 위해 여섯 인물이 왜 고려를 거악으로 규정했는지에 대한 이유를 알고 있어야만 한다. 극 전반부 <육룡이 나르샤>는 약육강식이라는 논리에 빠져 있는 고려의 불평등한 경제적 구조를 묘사하기 위해 사활을 건다. 고려의 전 국토의 7할이 소수 귀족들의 소유였다는 것이다. 그러므로 백성들이 송곳 꽂을 땅 하나 없이 굶어 죽어가는 모습은 여섯 인물이 고려를 왜 거악으로 규정했는지에 대한 설득력을 여실 없이 보여준다.

이런 시대적 모순을 조건으로 정도전과 분이와 연향의 대립 서사는 인간의 욕망을 묻고 있다. 인간의 욕망을 묻고 있는 시점은 드라마 중반부에서 혁명파를 막고 조선 건국을 저지하고자 했던 비밀 조직 '무명'의 수장 연향과 조선의 설계자 삼봉 정도전의 논쟁에서 시작된다. 정도전의 신념은 인간의 '욕망'을 신뢰하지 않는다. '욕망'이 잉태한즉 사적 이기심을 낳았고 귀족들의 사적 이기심 때문에 민생이 도탄에 빠지는 시대적 모순을 낳았다는 것이다. 정도전이 주장한 사전 혁파와 정전제 실시를 위한 계획은 인간의 '욕망'을 통제하기 위한 정치적 장치일 뿐이다. 정반대로 무명의 수장 연향은 인간의 '욕망'은 이익을 낳았고 사람은 항상 이익을 추구했기 때문에 그만큼의 시대적 발전을 이뤄냈다는 것이다. 이는 성리학적 이념을 통해 '욕망'을 통제하려는 정도전의 이념이 시대의 발전을 퇴보시킬 것이라는 사유로 연결된다. 백성 분이는 '욕망'을 긍정하는 측면에서 연향의 연장선상으로 보일 듯하다. 다수의 백성들 앞에서 '욕망'을 가져야만 땅을 가질 수 있다는 분이의 주장은 피지배층들에게 정치적 각성을 촉구하는 수단으로 '욕망'을 이해했다. 여기에 사전 혁파와 정전제를 실현한다는 정도전의 신념을 목적으로 제시한다.

그러니까 세 인물은 정반합의 관계를 통해 서로가 서로에게 안티테제로서 작동했던 것이다. 결론적으로 세 인물의 보이지 않는 대립 서사는 단순히 사적 영역에 존재했던 인간 본연의 감정을 공적 영역으로 이행시켜 인류 공동체가 끊임없이 고민했던 경제적 평등에 대한 정치철학적 함의를 지닌 것이다.

<뿌리깊은 나무>의 프리퀄 <육룡이 나르샤>의 이토록 뿌리 깊은 협(俠)의 세계관

무협 액션은 액션과 이야기의 흐름, 액션과 감정의 흐름 그리고 액션의 인물적 성격이 상호 융합을 추구하는 과정에서 단순한 액션이 아닌 예술적 표현이 된다고 한다. 쉽게 말하면 무협 액션은 오락과 재미만을 추구하는 기능만이 아닌 철저히 이야기에 봉사하는 과정에서 그것만이 가진 철학적 사유를 전달할 수 있는 것이다.

<육룡이 나르샤>는 <뿌리깊은 나무>의 프리퀄 드라마다. 세종의

한글 창제 과정을 그린 <뿌리깊은 나무>의 무협 액션은 왕조가 교체되는 시기인 '여말선초'를 배경으로 한 <육룡이 나르샤>에서도 사용된다. 어찌 보면 '여말선초'라는 난세에서 무협 액션은 선택이 아닌 필수다. 무협 액션을 체현하는 인물은 삼한제일검 이방지와 조선제일검 무휼이다. 전작 <뿌리깊은 나무>에서 세상을 등지고 숨겨진 무협의 고수로 설정된 노년 이방지와 세종의 호위 무사 장년 무휼은 <육룡이 나르샤>에서 젊은 시절의 무사들로 회귀한다. 젊은 시절 두 인물은 자신들만의 서사 속에서 무협 액션이 가진 구체성과 독자성을 명확히 드러낸다. 그뿐만 아니라 정의를 구현하기 위해 무술과 힘을 사용하겠다는 '무협'의 의미를 두 인물이 가진 각자의 서사 속에서 같은 듯 다르게 구현한다. 부수적으로 무협 액션은 서사의 측면에서도 <뿌리깊은 나무>와의 연결 고리를 위해 부단히 노력한다.

이방지의 무협 서사는 공동체의 안녕과 평화를 위해 악을 방벌하는 과정의 여정이다. 이방지의 무협은 악인이 저지른 범죄에 대한 심판을 통해 교정적 정의를 실현하겠다는 의미다. 드라마 전반부의 무협 서사는 온전히 이방지의 몫이다. 이방지의 무협 액션을 악을 방벌하고 공동체의 교정적 정의를 실현하겠다는 의미로 받아들일 수 있는 대표적인 두 장면이 전반부에 집중적으로 배치됐기 때문이다. 고려의 거악인 도당 3인방 중 한 명인 백윤을 처단하는 장면과 삼한제일검으로 군림하며 백성들을 약탈했던 길태미와의 검술 대결 장면이다. 두 장면에서 이방지는 속력을 동력 삼아 빠르고 유연한 검술로 상대방을 제압하는 무협 액션을 선보인다. 영상을 통해 연출되는 이방지의 무협 액션은 행동주의자가 보여주는 가장 아름다운 예술적 표현이다. 허나 잊지 말자. 무협 액션의 시각적 연출은 무협에 대한 사유를 거들 뿐이라는 것을. 결국, 이방지의 무협 서사가 빛을 발했던 것은 약자에게 전횡과 횡포를 일삼았던 악인들을 방벌한다는 정의로운 사명감임을 잊지 않아야 한다. 비록 악인들을 방벌하기 위해 힘껏 싸웠지만 태평성대가 오지 않았던 것을 목격한 이방지. 그래서인지 <뿌리깊은 나무> 속 노년 이방지는 세상을 등진 채 홀로 외로이 떠다니는 무협의 고수로 묘사된다. 자신의 무협이 이뤄지지 않았다는 자책과 함께 말이다.

대조적으로 무휼은 악을 방벌하는 것이 아닌 선을 보호하기 위해 검을 든다. 항상 공격이 아닌 방어를 최우선으로 하는 교전 수칙을 갖고 상대방과 대결하는 무사 무휼. 드라마 전반부에서 처음 칼을 빼들었던 이유는 왜적들에게 죽을 위기에 처한 자신의 주군인 이방원과 백성 분이를 지키기 위함이다. 중반부에는 역시 자신의 주군 이성계를 지키기 위해 홀로 수십 명의 무사를 상대한다. 마지막 후반부까지 이방원과 분이가 다시 죽을 위기에 처하자 반드시 지켜낼 것이라는 맹세와 함께 검을 든다. 세 장면에서 무휼은 큰 신체와 특유의 괴력을 활용해 상대방을 제압하는 무협 액션을 선보인다. 영상에 담긴 무휼의 무협 액션의 호쾌한 타격감을 쉽게 잊지 못할 것이다. 허나 무협 액션 그 자체에만 매몰되지 말자. 검을 휘두르는 행동이 아닌 왜 검을 들었는지에 대한 행위 동기에다 방점을 찍자. '무협'은 결국 불의의 폭력에 노출된 이들을 지켜내야 한다는 보호 정신에 대한 무휼의 신념이다. 그리고 이런 무휼의 무협 정신은 훗날 백성을 위해 한글 창제를 이뤄냈던 세종을 호위하는 시점인 <뿌리깊은 나무>까지 이어진다.

끝을 맺자면 <육룡이 나르샤>와 <뿌리깊은 나무>의 세계관이 연결될 수 있었던 결정적인 이유는 무휼과 이방지가 각자만의 무협 액션을 체현하는 과정을 그린 무협 서사임을 잊지 않아서다. 또한 <뿌리깊은

나무>의 두 무협 인물이 '검은 흉기고 검술은 살인술'이라는 잔인한 현실을 받아들이는 토대 위에 무협에 대한 의로운 정의를 믿고 있는 서사의 시작점이 <육룡이 나르샤>임을 잊어서는 아니 될 것이다.

에필로그

세상은 항상 난세다. 어제도 오늘도 내일도, 항상 누군가에게는 난세일 것이다. 그렇기에 저마다 난세 속에 놓인 사람들은 난세를 평정하기 위해 몸부림칠 거다. 그 몸부림은 저마다의 역사를 이뤄내기 위한 행동이다. 난세를 평정하기 위해 각자만의 역사를 구현하며 <육룡이 나르샤>에서 여섯 용으로 호명됐던 여섯 명의 영웅처럼.

입선

불편한 '슈퍼맨'

<슈퍼맨이 돌아왔다>를 통해 본 한국 미디어의 가족 이데올로기

임혁

TV의 생각 굳히기

"아빠는 왜 달라?" 아이 엠 샘의 주인공 루시(다코타 패닝 분)가 아빠인 샘 도슨(숀 팬 분)에게 한 말이다. 루시의 질문에 일곱 살 정도의 지능을 가진 자폐증 환자인 아빠 샘은 "미안하다"라고 답한다. 하지만 아빠의 이러한 답변에 루시는 "괜찮아요, 다른 아빠들은 아이들과 같이 절대 공원에 안 오거든"이라고 답한다. 이 영화는 비록 지능이 낮은 아빠와 도망가버린 엄마, 그리고 한 아이로 구성된 가정이라 해도 행복하고 평범한 가정을 이룰 수 있다는 것을 보여준다.

한국 사회에서 '정상적인 가족 이데올로기'는 오랜 시간 미디어를 통해 다양한 방식으로 전해져 내려왔다. 드라마, 예능, 다큐멘터리 등에서 한부모 가정, 동남아 다문화 가정은 보통 연민의 감정을 느껴야 하는 대상으로 그려진다. 필자는 <슈퍼맨이 돌아왔다>가 한국 사회의 소위 '정상적인 가족 이데올로기'를 어떻게 강화하고 있는지에 대해 고민해보았다. <슈퍼맨이 돌아왔다>를 통해 비춰지는 가정은 우리가 흔히 생각하는 다정한 부모님과 부유한 가정, 그리고 밝은 아이가 있는 화목한 가족의 프레임에서 벗어나지 못한다. <슈퍼맨이 돌아왔다>에 등장하는 다정한 아버지는 어린 자식들과 유대감을 쌓고 함께 시간을 보낸다. 그리고 <슈퍼맨이 돌아왔다>에서 보이는 가정은 언제나 화목한 가정이다. 가정의 구성은 아버지와 어머니, 그리고 사랑받는 아이들로 이루어져 있다. 필자는 <슈퍼맨이 돌아왔다>에서 그리고 있는 가정이 과연 현실 세계를 얼마나 반영하고 있는지에 대한 의문이 생겼다. 즉 필자는 <슈퍼맨이 돌아왔다>가 현실 세계와 얼마나 다른지를 분석하고 그 간격은 우리에게 어떤 영향을 끼치는지 알아보고자 한다.

행복한 가족! 평범한 가족?

SBS <오! 마이 베이비>(2014. 1. 13~2016. 8. 20), MBC <아빠! 어디가?>(2014. 1. 26~2015. 1. 18), 그리고 현재까지 인기리에 방영 중인 KBS <슈퍼맨이 돌아왔다>(2013. 11. 3~) 등 여성의 역할로 여겨지던 육아가 근래에 들어 남성의 역할로까지 확대되면서 다양한 육아 예능 프로그램이 등장하였다. 하지만 한 부모 가정, 동성애 가정, 장애인 가정 등 다양한 가정에 대해 다룬 경우는 없다.

여성의 역할로 여겨지던 육아가 근래에 들어 남성의 역할로까지 확대되면서 다양한 육아 예능 프로그램이 등장하였지만 프로그램이 다양해졌다고 해서 지상파 3사의 육아 예능 프로그램에 그만큼 다양한 출연자가 등장하였는지는 의구심을 갖지 않을 수 없다. 위 방송 3사에서 다루고 있는 육아 예능을 살펴보면 한 부모 가정, 동성애 가정, 다문화 가정에 대한 이야기는 사실상 거의 다루고 있지 않다. 예외적으로 다문화 가정(추성훈·야노 시호)이야기가 나오지만 야노 시호가 일본인이라는 점, 그리고 일본이 우리의 인식에서 차별의 대상으로 여겨지고 있지 않다는 점에서 필자가 이야기하고 싶은 상대적으로 우리의 인식에서 차별받고 있는 필리핀, 베트남 같은 동남아 출신의 외국인 노동자로 이루어진 다문화 가정의 이야기와는 상당한 거리가 있다. 물론 한 부모 가정, 동성애 가정, 다문화 가정에 대해 이야기하는 프로그램이 전무한 것은 아니다. 다만 위에서 언급한 가정에 대해 이야기하는 프로그램을 자세히 살펴보면 그들을 동정과 연민의 대상으로 그리고 있다. 대표적인 예로 휴먼 다큐멘터리 <동행>의 “엄마의 빈자리” 편은 엄마 없이 살아가는 한 부모 가정을 보여준다. “엄마의 빈자리” 편에서 <동행>은 한 부모 가정을 연민의 대상으로 그린다. 물론 이 편을 통해 한 부모 가정에 대한 관심을 늘리고 그들에 대해 사회적 도움이 늘어날 것이지만 필자가 말하고 싶은 것은 휴먼 다큐멘터리 <동행>의 효과를 이야기하자는 것이 아니다. 왜 한 부모 가정을 불행한, 불쌍한 가정으로만 그리고 있는가를 말하고 싶은 것이다. 이러한 동향은 프로그램을 시청하는 수용자에게 차별적 인식을 심어줄 수 있다. <동행>의 시청자의 옆집에 한 부모 가정이 산다면 그들에 대해 시청자는 어떻게 인식할까? 아마 그들을 연민의 대상으로 인식할 확률이 높다. 부모 중 한 사람이 없다는 사실 하나만으로 그들이 연민의 대상이 되고 마는 것이다.

이제는 한국 사회의 큰 이슈가 된 다문화 가정에 대해서도 많은 이야기가 만들어지고 있다. 하지만 다양한 이야기가 만들어지고 있는지는 의문이다. 지금까지 만들어진 내용의 면면을 자세히 살펴보면 고부 간의 갈등, 문화 차이로 고생하는 가정, 차별받는 이야기가 주를 이루고 있다. 물론 화목한 가정에 대해서도 이야기하고 있지만 그러한 경우는 소위 '잘사는 나라'에서 온 외국인 가정일 경우로 한정되어 있다. <슈퍼맨이 돌아왔다> 또한 다양하게 구성된 가정에 대한 이야기를 차단한 채 완성된 가정이라고 인식될 수 있는 가정의 모습만을 보여줌으로 한국 사회의 '정상적인 가족 이데올로기'를 강화하는 역할을 하고 상대적 박탈감을 줄 수 있다.

화면 속에만 존재하는 가족

육아에서 남성이 차지하는 영역의 확대는 미디어를 통해서도 엿볼 수 있다. <슈퍼맨이 돌아왔다>는 가족에서 소외되고, 자녀에게 소홀했던 아빠들이 아이들과 48시간 동안 함께하며 겪는 육아 에피소드를 보여주겠다는 취지로 방영을 시작했다. 이러한 취지에 맞게 <슈퍼맨이 돌아왔다>는 아빠와 아이가 함께 다양한 방식으로 시간을 보내는 것이 주 내용이다. 하지만 필자는 <슈퍼맨이 돌아왔다>에서 아이와 아빠 사이의 돈독한 유대감이 아닌 다른 어떤 불편함을 느꼈다. 이러한 불편함이 생기게 된 이유는 TV를 통해 보이는 슈퍼맨이 현실에 과연 얼마나 많이 존재할 수 있을까라는 의문과 그렇지 못한 가족이 느낄 수 있는 상대적 박탈감 때문이다.

한국 직장인의 평균 노동시간은 2200여 시간으로 OECD 회원국 34개 중 멕시코 다음으로 2위에 올라가 있다. 이는 OECD 평균의 1.3배이고, 34위인 네덜란드보다 1.6배 높다. 하지만 실제 육아가 필요한 아이를 가진 부모의 노동시간은 평균 2200시간보다 높을 것으로 추정된다. 그렇다면 아이와 48시간을 함께 보낼 수 있는 아빠가 과연 대한민국에 얼마나 될 것인가도 문제지만, 함께하는 시간을 매주 다른 방식으로 보내는 것이 가능한 아빠가 얼마나 있을까? 예를 들어 고급 식당에서 거리낌 없이 음식을 주문하고, 한 주 걸러 한 번은 국내외 여행을 다니는 것처럼 말이다. 필자는 이러한 <슈퍼맨이 돌아왔다>의 화려하고 화목한 가정이 부모들뿐 아니라 나아가 아이들에게도 상대적 박탈감을 줄까 걱정이 된다. 그뿐만 아니라 대부분의 에피소드가 각종 체험·교육 활동에 참여하는 모습을 보여준다. 하지만 체험·교육 활동에 얼마가 드는지, 얼마나 많은 시간을 들여야 하는지는 보여주지 않는다. 보통의 부모가 아이와 함께할 수 있는 시간은 주말밖에 없다. 많은 시간과 돈을 쉽게 쓸 수 없는 많은 부모에게 <슈퍼맨이 돌아왔다>는 죄짓는 마음을 갖게 할 수 있다. 한 가정주부는 자신의 아이에게 <슈퍼맨이 돌아왔다>를 보여주지 않는다고 한다. 프로그램에 나오는 아이들이 사용하는 장난감이나 입고 있는 옷을 보면 사달라고 조르기 때문이라고 그 이유를 밝혔다. 단순히 조르기만 한다면 아이를 위해 사줄 수도 있겠지만 그 가격이 만만치 않다는 것이 문제다. 티셔츠 하나에 10만 원에 육박하니 쉽게 사주기도 어렵다는 것이다. TV가 보여주는 정상적인 가족은 우리에게는 화면 속에만 존재하는 가족이나 다름이 없다. 그래서인지 <슈퍼맨이 돌아왔다>를 보고 있으면 재미있는 한편 마음 한구석에서 씁쓸함을 느낀다.

미디어의 이데올로기 강화

수용자들은 단순하게 프로그램이 주는 정보를 있는 그대로 받아들이지 않는다. 수용하는 과정에서 자신의 경험이나 현실 등에 비추어 받아들인다. 그렇기 때문에 프로그램 제작자가 전달하고 싶었던 내용과 수용자가 이해하고 받아들이는 것에는 많은 차이가 있을 수 있다. <슈퍼맨이 돌아왔다>도 제작자의 의도와 다른 담론을 형성할 수 있다. 필자가 <슈퍼맨이 돌아왔다>에서 발견한 숨겨진 담론은 정상적 가족 이데올로기를 강화시킨다는 것이다. 과거 불행한 가정으로 여겨지던 다문화 가족, 동성애 가족, 한 부모 가족 등의 다양한 형태의 가족은 <슈퍼맨이 돌아왔다>가 보여주는 정상적인, 행복한 가족에 의해 다시 한번 불행한 가족이라는 인식이 강화된다. 또한 형식적으로 정상적인 가족의 모습을 하고 있더라도 부유하지 못한 가족은 상대적으로 불행한 가족이라는 생각을 강화한다.

필자는 <슈퍼맨이 돌아왔다> 같은 프로그램이 더 이상 방영되지 말아야 한다고 말하고 싶은 것이 아니다. 다만 다양한 가족이 존재하고 이러한 가족 또한 행복할 수 있다는 것을 보여주는 기회를 가졌으면 한다. 연예인이 아닌 일반인 중에는 다양한 형태의 가족이 많이 있다. 미디어가 공공재의 특성을 잘 실현시키기 위해 다양한 모습을 보여줄 필요가 있다. 이처럼 다양한 가족의 형태를 보여주는 것으로, 상대적 박탈감을 부여하는 정상적인 가족 이데올로기에서 벗어날 수 있음을 말하고자 한다.

입선

'1인 가구의 증가'라는 사회적 트렌드와 이를 조명하는 미디어의 역할

MBC <나 혼자 산다>에 대한 시청자 비평

허석준

통계청의 인구 총조사 자료에 따르면 우리나라의 1인 가구는 2015년 현재 전체 가구에서 27.2%를 차지하고 있다. 총가구의 4분의 1이 1인 가구인 셈이다. 또 계속해서 1인 가구는 상당히 가파른 증가세를 보이고 있고, 특히 1인 가구 중에서도 중년 1인 남성 가구가 가장 빠른 속도로 증가 추세에 있다는 것은 주목할 만한 사실이다. 이제 혼자서 일상을 꾸려가고 즐기는 모습은 더 이상 낯선 이야기가 아닌 것이다.

또한 이와 관련해서 경제적, 사회적으로 많은 변화가 일어나고 있는데, 1인 가구는 2인 이상 가구에 비해 소득 수준이 낮고 소득 격차도 크지만, 평균 소비성향은 상승세를 지속하고 있다는 점과 이로 미루어 1인 가구의 확대가 소비시장에 미칠 영향에 온 사회가 주목하고 있는 것이 사실이다.

이런 사회적 변화에 맞추어 미디어 역시 발 빠르게 1인 가구를 주제로 삼는 프로그램을 선보이고 있는데 대표적인 프로그램으로는 이미 2013년부터 꾸준히 방송해온 MBC의 <나 혼자 산다>가 있다. MBC에서는 이 프로그램을 "독신 남녀와 1인 가정이 늘어가는 세태를 반영해 혼자 사는 유명인들의 일상을 관찰 카메라 형태로 담은 다큐멘터리 형식의 예능 프로그램"이라고 소개하고 있다. <나 혼자 산다>는 "1인 가구가 트렌드가 된 현시점에서 프로그램을 통해 사회적 공감대를 형성"한다는 편성 취지에 걸맞은 구성, 독특한 소재와 재미로 꾸준한 시청률을 유지해오고 있다.

자극적이거나 선정성 일색으로 도배한 요즘 시대의 많은 프로그램에 비해 시청자의 시선을 끌기에 부족하지 않나 싶을 정도로 이 프로그램은 밋밋하고 조용하다. 좀 더 부연하자면 떠들썩하게 나대지 않는다는 표현이 맞겠다. 유명 MC가 진행을 맡기는 하지만 그게 지나치게 부각되어 프로그램을 MC가 대표하는 느낌이 드는 것도 아니고, 출연자가 모두 현역 최고의 스타만으로 이루어진 것도 아니다. 하지만 조용하게 그리고 꾸준히 충성스런 시청자를 늘려가고 있으며, 특히 늘어가는 1인 가구의 전폭적인 지지를 얻으면서 금요일 밤 시간대 시청률의 견인차 역할을 톡톡히 해왔다.

과연 이 프로그램이 이렇게 꾸준한 인기를 유지하는 비결은 무엇일까? 그리고 앞으로 MBC의 <나 혼자 산다>가 나아가야 할 방향은 무엇인지 이야기해보려 한다.

MBC의 <나 혼자 산다>는 물론 앞서 말한 1인 가구 증가라는 시대적 트렌드를 지향한 방송 프로그램이지만, 방송에서 보여주는 1인 가구가 평범한 대중, 일반인들의 혼자 사는 모습을 보여주는 것은 아니다. 기획 의도에 쓰인 것처럼 '유명인들', 주로 연예인들 또는 사회적 유명 인사 등의 혼자 살고 있는 모습을 보여주고 이야기하는 프로그램이다.

유명 인사의 삶을 조명한다 하여 일반 대중과 거리가 있을 법한 모습의 사는 이야기 따위로 위화감을 조성할 것이라는 선입견도 적잖게 있었지만, 막상 방송이 시작되고 시청자들은 그런 선입견은 기우였음을 깨달았다. <나 혼자 산다>에서 보여주는 삶의 모습이 반드시 화려한 것만은 아니었기 때문이다. 의외의 모습을 보여주는 출연자가 더 많았고, 그런 모습이 더욱 화제가 된 적이 많았다. 마땅한 거처를 구하지 못한 유명 웹툰 작가는 회사 사무실에서 일정 기간 눈칫밥을 먹어가며 노숙 아닌 노숙도 하고, 한류 열풍의 주역으로 새롭게 떠오르고 있는 가수는 화려한 무대에서의 모습과는 달리 초라한 옥탑방에서 탈출해 사무실 건물 5층으로 직접 이사하는 동안 땀을 뻘뻘 흘리며 이삿짐과 씨름하는 모습도 보여준다. 또 한 시대를 풍미했던 1세대 아이돌 그룹의 리더는 그의 이미지와는 전혀 어울리지 않는 상상 이상의 인테리어와 살림 솜씨를 뽐내는가 하면, 반대로 얌전하고 차분한 이미지의 여성 출연자는 혼자 지내는 집에서 남자 못지않은 털털한 모습을 보여 놀라움을 주기도 한다.

물론 출연 인물 중에는 일상의 모습이 화려한 이들도 있었다. 하지만 대부분의 출연자의 일상은 평범함, 그 이상도 이하도 아닌 시청하는 대중과 다를 바 없는 정도이다. 그리고 단순히 유명 스타의 화려한 일상이 이 프로그램의 인기 비결이 아니라는 점은 시청률이 반증하고 있다. 유명하지 않은 인디 밴드의 리더가 도시에서 자연 친화를 추구하는 소박한 싱글 라이프처럼 오히려 독특한 매력을 지닌 일상이 소개될 때에 시청자의 반응이 더 뜨거웠기 때문이다.

이처럼 이 프로그램은 시청자가 궁금해하던, 선망의 대상일 수도 있는 유명인의 그런 평범한 일상을 적나라하게 보여주는 진지함과 더불어 마치 시트콤의 에피소드를 보는 듯한 재미도 함께 제공하고 있다. 대중의 흥미와 공감을 적절하게 잘 공략한 이런 요소가 3년여의 시간 동안 꾸준히 충성스런 시청자를 확보해온 인기 비결이라 할 수 있다.

특히 이 프로그램은 남의 눈을 많이 의식하고 또 다른 사람의 삶을 궁금해하는 한국인 특유의 집단주의적 정서와 더불어 애착, 선망의 대상에 대한 관찰 욕구가 잘 결합되어 흥미를 유발한다. 하지만 그렇다고 해서 단순히 출연자가 인기도에 따라 결정되는 것은 아니다. 물론 프로그램을 위해서는 현재 인기 있는 연예인이나 유명인의 출연이 필수적인 것은 제작진의 당연한 입장일 것이다. 하지만 편집 과정을 거치든 아니든 대부분의 일상이 공개되는 데에 부담을 갖는 인물들의 출연 고사도 많을 것이다. 그러다보니 방송을 통해 보이는 출연 인물들은 인기보다는 개인의 솔직함에 그 섭외 기준을 두는 느낌이 강하다. 그리고 이런 섭외 경향은 결국 프로그램의 주관적 성격이 인기보다는 인물의 솔직함을 중요하게 생각한다는 느낌을 시청자 입장에서 받게 되는 긍정적 결과를 가져온 셈이다.

반면에 같은 측면으로 우려되는 부분도 적지 않다. 그동안 긍정적으로 쌓인 프로그램의 이미지에 편승하여 이제 막 활동을 시작하려는 신인 연예인이나 한동안 브라운관에서 모습을 감췄던 중견 연예인이 재기 및 홍보의 수단으로 악용할 수도 있기 때문이다. 시청자의 관심도를 감안해 현재 가장 이슈가 되는 인물의 출연은 당연할 수밖에 없다. 특히 출연자의 섭외가 프로그램의 가장 큰 구성 부분일 수밖에 없는 만큼 더욱 출연자 섭외에 주의를 기울여야 한다. 출연한 영화의 개봉을 앞두고, 혹은 드라마 출연 직후 섭외되어 단발성으로 나오는 모습 등은 잠시 시청자의 관심을 끌기 위해 의도된 연출이라고밖에 보이지 않을 수도 있다.

이와 비슷하지만 반대로 항상 일정 시기에만 거론되는 스포츠 스타들은 물론 훈련 일정 등 조율이 힘든 부분도 있겠지만 주기적인 편성으로 꾸준한 모습을 보여줄 수 있었으면 하는 아쉬움이 남는다.

이동통신의 비약적인 발전 이후로 근래 몇 년 사이에는 일면식도 없는 타인과 SNS로 실시간으로 소통하는 시대가 되었지만 다른 사람의 사는 모습을 직접 보는 기회는, 즉 타인의 집에 방문하는 기회는 오히려 예전보다 더 줄어든 것이 사실이다. 이런 현실에서 겪을 수 있는 1인 가구의 고충은 바로 생활하면서 생기는 여러 가지 문제에 대해 해결 방법을 찾기 쉽지 않다는 것이다. 물론 인터넷 검색을 이용할 수도 있지만, 사소한 생활의 노하우라든가 하는 부분은 직접 사람들과 일상을 공유하면서 자연스레 터득하는 것이 많기 때문이다. 그런 이유로 이 프로그램은 일상의 공개, 즉 시청자의 입장에서 유명인의 삶을 들여다보는 재미에만 국한되지 않고 나와 다른 타인의 삶의 방식을 보고 필요한 정보나 노하우를 알게 되는 유익함도 같이 전해줄 수 있을 거라는 긍정적인 기대치가 높았다.

하지만, 실제 프로그램을 시청하다 보면 그런 기대는 먼 이야기가 되고 만다. 다큐멘터리 형식의 예능 프로그램이라도 역시 뼈대는 예능 프로그램인 만큼 이 프로그램이 주는 가벼움은 피할 수 없는 장점이자 단점이기 때문이다. 1인 가구의 모습에 단점이나 부정적인 부분을 가볍게 덜어주어 웃어넘기며 시청할 수 있게끔 해주기도 하지만, 상기 방송이 지향하는 '싱글 라이프'에 대한 진지한 관찰과 철학, 그리고 '지혜로운 삶의 노하우'라는 측면은 비중 없이 스쳐 지나가거나 희화화되어 버리기 일쑤다.

프로그램이 단순히 시트콤이나 드라마처럼 등장인물들이 바로 이야기를 진행하는 형식이 아니라, 형식적으로는 MC와 패널들이 등장하고 출연하는 이의 하루 중 오전·오후·저녁 시간으로 구성된 각 VCR의 사이에 짧은 이야기도 나누는 만큼, 재치 있는 입담도 중요하지만 프로그램의 취지에 맞게 '싱글 라이프'에 대한 깊이 있는 관찰 후기와 살면서 필요한 지혜 등을 간략하게나마 정리해 시청자에게 전달할 필요가 있다.

그리고 출연자의 일상생활 중에 오랫동안 본인이 즐겨온 취미 생활에 매진하거나 요리, 살림, 인테리어 등을 배우고 직접 생활에 적용해보는 등의 모습 자체는 대체로 바람직하게 비친다. 그러나 가끔 그런 것들이 조금 과하게 표현될 때도 있어 일부 출연자의 지나치게 생각 없는 행동이 시청자의 눈살을 찌푸리게 만들기도 한다. 평범한 일반 중산층이 접하기에 경제적 부담이 큰 취미 생활을 자연스럽게 즐기거나 어떤 생활상에서 발생하는 과다한 지출을 서슴지 않고 하는 부분들이 그러하다. 예를 들어 장을 보면서 지나치게 과한 양의 식재료를 구입하는 모습이라든가 집을 꾸미는 데 지나친 비용을 들여 인테리어를 하는 모습 등은 재미를 위한 제작진의 의도적인 장치임을 감안하고 넘겨볼 수 있기도 하다. 하지만 경우에 따라선 위화감을 조성하거나 낭비, 사치, 과소비를 조장하는 등 시청하는 사람들에 대한 부정적 영향도 간과할 수는 없을 것이다. 게다가 이러한 부분은 오히려 출연자에 대한 안 좋은 인식을 심어줄 수도 있는 만큼 그런 부분은 사전에 제작진 측에서 방지하는 것이 옳은 일일 것이다.

물론 자본주의 사회에서 자신이 일한 대가를 스스로 향유하는 것이 잘못은 아니지만, '노블레스 오블리주'를 그 어느 때보다 더 주목하고 필요로 하는 때인 만큼 그런 부분의 주의는 지나치지 않을 것이다.

분명히 이 프로그램의 기획 의도에서는 1인 가구의 사회적 공감대

형성을 목표로 한다고 했었다. 1인 가구를 소개하고 실상을 보여주는 데에는 어느 정도 성공했다고 본다. 그러나 가끔 방송에서 MC와 출연자 간에 이루어지는 대화를 보면 그 주된 내용이 대부분 연애·결혼과 관련돼, 실제 '1인 가구의 사회적 공감대'와는 너무나 거리가 먼 경우가 많아 과연 사회적 공감대 형성을 목표로 하는 것인지 의구심이 든다. 또한 프로그램 전체의 진행에서도 MC를 비롯한 대다수 패널, 그리고 출연자는 '싱글 라이프'를 즐기며 사는 모습을 잘 보여주다가 마지막에 이르러 항상 '결혼'으로 귀결한다. 특히 '싱글 라이프의 졸업'이 무슨 이 프로그램의 종착역인 듯 이야기되는 경우가 종종 있다.

한국의 전통적 통념상 결혼이 한 인간의 인생에서 가장 중요한 통과의례의 하나임은 모두 알고 인정하는 부분이다. 하지만 프로그램의 기획의도가 변화하는 가족 구성의 모습을 반영하여 1인 가구의 사회적 공감대 형성을 유도하는 것인 만큼 1인 가구에 대한 부정적인 인식의 개선이나 1인 가구로서의 장점, 생활 모습 등에 초점을 두어야 함에도 불구하고 오히려 시청자의 눈에 비친 출연자가 1인 가구를 탈피하지 못해 안달난 사람처럼 편집되어 방송되는 부분은 용두사미의 꼴을 보이는 게 아닌가 싶어 적잖이 아쉬운 느낌이 든다. 오히려 1인 가구에 대한 부정적인 사람들의 인식을 앞장서서 긍정적으로 바꾸려는 의도의 진행과 편집이 기획의도와 맞아떨어지지 않을까 반문해본다.

최근 SBS에서 <미운 우리 새끼>라는 프로그램이 <나 혼자 산다>와 동시간대에 편성되어 인기를 끌고 있다. 이 프로그램 역시 혼자 사는 남성 연예인들의 일상을 보여주는 형식의 비슷한 콘셉트의 예능 프로그램이다. 다만 <미운 우리 새끼>에서는 각 출연자의 어머니가 관찰자로 출연해 각자 아들의 싱글 라이프를 우려하고 결혼을 종용하는 모습을 볼 수 있다.

<미운 우리 새끼>라는 프로그램이 1인 가구에 대한 기성세대의 걱정과 우려를 보여주는 프로그램이라 한다면, <나 혼자 산다>는 1인 가구에 대한 기성세대의 인식을 전환하게끔 앞장서는 역할을 하는 것이 원래의 기획 의도나 타 프로그램과의 관계로 보아 맞을 것이다.

싱글 라이프의 외로움이나 쓸쓸함은 1인 가구의 당연한 부산물이다. 하지만 그런 부분 때문에 사회적으로 증가 추세인 싱글 라이프의 조명과 논의에서 엇나가 모든 결론은 결국 '싱글 라이프의 졸업'으로 이어지는 식의 발언이나 편집은 프로그램의 특색을 퇴색시킬 뿐 아니라 근본적인 취지를 무색게 만들어 결국은 <나 혼자 산다>의 고정 애청자마저 프로그램을 외면하는 결과를 초래할 수도 있다.

방송이나 인터넷에서 요즘 흔히 접하게 되는 '혼술', '혼밥'이라는 단어가 있다. '혼자 마시는 술·밥'이라는 뜻의 줄임말로 어떤 채널에서는 '혼술'을 주제로 드라마를 제작하는가 하면, 편의점·마트 등의 유통 업체에서는 '혼밥족'을 겨냥한 이벤트며 상품이 쏟아지고 있다. 혼자 하는 일상이 어색하지 않은 정도를 넘어 사회적인 트렌드를 주도하고 있는 시대가 온 것이다. 이런 시류에 <나 혼자 산다>는 여타 방송보다도 발 빠른 기획·편성과 '혼자족'에 대한 진지하지만 어둡지 않은, 흥미로우면서도 가볍지만은 않은 시선으로 시청자에게 사회적 이슈로 등장하고 있는 1인 가구를 소개하는 역할에 충실함과 동시에 지상파에서는 '싱글 라이프'에 대한 긍정적 인식을 널리 퍼뜨린 선구적인 프로그램으로 자리매김해왔다.

하지만 프로그램의 특성상 출연자의 선정에 관한 문제부터 촬영분의 편집·공개 범위에 관한 문제까지 거의 기존에 없던 새로운 형식의 프로그램이기에 제작의 고충이 많은 것도 사실일 것이다. 하지만 이런 부분에서 오히려 제작진의 세심한 배려와 고민이 충분하지 않다면 언제든 시청자의 외면을 받을 수밖에 없는 것도 부정할 수 없는 사실이다.

변화하는 세상의 트렌드를 앞장서 선보이는 프로그램인 만큼 변화나 흐름에 민감한 것은 당연하고 그만큼 프로그램이 장수하는 것이 쉬운 일은 아니겠지만, 처음의 기획 의도를 잃지 않고 일관된 모습으로 <나 혼자 산다>가 오랜 시간 각 시대별·세대별 '1인 가구의 현주소'를 정직한 시선으로 조명하는 무게감 있는 장수 예능 프로그램으로 자리 잡을 수 있기를 기대해본다.

입선

청춘, TV를 부탁해

EBS <프레임人 - 셀프다큐, 청춘>

김민형

'청춘'이라는 말을 들으면 어떤 풍경이 그려지는가? 누군가는 다시 돌아가고 싶지만 그럴 수 없는 찬란한 시기를 떠올린다. 반면 어떤 이에게는 미로를 헤매는 것처럼 답답한 현실일 수도 있다. 젊음은 그 자체로 삶의 강한 무기다. 한 시기를 지나온 기성세대는 청년세대에게 이 무기를 잘 사용하라고 충고하곤 한다. 물론 자신은 젊음이라는 무기를 잘 쓰지 못했다는 아쉬움을 표현한 것일 테다. 그렇게 우리 모두 청춘이란 시기를 잘 보내야 한다는 것을 알고 있다. 그런데 어떻게 해야 이 시기를 잘 지낼 수 있는 걸까? 과연 청년이 이 무기를 잘 파악해 사용할 수 있을까? 혹시 방송은 그 답을 알고 있을까?

방송은 관점에 따라 청년세대를 다른 모습으로 비춘다. 일단 청년세대가 위험에 처해 있다며 방송은 대체로 비슷하게 진단한다. 그런데 이 문제에 해결책을 제시할 때 방송의 관점과 입장은 갈라진다. 개인의 부족함을 탓하며 청년은 더 고민하고 노력해야 한다는 견해가 있다. SBS <힐링캠프>를 비롯해 유명 인사의 이야기를 다룬 프로그램은 한동안 이런 논조를 반복했다. “아프니까 청춘이다” 열풍의 연장선으로 볼 수 있을 것이다. 반면, 청년이 마주하는 사회구조의 문제를 지적하는 방송도 있다. 이런 관점은 시사 보도와 다큐멘터리에서 주로 다뤄왔다. <MBC 다큐스페셜>은 “좁은 고시텔마저도 너무 비싼 지금의 청춘들”(2015. 1. 26)과 “행복 찾아 3만 리”(2015. 11. 2)를 방영했다. <SBS 스페셜>도 “헬조선과 게임의 법칙”(2016. 5. 8), “요즘 젊은 것들의 사표”(2016. 9. 11)와 같은 프로그램을 제작하면서 사회구조의 문제를 지적하고 있다.

그런데 이런 프로그램에 청년의 진짜 목소리가 담겨 있을까? 어떤 입장에 서 있든 간에 기존 방송 포맷이 하나의 낡은 틀로 다가온다. 청년세대에 관한 프로그램이 어떤 한계에 부닥친 것처럼 보인다. 일단 일회적으로 기획된다는 점이 그렇다. 이 포맷은 청년에게 닥친 여러 삶의 문제를 지속적으로 이슈화하진 못한다. 결국 청년은 우선순위에서 뒤처지고 밀려나 어쩌다 가끔 들여다보는 존재로 남게 된다. 그렇지만 무엇보다 방송 제작 구조에서 오는 한계가 크다. 문제 상황에 처해 있는 당사자는 청년세대지만, 그걸 담아내는 제작자는 기성세대다. 이들이 사회를 바라보는 입장은 각기 다른 지점에 서 있다. 하지만 방송은 기성 제작자의 관점(frame)만으로 제작되는 게 일반적이다. 대상과 제작자의 견해 차이로 빚어지는 갈등이 철저히 감춰지는 것이다. 어쩌면 청년의 진짜 목소리는 영상에 담기지 않았을지도 모른다.

'셀프'로 찍는 진짜 내 모습

"이 이야기는 지금 이 시대를 살고 있는 20대 청춘들이 직접 카메라를 들고 찍은 자신들의 이야기입니다." EBS <프레임人-셀프다큐, 청춘>(이하 <셀프다큐, 청춘>, 2015. 10. 26~11. 24)의 오프닝 내레이션이다. 20대의 얼굴과 목소리를 20대의 카메라로 담겠다는 일종의 선언처럼 들린다. 이 방식은 촬영하는 이와 촬영되는 이가 사회적으로 비슷한 위치에서 서로를 바라볼 수 있게 한다. 한 대상을 카메라로 찍어내는 방식이 기존 방송 프로그램과 완전히 다른 것이다. 이뿐만 아니라 <셀프다큐, 청춘>은 일회적인 기획에 그치지 않고 총 10부작에 걸쳐 청년의 이야기를 방영했다. 이렇듯 청년의 삶을 새롭고도 진득하게 담아낸다.

<셀프다큐, 청춘>에서 내세우는 '셀프'는 청춘이 직접 카메라를 들어 자기 삶을 촬영하는 것이다. 그간 방송에서 '객체'로 머물러야 했던 청년은 카메라를 들면서 '주체'로 자리매김한다. 이러한 시도는 처음이 아니다. 2013년에 방영했던 EBS <다큐프라임-왜 우리는 대학에 가는가>에서 이야기를 채우던 주체도 대학생이었다. 1990년대 중후반에는 EBS <10대 리포트>란 비슷한 포맷의 프로그램이 있었다. 청소년에게 카메라를 주고 스스로 찍게 하니 어른과 다른 시각이 자연스레 묻어나왔다. EBS에서는 이런 방식을 '셀프 다큐멘터리'라고 했다. 독립 다큐멘터리 중에 감독 본인의 이야기로 만든 영화를 '사적 다큐멘터리'라고 부른다. 두 지칭을 비슷한 지점에서 볼 수도 있을 것이다.

그렇다면 왜 제작자는 자신의 사적인 이야기로 다큐멘터리를 만드는 걸까? 관객(시청자)은 사적인 이야기에 어떻게 공감하나? 문정현 감독의 사적 다큐멘터리인 <붕괴>(2014)를 예시로 들어보자. 감독은 한 시민단

체에서 봉사하며 장애인을 가장 아름다운 존재로 말하곤 했다. 그런데 어느 날, 곧 태어날 자신의 아이가 장애아일 수 있다는 연락을 받는다. 그때쯤 모든 것이 무너져 내리기 시작했다. 영화 <붕괴>는 감독의 불안과 번민을 담는다. 그러나 단지 이 불안이 개인적인 차원에 머무르진 않는다. 감독은 자기 번민을 거쳐 관객의 고민을 건드리고 있다. 내 불안감이 다른 이의 감정과 충돌한다. 동시에 개인의 감정이 사회적 분위기에서 벗어날 수 없다는 것을 깨닫게 된다.

이와 마찬가지로, <셀프다큐, 청춘>에 등장한 청년들도 스스로 자신의 불안을 드러낸다. 각 회 차마다 이 세대를 관통하는 청춘의 고민이 다뤄지고 있다. 한 청춘은 좁은 취업 문을 뚫으려 노심초사하며 한숨을 푹 내쉬고, 또 다른 청춘은 인문 계열 전공생에게 특히 높은 취업 현실을 툭 털어놓고선 '문과라서 죄송하다'고 쓴웃음을 지어 보인다. 민달팽이처럼 정처 없이 여러 곳을 떠도는 청춘도 있다. 결국, 고시원과 반지하 같은 열악한 주거 환경으로 민달팽이인 청춘들이 모여든다. <셀프다큐, 청춘>에서 보이는 고민과 불안은 단지 이들 개인만의 문제로 끝나지 않는다. 사회적 기반이 구축되지 않은 채 낭떠러지로 내몰린 청년세대의 현주소로 봐야 할 것이다.

그런데 <셀프다큐, 청춘>에 나타나는 청춘의 모습이 마냥 비관적으로 느껴지진 않는다. 앞서 말한 프로그램의 촬영 특징인 '셀프'에서 그 이유를 찾을 수 있다. 카메라를 든 자는 찍고자 하는 대상에 거리낌 없이 다가간다. 그러고선 대상과 격의 없는 대화를 편하게 나누기 시작한다. 어느 순간, 찍히고 있던 청년이 카메라를 바라보고선 카메라를 든 청년의 고민을 묻는다. 때로는 서로를 놀리며 장난치는 모습이 보인다. 애초에 친밀한 관계에서 촬영이 진행되었다는 점을 단번에 알 수 있다. 자기 상황을 담담하면서 유머러스하게 드러내는 모습은 기존 방송이 담지 못한 청춘의 진짜 모습이다. 특히 <셀프다큐, 청춘>은 불안한 개인이 혼자 있지 않고 여기 함께 존재한다는 것을 보여준다. 힘든 삶을 살아가는 동시대 청춘이기에 이들은 서로 공감하고 위로할 수 있다. "2부 문송합니다"에서 사학과 졸업을 앞둔 학생은 취업이 힘든 현실을 토로하고 있다. 이때 카메라를 들고 있던 사학과 후배에게 말한다. "남 일 같이 느끼지 마요. 이제 곧 느낄 거예요." 그러자 후배는 카메라 뒤에서 웃고선, "아이고… 저 어떡하죠? 나 어떡하지?"라고 말하며 공감을 표한다. "4부 민달팽이의 꿈"에선 한 청년이 어디서 살 수 있을지 막막하다는 말을 하고 있다. 그 순간, 카메라를 들고 있던 이가 불쑥 끼어들어 그를 위로한다. 마땅히 이런 대화가 전제될 때 비로소 청년은 방송에서 '주체'로 존재할 수 있다. 현장에서 자연스럽게 들리는 이 대화는 시청자를 그 이야기에 빠져들게 이끈다. 그래서인지 이 프로그램에서 짙은 호소력을 느끼게 된다.

'셀프'가 사라지는 순간

그러나 한편으로, <셀프다큐, 청춘>이 스스로 제 가치를 포기하는 순간을 마주한다. 청년세대가 카메라를 들고 자기 이야기를 담아냈어도, 편집을 비롯한 최종 결정권은 기성세대에게 있는 것이 현실이기 때문이다. 당연히 아이템을 선정하고 기획하는 권한 또한 기성세대에 있다. 특히 "5부 군대, 뜻밖의 여정"은 청년을 바라보는 기성세대의 시선을 여실히 드러낸다. 5부에선 프로그램의 주요한 특징인 '셀프'가 아예 사라져버린다. 마치 군대 홍보 방송인 것처럼 논산 훈련소에서 훈련받는 군인의 모습을 담고 있다. 카메라를 든 자는 대상과 친밀한 관계를 맺지 않고 딱딱하게 굳어 있는 훈련병을 촬영할 뿐이다. 내레이션도 청춘을 교정의 대상으로만 말하고 있다. "걸음걸이 조정을 통해 새로운 질서를 배운다"라고 하면서 자유분방한 청춘을 통합하고 새로운 질서로 편입해야 한다고 강조한다. 또한 "이 시간을 통해 엄격한 규율과 책임, 배려 아마 이런 것들을 다시 한번 생각해보지 않았을까요?" 이렇게 운을 띄우며 화생방 훈련을 통해 비로소 청년들이 인내심을 배우고 성장할 수 있다고 내레이션은 말한다. 군대라는 조직이 본래 그렇지만, 이 프로그램에서 굳이 이런 시선과 목소리를 가질 필요가 있었는가. 청년의 '셀프'가 사라진 뒤 청춘을 바라보는 기성세대의 제단과 평가의 시선으로 느껴질 뿐이다.

이런 방향이 5부의 군대 이야기로 그치지 않는다. 마지막 편이었던 "9부 우리는 장사꾼입니다", "10부 지쳐 있지 말고, 힘들어하지 말고" 또한 기존 방송 문법으로 만들어졌다. '셀프'를 전면에 드러내기보다는 부분적으로 사용하고 있다. 이 편에선 조금 다른 방식으로 살아가는 청춘을 보여준다. "자본도 기술도 없이 열정 하나만으로 장사에 뛰어든 청년들의 이야기"다. 여기서 장사를 열정적으로 하는 청년들은 쉽지는 않지만 성공할 수 있다고 말한다. "젊은이의 패기와 열정 하나면, 노력하면 성공할 수 있다"라고 하면서 "남들과 비교하는 건 불필요한 일임"을 이들은 강조하고 있다. 내레이션도 노력하다 보면 밝은 미래가 올 것이라고 한다.

이로써 경제적, 사회적으로 힘들고 고단한 삶을 개인의 노력으로 극복할 수 있다는 결말에 도달한다. 이는 희망을 잃지 말자는 의도보다 의미 없는 희망 고문에 가까워 보인다. 사회구조적 모순이 있지만 희망은 잃지 말자는 거다. 한때 불어 닥친 '힐링' 열풍 이후 이제는 누구도 "아프니까 청춘이다", "천 번을 흔들려야 어른이 된다"라는 말에 쉽게 동의하지 않게 되었다. <셀프다큐, 청춘>의 전반부는 억압된 사회구조에 갇혀 있는 청춘을 보여줬다. 그러나 프로그램의 후반부는 이 사회구조에서 잘 살아남지 못하는 이유를 개인의 부족한 노력으로 일축해버린다. 혹시 기성세대는 장사하는 청년의 입을 빌려 노력하다 보면 희망이 있다는 것을 말하고 싶었던 것은 아닌가. 그렇다면 청년세대는 어디에 주목하며 나아가야 하는 걸까?

희망을 외치기 전, 더욱 중요한 '셀프'

<셀프다큐, 청춘>에 나오는 청년은 자신이 처한 문제를 진단해내지 못한다. 왜 불안한지에 대해 청년 스스로 그 기원을 묻지 않는 것이다. 이 프로그램에서 청년은 단지 치열하게 경쟁하는 모습으로만 비춰진다. 단정한 스타일을 요구하는 기업 면접을 위해 본인의 개성을 포기하는 청춘이 있다. 고시·편입 학원에 갇혀 시간을 보내는 청년의 모습도 나오고, 시험을 위해 서로의 생활을 감시하고 통제하는 스터디 모임이 소개되기도 한다. <셀프다큐, 청춘>은 이런 청춘의 모습을 걱정스러운 시선으로 바라볼 뿐이다. 프로그램 기획 의도는 답을 구하기보다 청년이 현재 어떤 상황에 처해 있는지 알아보고자 제작되었다고 밝히고 있다. 현재 어떤 상황인지 정확히 직시하는 것도 필요하다. 그러나 여기서 멈추지 말고 기획자는 자기 불안을 스스로 고민하고 성찰하는 청년 또한 찾았어야 했다. 현재의 문제를 진단하고 해결하려는 몸짓을 청년세대 안에서 포착해야 했다고 생각한다. 상황을 조망하는 것을 넘어서 청년이 처한 악순환의 굴레를 벗어날 최소한의 고민 지점을 던져야 한다.

"7부 학벌이 뭐길래?"는 지방대생과 편입 준비생의 삶을 다루고 있다. 이들을 중심으로 '학벌주의'를 드러내는데, 학벌의 문제를 별다르지 않은

시각으로 바라본다. 결국 한국 사회가 학벌 중심 사회이며 이를 벗어날 수 없다는 것을 다시 한번 확인하게 될 뿐이다. 이 문제를 좀 다르게 들여다볼 수는 없었을까. 학벌에 관해 다룰 때 단지 지방대생과 편입 준비생의 이야기만 있지는 않다. '투명가방끈 모임'같이 대학 입시 자체를 거부한 이도 있다. 더군다나 대학에 가지 않고 고졸 취업을 선택한 학생도 많다. 이들 또한 청춘이다. 이들이 문제의 명확한 답을 내놓지는 못하겠지만, 이 문제를 다른 시선에서 바라보면서 약간의 틈을 만들 수는 있다. 도저히 흠이 보이지 않는 장벽을 무너트리기 위해선 틈새를 만들어 조금씩 벌려야 한다. 남들과 다르게 청춘을 살아간다 해서 문제를 인지하지 못할 거라는 생각은 버려야 할 것이다. 틈을 벌릴 수 있는 청춘, 자신이 처한 문제에 대해 이의를 제기하고 타개하려는 청춘을 봐야 한다.

그런데 '셀프'의 기능으로 그런 청춘을 담아냈다고 해도 편집을 마친 뒤 무사히 잘 방영될 수 있었을까? 거기에 대해서는 회의적인 편이다. 비슷한 포맷으로 제작된 EBS <왜 우리는 대학에 가는가>를 살펴보자. 이 프로그램은 제목에서부터 '왜?'라는 질문을 던지고 있다. 청년인 '우리'가 대학에 가는 이유를 스스로 밝혀내야 하는 것이다. 그런데 '셀프'의 방식으로 대학(생)의 모습을 담아낸 학생은 '왜?'라는 물음에 답하지 못한다. 단지 이 청년들은 대학(생)의 희로애락을 기록할 뿐이다. 청춘의 셀프 카메라만으로는 이 물음에 답하기 어렵다는 것을 은연중에 드러낸 셈이다. 결국 기성 전문가 집단의 진단과 평가, 혹은 실험이 있고 난 뒤에야 '우리'는 그 답을 어렴풋이 내릴 수 있게 된다. <왜 우리는 대학에 가는가>의 극장용 버전인 <어메이징 데이(Amazing day)>가 있다. 이 버전은 대학생의 셀프 카메라로만 구성되면서 더는 '왜?'라는 물음을 던지지 않는다. 현실에 순응한 채 휩쓸려 살아가는 대학생의 모습만 보일 뿐이다. 왜 이렇게 살아야 하는지에 대한 고민의 흔적을 찾아보기 힘들다.

두 가지 측면에서 살펴볼 수 있다. 미디어의 기득권을 가진 기성세대가 청년의 진지한 성찰을 잘 들여다보지 않는다. 청년세대에서도 문제를 해결하려고 생각을 표현하는 이가 아직 그리 많지 않다. 기성세대의 변화를 요구하는 동시에 청년세대의 각성 또한 필요하다고 생각한다. 다양한 삶의 방식과 더 나은 사회에 대한 상상을 기성세대와 청년세대가 함께 나눌 때 비로소 변화는 시작될 것이다. <셀프다큐, 청춘>을 변화의 첫걸음으로 보고 싶다. 앞서 서술했듯 여러 한계를 지닌 프로그램이다. 그럼에도 촬영에서만큼은 청년이 '객체'가 아닌 '주체'로 방송에 존재한다는 점을 높이 산다. 나아가, <셀프다큐, 청춘>이 은연중 깔린 기성세대의 시선을 드러내면서 청년 또한 편집에 참여하도록 했으면 어땠을까. 세대 간에 함께하는 방식이 정착되고 확산된다면 어떤 일이 벌어질까. 아마 청년은 방송뿐만 아니라 현실에서도 당당히 '주체'로 자리 잡을 수 있을 것이다. "청춘, TV를 부탁해"라고 말할 때 비로소 청춘은 멋지게 제 몫을 해낼 수 있다.

입선

TV, 수다를 만나다

<톡투유>의 귀는 당나귀 귀, JTBC <김제동의 톡투유 - 걱정말아요! 그대>

김정은

아주 낯선 사람.

낯선 사람이되 좋은 사람.

불가능할지 모르지만,

할 얘기가 끊임없이 이어지는 사람.

그러다 챙겨주고 싶은 사람.

이병률의 『안으로 멀리뛰기』란 책에 나오는 말이다. 불가능할 끊어지지 않는 얘기, 게다가 챙겨주고 싶은 사람이라니 마지막 요건까지 딱 들어맞는다. 김제동이 그곳에 있다. 오후 1시, 친한 친구들과 카페에 모여 브런치를 하면서 수다를 떤다. 남편 자랑과 욕, 시부모 흉, 속 썩이는 자식 걱정, 청년 실업, 정치, 사회, 국가 문제, 왕따, 자살, 가족의 죽음…. 거기서나 나올 법한 얘기들이 방송 현장에 있다. 남편과도 하지 않을 말들을 제동과 한다.

"웅변은 은이요, 침묵은 금이다"라는 말을 새기며 살던 시대가 있었다. 공자의 군자는 과묵하고 채근담의 군자는 침묵하고 재주를 드러내지 않는다. 스님은 면벽좌선과 묵언수행을, 중세 수도사는 침묵고행을 한다. 영국의 평론가이며 역사가인 토머스 칼라일(Thomas Carlyle)은 "침묵은 말보다 웅변적이다"라고 주장하지만 침묵은 말보다 많은 말을 담을 때나 하는 거다. 잘못된 침묵은 암묵적 동의이며 묵비권은 법정에서 불리하게 작용한다.

수다. "쓸데없이 말수가 많음. 또는 그런 말", 사전적 의미다. 하지만 현대는 수다 사회다. 수다가 관계와 소통을 지배한다. 오죽하면 새 지저귐인 트위터(Twitter)까지 인간 관계망에 합류하겠는가?

스트레스와 수다의 상관관계에 대한 고대 안산 병원 실험에서 스트레스 받기 전후, 수다 떤 후의 코르티솔 수치와 혈압을 비교했을 때 수다를 떤 뒤 스트레스 호르몬 수치가 상당히 감소하였다. 캘리포니아대 연구팀도 감정을 말로 직접 표출하는 것이 감정을 누그러뜨리는 데 도움이 된다고 결론 내렸다. 『병을 부르는 말 건강을 부르는 말』의 저자 레바인(Barbara Hoberman Levine)은 뇌종양 투병 생활 15년을 통해 얻은 연구와 의학자들의 실험을 통해 질병의 근원은 부정적인 말로 인한 삶의 황폐화라 말한다. '몸은 내가 하는 말을 믿는다'고 하며 긍정적 언어를 통하여 건강한 몸을 만들 수 있다고 주장한다.

불필요한, 도움 되지 않는, 말해서 더 나빠지는 헛말을 하지 말라는 거지 필요한 말을 하지 말라는 게 아니다. 『예루살렘의 아이히만』에서 아우슈비츠 이송 책임자에 대해 정치철학자 한나 아렌트(Hannah Arendt)가 말한 생각하지 않은 죄는 이제 말하지 않은 죄, 말해서 위로해주지 않은 죄, 동감하지 않은 죄가 된다. 그 독일 군인의 무사유는 유대인들에 대한 연민과 동정심을 없앴고 현대인의 침묵은 동시대 사람들에 대한 박애와 동감을 없앤다.

오늘날의 수다는 쓸데 있는, 아니 필수 불가결한 상호 교통 수단인 것이다. 수다 처방으로 우리는 우울증, 자괴감, 자존감, 상실감을 치유한다. 그 중심에 <김제동의 톡투유-걱정말아요! 그대>(이하 <톡투유>)가 있다. 너에게 말만 걸 뿐 아니라 너를 톡 친다. 너의 감성을 건드린다. 카타르시스를 통해 회복시킨다. <톡투유>는 사회 의사다.

예전엔 청소년들의 '판유걸'식 외치기 수다가 있었고 외국 미녀들의 수다를 거쳐 요샌 탈북민들의 수다, 어르신들의 <황금연못>까지 다양한 수다 프로그램이 존재한다. <미녀들의 수다>는 문화 다양성만 있고 탈북민들의 수다는 생소함만 있고 <황금연못>엔 동감이 없다. 어르신들의 억울함은 풀리지 않는다. 진행자가 둘이라도 마음을 보듬어주지 않기 때문이다. "네, 네" 하면서도 깊은 정서상의 동질감이 없다.

김제동의 장점은 뛰어난 동감 능력이다. 그것은 프로그램이 지지를 받는 이유가 된다. 이는 진행자의 자세에도 차이가 있다. 첫 부분엔 거의 한쪽 무릎을 꿇고 관객들과 눈높이를 맞춘다. 위압감이 없다. 등장도 관객 속에서 하기 때문에 '저 사람이 우리와 다른 사람이 아니고 우리 중 하나구나'라는 느낌을 갖게 한다.

<황금연못>의 두 진행자는 못 박힌 듯 고압적으로 서 있다. 이러한 자세는 동감을 표현할 큰 리액션이 불가하다. 여기서 감정 표현의 한계점이 있다. 이에 비해 김제동은 화난 표정과 행동, 안경 벗기, 팔 걷기,

옷 벗기, 심지어 뛰기 등 다양한 모션을 취하면서 동감 반응을 온몸으로 격하게 나타낸다. 또한 타 프로에서는 진행자가 자기 경험을 말하지 않는다. 그저 또 하나의 관객일 뿐이다. 듣기만 하고 최소한의 진행을 하고 '어, 그래 너는 그런 고민이 있구나. 어? 근데 나에겐 없는 고민인데? 왜 너만?' 식의 대응일 뿐이다.

김제동은 '유재석'식으로 자기 비하를 하면서까지 듣는 사람이 더 불쌍히 여길 정도로 자기 얘기를 한다. 자기 잘못인 양 사과하며 대신 매맞아주고 대신 울어주고 대신 원망한다. 흥부의 매품팔이, 마음의 매품팔이를 하는 거다. 감정이입의 결정판이다. 결국 말한 사람이, '그래 너도 잘하세요'라고 위로해주고 싶다. 여타 수다 프로는 대상이 한정되어 있다. <톡투유>는 나이, 성별, 직업, 재외국민, 사회적 위치와 상관없이 누구나 다 참여할 수 있다. 특히 수다에서 제외되었던 우리 아버지들도 그 중심에 있다. 그 모두를 아우르는 진행자의 역량도 프로그램이 사랑받는 데 한몫한다.

오늘은 어제 죽은 자가 간절히 원하던 하루이다

이러한 <톡투유>도 단점이 없진 않다. 첫째, 내용적으로는 죽음에 대한 대응 방식이 서투르다. 그냥 다 '토닥토닥'이다. 진행자도 죽음이 어렵다. 어렵기 때문에 바로 가벼운 자기 '디스'적 웃음으로 넘기려 하거나 57회 '싸움' 주제에서는 자살자에게 나쁜 생각을 그대로 인정하고 지켜봐줘야 한다는 비전문적인 위험한 발언도 서슴없이 한다. 철학적인 기반이나 인문학적 소양이 부족하다. 자식이나 남편, 가족의 죽음으로 울음을 터뜨리는 관객을 어찌할 줄 모른다. 가벼운 반창고식 위로가 끝이다.

66회 '전화' 주제에서 나온 아들의 죽음이나 65회 '기계' 주제에서 나온 남편의 죽음, 63회 '모험' 주제에서 나온 친구의 장애 아들의 죽음 등 여러 사연에서 바로 웃는 등 대처가 미흡하고 갑자기 유머 코드를 집어넣어 위로도 부족하다. "내가 태어나지 않았으면, 이 남자와 결혼하지 않았으면" 부분은 너무 비약이라 현실감이 없다. 일반인들이 죽음을 대하는 자세에서 그렇게까지 소급하진 않기 때문이다. 당시와 많이 벗어나지 않은 시점, 상황에만 집중한다.

"내가 더 빨리 뛰었어야 했다고 자책해도 허리케인은 피할 수 없다"라고 말하는데 비유도 적절치 못하다. 죽을 사람은 죽는다는 운명론적인 자조에 불과하다. 보통은 조금만 주의를 기울였다면 결과가 달라진다. 비 올 때 나가지 않았다면, 점검을 제대로 했다면, 속도를 줄였다면 등등. 이번 경우는 '일찍 오라는 전화를 했었다면 아들이 사고를 당하지 않았을 건데'라는 후회인데 운명이란 의미로 대처하면 안 된다. 또한 술 먹고 운전해서 생긴 인재를 천재에 비유하는 건 논점이 어긋났다. 피할 수 있는 사고다. '일찍 오라 해도 항상 그랬듯 친구들과 어울리는 자리에서 그 말 듣고 일찍 오진 않았을 거니 어머니 자책 안 하셔도 된다'는 구체적인 상황 제시가 모호한 비유보다 위안이 될 듯하다.

어머니는 어쩔 수 없는 일이라고 생각하지 않고, 어쩔 수 있는 일이라고 괴로워하기 때문이다. 어쩔 수 있어도 아들이 어쩌지 않았을 거라고, 그렇게 했더라도 결과는 차이가 없다는 단언으로 고통에서 벗어날 수 있다. 아니면 김창옥 교수가 <포프리쇼>에서 말했듯 "어머니, 같이 어머니 집에 가서 저녁 먹읍시다. 제가 아들이 되어드릴게요"가 더 감동적이다. 남은 사람들이 어떻게 할 수 있는 한도 내에서 가능성 있는 제시를 한 것이기 때문이다.

남편 죽은 아내가 부부가 같이 있는 사람이 부럽다니까 자기도 "그런 사람이 제일 부럽다"며 "시어머니 말씀은 며느리한테 남편 있을 때 잘해라 하는 거다"라고 하거나, 친구 아들의 죽음에 엄청 우는 사연자에게 "아버지 바지 색깔이 밝아서"라면서 코믹으로만 몬다. 물론 이후 위로하는 경우도 있지만 첫 대응이 너무 가볍다.

알랭(Alain)이 『행복론』에서 말했듯 "죽은 사람이 자기의 기억으로 인한 당신의 불행을 원하지 않는다" 식의 위로가 나은 듯하다.

여성은 여성으로 태어나는 것이 아니라 여성으로 길러지는 것이다.

둘째, 형식적으로는 간혹 실언하는 진행자와 패널 선정의 문제다. 개인의 왜곡된 가치관을 검증도 여과도 타당성도 없이 강요한다. 진행자는 57회 '싸움' 주제에서 "모성애란 아이가 태어나는 순간 생기는 것이고 안 낳아보면 모른다"라고 하지만 모성애는 아이가 태아일 때도 생기고 낳지 않아도 안다. 보통 산모는 품속의 아이를 가장 소중히 여기고 아이가 태어나면 산후 우울증으로 모성애를 박탈당하기도 한다. 또한 마더 테레사는 아이를 가져본 적도 없지만 가장 세계적인 모성애의 상징이다.

무엇보다 모성애라는 단어 자체는 여성성, 남성성, 여기자, 여배우와 같이 성차별적 단어이다. 여자들에게만 모성애를 덧씌워 육아를 전담케 하는 도구가 될 수 있는, 남자들이 만든 옥죄는 사슬이다. 43회 '거짓말' 주제에서 "너무 모성을 당연시 여기지 않았으면 좋겠어요. 아무리 엄마라도 힘든 건 힘든 거니까"라고 하지만 정작 모성애를 전제하고 당연시하는 건 본인이다. 59회 '자격' 주제에서는 인종·국적·남녀 차별을 하지 말자며 여자의 자격도 인정해주고 구분은 있되 차별은 없어야 한다고 말한다. 61회 '텔레비전' 주제에서는 "아들이라 대를 이어야 한다"라는 말에 무슨 원시시대 같은 얘기를 하냐고 말한다. 이처럼 평소 <톡투유>에서 양성평등을 주장하던 모습과 모순돼서 더 아쉬웠다. 아마도 성차별적 단어가 지양되어야 한다는 걸 인지하지 못하는 듯하다.

노명우 패널은 68회 '테러' 주제에서 "안중근 의사의 행동도 일본 입장에선 테러다"라고 하는데 현대사회에서 테러의 의미는 불손한 자나 단체가 하는 만행을 말한다. 안중근 의사는 합법적인 국가 해방이라는 목적이 있었고 일본은 가해 국가다. 가해 국가에 대해 정당한 주권을 되찾으려는 행동을 테러로 표현해서는 안 된다. 적국이 테러로 쓴다 해도 자국민들은 애국으로 써야 맞다. 미국의 IS 소탕을 테러로 말하진 않는다. 본인도 테러는 민간인을 대상으로 한다고 규정해놓고 국가적 원수를 처단하려 한 게 테러라니 자가당착이다. 청소년의 가치관, 사회정의관, 국가관에 지대한 오류를 끼친다. 그 말을 여과 없이 방송에 내보냈다는 것은 명백한 실수다.

정재찬 패널은 69회 '아재줌마' 주제에서 아줌마들은 소비를 한 경력이 없어서 패셔너블하지 않다면서 종이인형 예를 들었는데, "그런 종이인형이나 갈아입힌 사람들이 무슨 자기 옷을 사겠냐"라고 하지만 이는 부적절하고 연관성이 없다. 오히려 종이인형은 소모품이고 패션을 배울 수 있다. 다양한 모양과 형태가 있어서 여러 장을 계속 더 사게 되어 소비를 촉진한다. 종이인형의 옷만 입혀봤다고 자기 옷을 잘 못 입는다는 건 상관관계가 없다. 마네킹에 옷을 잘 입혀본 디자이너만 옷을 소비하고 잘 입는 건 아니다. 한때의 유행이었던 장난감 같은 걸로 소비와 연결시키기엔 부적합하다. 부자 애들도 그 놀이를 했다. 사본 적이 없어 패셔너블하지 않다는 것은 그릇된 주장이다. 패션은 개개인의 감각이고 안목이다. 아이 쇼핑만으로도 충분하다.

이 외에도, 송길영 패널은 24회 '말' 주제에서 "자소서는 유행이다, 있는 그대로를 쓰고 안 뽑으면 그 회사는 안 가야 한다", 38회 '규칙' 주제에서 통금과 짧은 치마를 못 입게 하는 것에 불만을 가진 여고생에게 "학생은 돈을 벌어야 한다. 용돈으로 부모님이 조정하시는 거다. 스스로 벌어서 그 돈 안 받고 살 수 있는 구조 만드는 것이 가장 바람직하다. 양육비는 민법상 안 갚아도 된다"라고 하는데 강신주 교수가 "자본주의에 저항하는 방법은 회사에 취직 안 하면 된다"라고 하듯 현실성이 없다. 또한 요즘 '열정 페이'와 범죄가 빈번한 악독 고용주 문제에서 학생에게 적절한 조언은 아니다.

당신들의 이야기라고 하면서 자기들 이야기를 강요하거나 억지, 황당, 반시대적, 비사실적 주장을 포장해서 세뇌시키고 타인의 가치관을 은연중에 바꾸려 하는 패널들이 있다. 선정에 신중을 기해야 한다.

어디에나 있는 자는 아무 데에도 없는 자이다

셋째, 사상적으로는 정치색이 짙다. 56회 '버스' 주제에서 "권력이나 권위 할 때 '권' 자가 부엉이 '환,' 균형 잡을 '환'인데 권력만 잡으면 휘두르려는 사람 있죠? 많죠? 실명들 제가 다 거론해볼까요? (중략) 전 어릴 때 「섬집 아기」 들으면서 왜 시스템이 이런 시스템일까, 뼈 빠지게 일하면서 왜 사회적 부는 다른 사람에게 가는가"라고 한다. 63회 '모험' 주제에선 통금이 있다는 사연에 "제5공화국에 사시는 구나"라고 하고, 64회 '더하기 빼기' 주제에서 "우리도 개, 돼지로 불리고 있다. 민중을 개, 돼지라 한다. 다른 사람이 그랬다는 게 아니라 영화 얘기다"라고 한다. 65회 '기계' 주제에서는 "태권도 로봇 만들면 다른 태권도 사범들 월급은?"이라고 하는 등등 정치적 견해를 보인다.

예능에서 권력 논의는 적절치 않다. 또한 지식도 얕다. 부엉이가 아니라 황새 '관' 자다. 자기 몸무게에도 부러지지 않을 가지에 앉아 균형을 잡는 게 저울 같아 공정하게 권력을 행사한다는 의미다. 「섬집 아기」 가사엔 부익부 빈익빈에 대한 내용이 없다. 직접적인 연상 작용이 없는 억지 논리다. 제5공화국 때는 유화 정책으로 통금이 해제되었다. 정확한 정치 지식도 없다. "민중은 개, 돼지다"라고 발언한 정치인을 공략하면서 영화라고 물타기 한다. 로봇 발전을 말하고 있는데 주제가 옆길로 샌다.

연예인이 정치색을 띨 수는 있지만 시사 예능 프로그램에서 정치색을 드러내면 안 된다. 선생이 학교에서 종교색을 드러낼 수 없듯이 시청자를 호도할 수 있기 때문이다. 정치 프로에 나가서는 가능하지만 프로그램 색을 내야지 개인의 색을 내면 안 된다. 또한 주제 집약적이 되어야 하는데 논점이 산으로 간다. 여러 가지를 다 잡으려면, 여기저기 다 있고 싶다면 프로그램의 존립 이유가 사라진다. 정치사상을 드러내는 예능은 자기 정체성의 장례를 지내는 거다. 김제동은 53회 '대화' 주제에서 자신의 정치색은 대한민국에 사는 사람 수만큼 많다고 하는데 어디에나 있는 홍길동 같은 제동이 되지 말고 유일한 제동이 되어야 할 난제다.

「임금님 귀는 당나귀 귀」, 이 동화에선 임금의 콤플렉스 감추기가 주 내용이지만 임금은 왜 당나귀 귀가 되었을까? 놀림감이 아니라 그처럼 큰 귀로 사람들의 소리를 들으라는 것이다. 우리는 왜 우리들의 이야기인 <톡투유> 같은 프로그램이 필요할까? 갈대처럼 다양한 문제로 흔들리는 세상사에 사회적 신문고가 필요하기 때문이다. 내 얘기에 귀 기울여주고 상처를 치료해주는 사회적 주치의가 필요하기 때문이다. 이것이 <톡투

유>의 귀가 당나귀 귀가 되어야 하는 이유다.

<톡투유>는 <오프라 윈프리 쇼>처럼 진행자의 역량과 가치관, 사회관, 세계관이 중요한 프로그램이다. 권위의 '권' 자가 어디에도 억울한 사람이 없도록 균형을 잡아주는 것처럼 어느 누구에도 치우침이 없는 균형 잡힌 방송이 되어야 권위가 서는 시사 예능이 될 것이다. 일회용 반창고식, 땜질식 '힐링'이 되지 않고 수다 주치의로서 수박 겉핥기식 위로를 넘어 더 나은 미래로의 방향성을 제시하며, 패널 선택도 신중히 한다면 완벽한 프로가 될 것이다.

끝으로 시청자들이 톡투유에게 바라는 건 레너드 코헨의 「아임 유어 맨(I'm your man)」 같은 방송이다. '당신이 파트너를 원한다면, 제 손을 잡아요. 당신이 분노로 저를 치고 싶다면 제가 여기에 서 있어요. 나는 당신의 <톡투유>입니다. 당신이 권투 선수를 원한다면, 저는 당신을 위해 링에 오를 것입니다. 그리고 당신이 의사를 원한다면 제가 당신의 모든 곳을 치료하겠습니다.'

입선

여전히 우리는 뿌리를 보지 못한다

<MBC 스페셜> "좋은 대학, 나쁜 대학"

유지영

지쳐가는 학생들

'흙수저'라는 말이 있습니다. 부모님의 형편이 넉넉하지 못해 경제적 지원을 받지 못하는 자녀를 지칭하는 말입니다. 요즘 학생들의 신조어죠. '흙수저'뿐만 아니라 '삼포 세대'같이 학생들은 자신들이 속한 세대를 비관하는 용어를 사용하고 있습니다. 그 현상은 학생들이 지쳐가고 있다는 것을 말해주고 있는 것 같습니다. 대부분 청소년은 대학에 가고 싶어 합니다. 자신의 바람이며 부모님의 바람이기도 합니다. 사회 전반적으로 깔린 압력이지 않을까 싶습니다. 대학에 가면 인생이 좀 더 쉬워질 거라 생각하는 압력이죠. 하지만 대학은 인생의 만능열쇠가 아니었습니다. 대학, 취업, 결혼 등 삶의 과제가 연속으로 부여되기 때문이죠. 더군다나 대학이 사회적 문제가 되고 있습니다. 대표적으로 등록금 비리와 부실대학 선정, 학과 통폐합이 있습니다. 안 그래도 바쁘고 힘든 학생들의 속이 타들어갑니다.

<MBC 스페셜> "좋은 대학, 나쁜 대학"은 학생들의 타는 속을 조금이나마 대변해주었습니다. 학생들이 무엇에 압박을 느끼고 힘들어하는지 인터뷰를 통해 알려줍니다. 설문조사를 통해 정확한 통계를 내어 대부분 학생들이 비슷한 고민을 가지고 있다는 값을 계산합니다. 전문가와 해외 사례를 끌어와 우리도 좋은 대학으로 바꿀 수 있다는 희망을 넌지시 던져줍니다.

그런데 이 다큐멘터리가 좋은 대학으로 나아갈 희망이 될지 의문이 듭니다. 물론 사회에 나쁜 대학이 가지는 문제점을 알려주기엔 효과적이었습니다. 나쁜 대학이 무엇인지 시청자에게 교육시켜주는 방향이었죠. 교육은 가르침입니다. 하지만 가르침의 방식이 문제가 된 입시교육을 다시 한번 답습했다면 어떨까요? 여러 교육 중 특정한 한 방향의 교육만을 강조했다면요? 이 문제는 단순히 좋은 대학, 나쁜 대학으로 구분되어 끝날 일일까요? 저는 사회 깊숙이 박혀 있는 교육의 모순을 단 50분만으로 해소할 수 없다고 생각합니다. 우리는 모두 교육받습니다. 대학 시험을 위해 받는 교육을 말하는 게 아닙니다. 모두가 대학을 가야만 하는 이유를 정당화한 교육이 우리 사회에 깔려 있습니다. <MBC 스페셜>의 포맷이 우리 사회 입맛에 길들여진 교육 방송은 아니었는지 비판적으로 볼 필요성이 있다 생각합니다.

시대와 공존하는 다큐멘터리

TV 다큐멘터리는 영화 다큐멘터리보다 시청자를 더욱 눈여겨보아야 합니다. 영화 다큐멘터리와 달리 TV 다큐멘터리의 시청자는 사실상 전국민입니다. TV 다큐멘터리는 바로 오늘 여기 살고 있는 시청자에게 말을 겁니다. 시청자와 더 밀접한 연관성이 있는 겁니다. TV 다큐멘터리는 시청자가 공감할 수 있는 다양한 소재와 주제를 다룰 수밖에 없습니다. 그렇기 때문에 시대별로 흥행했던 소재와 주제가 달랐습니다. 이를 비교해본다면 당시 시청자는 무엇에 더 민감했는지, 사회(정치, 경제, 제도) 전반적인 분위기는 어땠는지 알 수 있을 것입니다.

1960년대는 최초로 한국 사회에 TV 보급이 일어난 시기입니다. 새로운 대중문화를 개막한 시대라고 할 수 있죠. TV는 군부 정부 지원으로 수용자의 수를 확보해나가고 있었습니다. 하지만 여전히 당시의 지배적인 대중매체는 영화와 라디오였습니다. 열악한 경제 조건으로 대중의 TV 보급량도 현저히 부족했습니다. 그 때문에 다큐멘터리는 시청자에게 큰 관심을 받지 못했습니다. 촬영 여건이나 방송 장비 부족으로 많은 다큐멘터리가 제작되지도 못했습니다. 이와 같은 한계를 지녔음에도 1968년에 KBS <인간승리>란 한국 최초의 휴먼 다큐멘터리가 등장하게 됩니다. <인간승리>는 지역사회의 숨은 일꾼이나 사회 지도적 위치에 있는 사람의 헌신적 생활과 성공담을 다룬 다큐멘터리입니다. 휴먼 다큐멘터리의 기본 토대는 인간을 이해하는 것입니다. 다큐멘터리의 주인공이 인간이고, 인간을 통해 다른 인간에게 어떠한 감정과 변화를 불러일으킵니다. 이 시기 휴먼 다큐멘터리는 이상적 인간을 추구하는 성격을 지녔습니다. 일꾼, 헌신, 봉사 등 <인간 승리>에서 보이는 성공담 같은 것들이 그 예가 될 수 있겠습니다.

1970년대는 다큐멘터리가 장르로서 명확해진 시기입니다. TV를 통해 다큐멘터리가 활성화되며 본격적으로 형식을 갖춘 프로그램이 등장하게 됩니다. 또한 박정희 정권의 타당성과 정책 홍보로 제작된 다큐멘터리가 많았습니다. 그 때문에 정부는 오락 프로그램을 축소하고 다큐멘터리를 주 시간대에 편성하게 됩니다. 방송 정책에 정부가 직접적인 개입을 한 것입니다. 다큐멘터리의 성격도 서민은 경험하기 힘든 엘리트 삶의 문화를 다루는 것으로 변화하였습니다. 특히 국가 위기를 극복한 영웅적 인물을 통해 애국심을 불러일으키는 내용이 많았습니다. 1974년에 제작된 MBC <육 여사 일대기-봉사와 헌신의 생애>처럼 말입니다.

1980년대는 TV 보급이 안정적으로 정착한 시기입니다. 휴먼 다큐멘터리는 급격하게 제작 편수가 증가하게 됩니다. 이는 교양 프로그램으로 분류된 다큐멘터리에 정부가 지속적으로 관심을 보였기 때문입니다. 방송사에서는 ENG카메라의 등장으로 기술적 한계를 극복하고 다큐멘터리 제작 편수를 급격히 증가시켰습니다. 다큐멘터리의 성격도 한 번 더 변화합니다. 과거와 다르게 더 이상 엘리트 중심 문화의 인간을 다루지 않고 평범한 일상을 보내는 사람들의 삶을 조명하기 시작했습니다.

우리 사회는 군사정부가 막을 내리고 문민정부가 출범하며 현재에 이르렀습니다. 디지털 발전으로 사람들끼리 의사소통은 더욱 쉬워졌습니다. 그 때문에 오락화, 상업화된 TV 프로그램이 대중적으로 인기를 끌게 되었습니다. 다큐멘터리도 그 변화에 발을 맞추게 됩니다. 방송사는 다큐멘터리를 다른 장르와 결합시키는 시도를 했고 재밌게 볼 수 있게 대중적으로 만들었습니다. 대표적으로 역사 다큐멘터리를 드라마로 재현한 것들이 있겠죠.

오늘날 가장 유행하고 있는 다큐멘터리는 교육 다큐멘터리입니다. 물론 휴먼, 시사, 자연처럼 많은 다큐멘터리가 제작되고 있는 것은 분명합니다. 하지만 선풍적으로 주목받고 있는 다큐멘터리는 교육 다큐멘터리가 아닐까 싶습니다. 교육 채널 EBS의 다큐멘터리가 인기를 끌고 있는 것은 우연이 아닐 것입니다. 또한 쉽게 접할 수 있습니다. EBS1 <지식채널e>처럼 쉽고 간단한 포맷이 등장하면서 시청자는 빠르고 재밌게 다큐멘터리를 즐길 수 있습니다. 교육 다큐멘터리는 "아는 것이 힘이다"란 말을 되새기는 우리 사회가 원하는 다큐멘터리이기도 합니다. 다시 한번 말씀드리지만 교육이 나쁘다는 것이 아닙니다. 하지만 대체로 교육 다큐멘터리는 전인교육이 아니라 입시교육을 닮아 있습니다. 특히 역사, 건강, 자연 등 다양한 소재로 다큐멘터리를 제작하고 있지만 우리가 일반적으로 고수하고 있는 학교교육의 틀에서 벗어나고 있지 않다는 생각이 듭니다. 지금 다루고 있는 "좋은 대학, 나쁜 대학"은 시사성이 강한 다큐멘터리이지만 그조차도 내용과 형식 모두 학교교육 자체를 의심하고 있지는 않습니다.

입시교육은 이제 그만

<MBC 스페셜> "좋은 대학, 나쁜 대학"의 포맷은 전문성(전문가 인터뷰)에 의존하며 위에서 아래로 특정 메시지를 설파합니다. 이런 구성이 교육을 비판하는 소재에 적합한지 의문이 듭니다. 먼저 우리는 어쩌다 대학에 가야만 하는 선택을 하게 되었는지부터 출발해야합니다. 예를 들어보지요. 한 고등학생이 있습니다. 어른들에게 대학을 가야 취업이 잘된다고 교육을 받게 됩니다. 어른들도 전문가에게 조언을 듣습니다. 대부분의 전문가는 대학 졸업자일 것입니다. 혹은 교육받지 못한 기성세대의 열망이 아이들을 대학에 보내려 했던 배경이었을지도 모릅니다. 사람들은 점차 배운 사람을 대접해야 한다는 생각을 가지게 됩니다. 스스로 배운 사람에게 매력을 느끼고, 닮고 싶다는 부러운 감정을 품게 됩니다. 이런

생각을 가진 사람들이 모여 사회를 이룹니다. 그 사회는 어느새 '배운 사람은 대접받고 잘 산다'란 엘리트주의에 물들 것입니다. 개인이 다른 생각을 가지더라도 그 개인을 비판하거나 다른 생각을 할 여지를 두지 못하게 만듭니다. 사람들이 선망하는 엘리트주의는 전문가에 대한 절대적인 신뢰가 깔려 있습니다. 제가 말하고 싶은 것이 바로 이 지점입니다. 전문가에 의존하고 대학을 추구하는 잘못된 교육으로 사회적 상식이 구성되었는데, 이런 상식을 비판하는 다큐멘터리 포맷이 전문가 인터뷰에 의존하다니요.

설문조사 통계자료도 무작정 신뢰할 수 없습니다. 설문조사에서 제외된 학생도 분명 존재하기 때문입니다. "본인이 낸 등록금이 어떻게 사용되고 있는지 알고 있거나 궁금해본 적 있나요?"란 설문조사는 참여자가 1969명이었으며 기간은 2주, 조사 방법은 이메일이었습니다. 답변 비율은 달랐지만 분명 다른 의견도 다양하게 존재했습니다. 화려한 그래프는 우리 눈을 지루하지 않게 해주는 장점은 있습니다. 하지만 배제된 소수나 눈에 띄지 않는 답변도 존재합니다. 모든 통계가 무용하다는 말은 아니지만 그 통계의 속성을 무조건적으로 신뢰하는 우리의 태도를 조금은 반성해야 하지 않을까란 생각이 듭니다.

다큐멘터리는 시대를 반영합니다. 편향된 교육 이데올로기를 생성하는 건 TV가 아닌 우리일지도 모릅니다. 우리는 한정된 인터뷰와 다수결 방식의 통계, 전문가 인터뷰 등의 포맷에 익숙해져 있지 않을까요? 이 포맷 방식이 다큐멘터리를 대표한다고 생각할지도 모릅니다. 이 포맷 이외의 다큐멘터리는 내용을 이해시키는 데 조금 불친절하다고 느낄 수도 있겠습니다. 우리가 이 포맷을 선호하기 때문에 다큐멘터리는 시청자 입맛대로 맞춰나갔는지도 모릅니다. 특히 TV 다큐멘터리는 시청자와 그만큼 밀접한 관계가 있기 때문이죠.

마이클 무어(Michael Moore)의 <다음 침공은 어디?>라는 다큐멘터리를 아시나요? 마이클 무어는 미국 다큐멘터리 감독입니다. 미국의 잘못된 사회구조의 근원이 무엇인지 냉철하게 바라보고 비판하는 성격을 지녔습니다. 그의 작품을 보면 미국을 비판하면서도 미국을 사랑하는 것을 알 수 있습니다. 이 다큐멘터리의 내용은 다른 나라들을 침공한다는 상상을 덧붙여 그들이 가진 좋은 사회구조와 인식을 빼앗아 오는 내용입니다. 1년에 유급 휴가 8주와 월급 13번이 보장된 이탈리아, 프렌치 프라이 대신 미슐랭 3스타급 학교급식이 나오는 프랑스, 숙제는 구시대적 발상이라는 교육 수준 세계 1위의 핀란드 등을 말이죠. 어찌 보면 "좋은 대학, 나쁜 대학" 후반에 나오는 해외 대학 예시와 같아 보입니다. 하지만 마이클 무어는 단순히 예시를 보여주기보다는 이 좋은 예시를 어떻게 그들이 만들게 되었는지 집중적으로 파고듭니다. 전문가보다는 일반 사람들과 함께 편하게 대화하면서 그들의 아이디어를 캐냅니다. 아이디어를 통해 자신이 속한 미국 사회와 비교하고 문제를 인식하면서 그 범위를 넓혀나갑니다. 그렇기 때문에 그의 다큐멘터리에는 문제가 되는 썩은 뿌리가 적나라하게 드러나 있습니다. 그리고 해답은 스스로에게 있다는 것을 말해주고 있지요.

<MBC 스페셜> "좋은 대학, 나쁜 대학"은 사람들에게 사회문제를 알려주는 데 효과적인 다큐멘터리였습니다. 하지만 문제를 이야기하고 해결하고자 하는 제작진의 주장은 보이지 않았습니다. 미국과 일본에 좋은 대학이 있으니 우리도 본받아야 한다고 말하고 어떤 대학이 좋은 대학인지 그 예시를 보여주고 싶었던 것 같습니다. 시청자가 보기엔 어떨까요? 여전히 교육 열풍에 휩싸인 시청자는 열심히 영어 공부를 해 해외의

좋은 대학으로 가고 싶어 하지 않을까요? <MBC 스페셜>은 기획 의도에 맞는 다큐멘터리를 만들어주셨으면 합니다. 사회와 미래에 대한 냉철한 통찰을 통해 시청자가 보고 싶고, 우리 시대에 꼭 필요한 다큐멘터리를 만들고자 한다면 천편일률적인 전문가 포맷을 벗어나는 시도를 해보아야 할 겁니다. 이를 시작으로 한다면 머지않아 우리 시대에 '흙수저' 같은 신조어가 불필요한 날이 올 것입니다.

입선

착한 예능 콤플렉스

KBS 2TV 예능 <언니들의 슬램덩크>

김유정

공중파와 종편을 막론하고 여성을 주체로 하여 고정된 시간대를 독자적으로 이끌어나간 프로그램은 거의 전무했다. 특히 남성 위주의 구성이 당연하게 여겨지는 장르인 예능에서의 여성 부재는 문제로 인식조차 되지 않았다. 따라서 프로그램에서 홍일점으로 활약하는 여성 진행자, 리액션을 주 역할로 수행하는 보조 MC, 일부 진행만을 맡고 있는 코너 MC, 혹은 기존 남성 프로그램의 특집으로 편성된 여성 게스트들의 특별 번외편, 스핀 오프의 형식을 빌려 기존의 포맷을 그대로 가져온 여성 프로그램을 제외하고는 예능에서 여성의 흔적을 찾아보기 힘든 것은 자연스러운 현상이었다. 여성 진행자가 사라지는 것은 물론 프로그램 내의 여성 패널 수조차 줄어들고 있는 현 상황에서 출연자를 '여성'으로 한정한 프로그램의 등장은 뜻밖의 것이었다.

여성형 예능의 새로운 개척자

<언니들의 슬램덩크>(이하 <슬램덩크>)는 6명의 여자 연예인이 모여 자신들의 꿈을 이루고자 계모임인 '꿈계'를 만들어 그 꿈을 실현하는 과정을 보여준다. '여성' 리얼 버라이어티 예능이면서도 '꿈'의 실현이라는 지극히 이상적인 소재를 주제로 설정한 <슬램덩크>는 객관적으로 보았을 때 성공 가능성이 매우 낮은 프로그램이었다. 그러나 최근 여성 소외라는 이슈가 사회문제로 대두되고, 소비재로서의 여성 역할에 대한 부정적 시선이 수면 위로 떠오르면서 프로그램의 기획 의도와 소재는 시의성이라는 무기를 갖게 되었다. 그뿐만 아니라, 자극적인 소재와 경쟁이라는 구도 속에 빠져 있는 예능계에서, 이상적인 소재와 경쟁의 부재라는 구도의 도입은 독창적인 포맷 중 하나로 비춰졌다. 다양한 우려와 기대 속에서 <슬램덩크>는 첫 방송부터 안정적인 출발을 보였다. 포맷의 신선함과 이상적인 소재의 조합이 기대 이상의 시너지 효과를 내며 '여성' 리얼 버라이어티 예능의 가능성을 재발견하는 계기가 된 것이다.

못 다한 꿈은 이루어질까

첫 번째 계주의 꿈은 과거의 여성 예능에서 보이던 소재의 내용과 큰 차이가 없었다. 무모한 도전의 연속으로 보이는 꿈의 내용은 진부했으나 그것을 한 사람의 이야기로 풀어가는 과정은 과거의 여성 예능과는 달랐다. 시청자는 어린 나이에 데뷔했거나 오랜 무명 시절을 견뎌온 6명의 출연자를 익숙한 이미지로 인식했을 것이다. 그러나 이루지 못한 꿈을 이야기하며 사적인 대화를 나누는 그들의 모습을 시청자는 오히려 낯설게 받아들이게 된다. 그 세대의 일반적인 사람들과 크게 다를 것 없는 이들의 낯선 모습은 시청자에게 출연자와 공감대를 형성하게 하며 해당 프로그램만의 정체성을 확립할 수 있게 도와준다. 이를 바탕으로 과거에는 가학적이고 경쟁적으로 풀어냈던 소재를 '잊고 있었던 꿈'이라는 그릇에 담아 보여주며 꿈을 잃고 방황하는 청춘 세대와 현실에 안주해버린 기성세대에게 대리 만족과 꿈에 대한 향수를 느끼게 한다. 더 나아가 바쁜 일상 속에서도 이루지 못한 꿈을 이루기 위해 노력하는 출연자의 모습은 시청자에게 꿈에 대한 열망까지 일으키는 역할을 하기도 한다. 서바이벌 구도가 주류로 자리 잡은 예능계에서 <슬램덩크>는 유일하게 경쟁하지 않는 프로그램이다. 특히 두 번째 계주의 꿈이었던 걸 그룹 만들기에서 이러한 구도는 빛을 발했다. 걸 그룹 '언니쓰'는 <뮤직뱅크>에서 정식 데뷔 무대를 가졌을 뿐 아니라, 여러 음원 사이트에서 1위를 하는 등 다양한 성과를 보였다. 걸 그룹 만들기라는 소재를 경쟁의 부재 속에서도 웃음과 감동, 시청률 등 모든 방면에서 성공적으로 풀어내며 진정성으로도 경쟁력을 가질 수 있다는 것을 보여주었다. 이벤트성이 아닌 한결같은 진정성을 보여주는 <슬램덩크>는 그들이 의도한 대로 이상적인 프로그램을 만들어가는 듯했다.

웃음을 잃어버린 예능 프로그램

예능 프로그램에 웃음이 전제되어야 함은 당연한 것이다. 그러나 <슬램덩크>는 이상적인 프로그램을 만들기 위해 정작 가장 본질적인 부분인 웃음과 재미를 놓쳤다. 충분히 재미있게 풀어낼 수 있는 내용을 긴장감 없는 편집으로 무거운 주제로 만들어버린 경우도 많았을뿐더러, 꿈이라는 특수한 주제를 가진 탓에 장르의 혼재가 느껴지는 일도 다분했다. 예능의 이름을 가진 다큐멘터리인지, 다큐멘터리의 이름을 가진 예능인지, 둘 사이의 적절한 비율을 조절하지 못하여 급격한 시청률 하락을 야기하기도 했다. 또한, 프로그램 주제 자체의 특수성은 양날의 검과 같아서 매회 프로그램의 시청률에 영향을 미쳤다. 하나의 꿈이 한 회로 끝나는 것이 아니라 몇 주간 이어지므로, 예능임에도 시청자에게 어느 정도의 충성도를 요구했기 때문이다. 이는 유입 시청자에게 높은 진입 장벽으로 여겨질 수 있다. 그뿐만 아니라 <슬램덩크>는 기획 당시부터 특정한 집단을 타깃으로 하여 프로그램을 제작했기에 타 예능 프로그램과 달리 유입 시청자층이 절대적으로 부족한 실정이다. 그럼에도 유입 시청자에게 프로그램에 대한 충성도를 요구한다는 것은 고정 시청자의 확보를 스스로 포기하는 것과 같다.

높은 진입 장벽과 충성도 요구에도 프로그램에 대한 애정으로 <슬램덩크>를 시청하는 고정 시청자가 존재하기는 한다. 그렇다면 과연 <슬램덩크>는 선별된 시청자의 욕구를 충분히 만족시키고 있을까? 고정 시청자는 프로그램이 원하는 기준에 도달해 있지만, 프로그램은 그들을 완전히 만족시키지 못하고 있다. 프로그램의 포맷은 제작진이 미션을 주는 방식을 따라가지 않고 출연자 스스로, 서로에게 미션을 주는 방식을 선택했다. 앞서 말한 것처럼 프로그램의 성공 여부는 시청자가 출연자에게 얼마나 몰입을 하고 공감을 하는지, 그에 따라 어느 정도의 대리 만족을 느끼는지에 달려 있다. 그러나 출연자들은 공감을 이끌어내기 위한 장치 중 하나인, 사적인 대화에 빠져 그들만의 세계를 구축하는 데 이르렀고, 이루지 못한 꿈을 이루고자 노력하는 출연자들의 열정은 시청자에게 이질감을 느끼게 하는 장치로 전락하고 만다. 출연자와 시청자의 간극은 회를 거듭할수록 넓어졌고 결국 그들만의 리그에서 벗어나지 못하는 출연자들의 모습에 고정 시청자마저 실망감을 느끼게 된다.

'여성' 예능의 필패 공식

본질적인 원인은 프로그램 콘셉트와 주제의 한계에 있다. 또한 그것을 이끌어가는 제작진의 내공 부족에 있다. <슬램덩크>는 프로그램 내용의 특수성으로 비교적 많은 부분을 출연자에게 의존하게 된다. 그러나 제작진은 출연자에게 사회적 이슈가 생겼을 경우, 피치 못하게 해당 출연자의 하차 결정이 내려질 수 있다는 것을 예상하지 못했다. 티파니의 하차 수순에서 드러난 제작진의 부족한 대응이 이를 방증하고 있다. 프로그램 콘셉트에서도 마찬가지이다. 콘셉트와 어긋나는 게스트 섭외는 제작진의 기획 의도까지 다시 생각하게 만든다. '여성' 출연자들이 서로의 힘을 합해 그들의 꿈을 이루어가는 프로그램이라고 했던 것과는 달리, 이루지 못한 꿈을 남성의 도움을 통해서만 실현 가능한 것처럼 그리고 있기 때문이다. 즉 출연자에게 조언하는 대부분의 멘토는 남자 게스트로 채워지고, 출연자는 멘토의 도움 없이 꿈에 접근하는 것조차 힘들어하는 태도를 보인다는 것이다. 이런 상황은 '여성'주체적인 예능을 만들고자 했던 제작진과 출연자의 초창기 기획과 정반대의 내용으로, 과거에 있었던 '여성' 예능 프로그램을 답습하는 것에 지나지 않았다. 출연자 간의 경쟁이 부재하고 편집으로 인한 논란 생성의 여지를 모두 차단하며 이상적인 것을 좇아온 <슬램덩크>는 개척하고자 했던 이상향과는 정반대의 것을 보여주게 되었다. 남성향이 짙은, 우리네 예능에서 쉽게 찾아볼 수 있는 보통의 예능과 다를 것 없는 평범한 프로그램이 되어간다는 것이다. 평범한 예능을 선택할 수도, 이상적인 예능을 선택할 수도 없는 일종의 딜레마에 빠져버린 제작진은 시청자의 공감과 지지를 얻기 위해 더욱 착하고 이상적인 주제를 통해 그들의 이상향을 보여주고자 노력했다. 그러나 이상향을 좇아, 착한 예능이 되어야만 한다는 강박에 사로잡힌 <슬램덩크>는 시청률과 재미, 웃음 어느 것 하나 얻은 것 없이 급격한 하락세를 걷게 되었다. 예능계에서 그들이 개척하고자 했던 이상적인 도전은 분명 유의미했다. 그러나 완벽히 준비되지 않은 시도는 과거부터 이어져 왔던 '여성' 예능 필패라는 공식에 설득력을 부여하는 것에 지나지 않아 보였다.

웃음을 반드시 찾아야 하는 예능

예능은 예능다워야 할 필요가 있다. 담고자 하는 이데올로기의 무게에 억눌려 마땅히 전제되어야 할 웃음과 재미를 놓쳐버린 것이 아닌지 생각해 보아야 한다. <슬램덩크>는 착한 예능이 되어야 한다는 억압에서 벗어나 예능 본질의 웃음과 재미를 찾아야 한다. 그들이 원하는 이상향은 예능으로서의 재미 요소가 일차적으로 개선된 이후, 문제점 파악 및 보완을 통해 나아가야 한다. 프로그램의 존폐가 우려될 정도의 급격한 시청률 하락은 착한 예능 콤플렉스를 극복하여 상당 수준 이상 회복할 수 있을 것이다. 좀 더 긴박감 있는 편집과 흥미로운 주제의 선정을 통해 자신들만의 리그에서 벗어나 고정 시청자의 공감대를 확대해서 형성한다면 일정선 이상의 시청률이 유지될 것으로 예상된다. <슬램덩크>는 기존의 예능계에서는 찾아보기 힘든 프로그램 중 하나이다. 따라서 다양한 방안을 적극적으로 수용하여 지금의 침체된 시청률을 벗어나 또 다른 곳으로 도약할 수 있었으면 하는 바람이다.

입선

무통각 사회에서 송곳이 찌르는 것

JTBC 드라마 <송곳>

김윤영

<송곳>은 보고 나면 한숨이 쌓이는 드라마다. 주인공들의 상황은 좀처럼 나아지질 못하고 성취했다 싶으면 허사로 돌아가며 응원했던 누군가는 변모해버린다. 간혹가다 무언가 삼키다 목에 걸린 것 같은 갑갑함과 불편함은 따라오는 덤이다.

사람들은 대체로 드라마를 보면서 본능적인 욕구가 해소되기를 바란다. 주인공들이 갖은 역경 속에서 사랑을 이루고, 실패를 딛고 성공하며 당한 것에는 복수해주는 결말을 기다린다. 이는 다르게 표현하자면 '일어난 사건이 긍정적인 방향으로 해결되는 것'이라 할 수 있다. 이 드라마가 시청자로 하여금 장르적 욕구를 쉽게 해소하지 못하고 도리어 갈증을 느끼게끔 하는 요인 중 큰 부분은 바로 여기에 있다.

<송곳>은 한 대형 마트 지점의 직원들이 사측의 부당한 결정에 맞서

노조를 형성해 투쟁하는 내용을 중심으로 하고 있다. 현실적인 측면에서 볼 때 '해결'이라는 귀결 자체가 매우 어렵고 까다로운 사건이 핵심이자 바탕이다. 그리고 이 드라마는 감동과 재미, 쾌감을 목적으로 그 고루한 현실을 극적으로 포장하거나 각색하지 않는다. 결국 <송곳>이 유도하는 한숨은 이 드라마의 태도와 무관하지 않다. 그렇다면 그 한숨 역시 어떠한 의미를 지니게 되리라. 그것은 대체 무엇일까?

'못 합니다'가 하는 것들

2003년, 외국계 대형 마트 '푸르미' 일동점에서 야채·청과 코너를 담당하고 있는 과장 이수인은 부장으로부터 직원들을 해고하라는 지시를 받는다. 이수인은 고심 끝에 "못 하겠습니다"라고 대답한다. 마트 내 다른 코너를 담당하는 다른 과장들 역시 처음에는 이수인과 마찬가지로 양심의 가책을 느끼고 곤란해하지만 며칠 새 굳은 결심을 내리고 열렬한 악인의 모습으로 분한다. 이수인을 제외한 과장들은 직원들에게서 자발적으로 그만둔다는 소리를 끌어내기 위해 악독하게 굴며 그들을 괴롭히기 시작한다. 이수인은 180도 달라진 마트 내의 살풍경한 모습을 지켜보면서 고민 끝에 노동운동가 구고신과 접촉한다. 그렇게 노동조합이 뭔지, 존재하기는 하는지조차 잘 몰랐던 마트 안에 노동운동의 씨앗이 싹을 틔우기 시작한다.

이 모든 것은 이수인의 '못 합니다'에서 시작됐다고 해도 과언이 아니다. 상부의 지시에 따르지 않겠다는 선언은 단 한 번의 불복이나 이벤트성 사건에 그치는 것으로 여겨지지 않는다. 그가 못 한다고 의사를 표명한 순간부터 그는 조직에서 '지시를 거부할 수 있는 인물'이 되었다. 그리고 그 자신 역시 스스로를 이번에도 적응하지 못한 일종의 실패자로 인식한다.

모든 투쟁이 시작되기 이전에, 이수인이 못 한다고 대답하기 이전에 실은 그의 낙담과 좌절이 있었다. 흥미로운 것은 그가 그 감정을 부당한 지시를 내린 회사보다도 오히려 자신을 상대로 더 강렬하게 느낀다는 점이다. 이 지점은, 극의 구심점이며 노조를 이끌어가는 중축이기도 한 이수인이라는 인물을 신화적으로 느껴지지 않게 하는 중요한 요소 중의 하나이다. 이수인은 이미 학교와 군대를 거치는 동안 부당한 것에 맞서 싸우면서 '조직에 맞지 않는 사람'으로 분류돼본 적이 있는 인물이다. 그는 원리·원칙주의자이며 옳다고 생각하는 길을 고수하는 자신을 전혀 자랑스럽게 여기지 않는다. 그가 생각하는 성공은 옳은 원칙을 준수하는 것보다도 사회에 '적응'하는 것에 가깝다. 그러한 태도는 이수인뿐만 아니라 극 중 다수의 사람들 역시 마찬가지며 현실에서도 크게 달라 보이진 않는다. 그럼에도 불구하고 그가 번번이 '못 합니다'라고 대답한다는 게 그와 다른 사람들의 차이점이다. 그는 조직과 인간의 부당한 면면을 혐오하고 그것을 외면하지 못하는 자신을 혐오하지만 끝내 옳다고 생각하는 것을 선택한다. 그 선택은 세상 전부는 아니더라도 일부 사람들의 세상을 바꾸기 시작한다. 그렇게 되면 결국 그들을 둘러싼 세상 역시도 어떻게든 바뀌기 시작한다. 용기 있는 누군가의 불복은 사실 무력한 '못 합니다'가 아니라 주체적인 '합니다'인 것이다.

"네 밥그릇이나 챙겨"

애석하게도 효율성을 중시하는 조직 중 적지 않은 조직이 주체 의지를 가진 구성원을 그다지 반기지 않는다. 그런 곳은 조직원이 지시와 명령을 바로 따르지 않고 검토한다는 것 자체를 이미 문제적 신호로 받아들인다. 이수인이 다녔던 육군사관학교가 그랬고 현재 직장인 '푸르미' 역시 마찬가지다. 따라서 그에게 이어질 조직의 압박은 당연하고 자연스러운 수순이다. 이수인을 필두로 노동자의 권리를 하나씩 더 알아가고 깨달아가는 마트 내 사람들을 조직은 경계하고 압박하기 시작한다. 여기서부터 이제 슬슬 주어를 바꿔야 할 때다. 마트 노동자들의 초반 싸움에서 그들을 압박하는 것은 조직, 즉 사측이다. 그리고 그것은 회사라는 하나의 덩어리가 아니라 또 다른 '사람들'이다.

노동운동가 구고신은 중화요리점에서 쫓겨난 배달원이 떼인 돈을 받게 해준 보답으로 사례금을 주려 하자 웃으며 "네 밥그릇이나 챙겨"라고 말한다. 조그만 음식점의 고용주든 거대 회사의 사측에 해당되는 사람이든 그들이 옳은 행동이 아닌 것을 뻔히 알면서도 누군가의 밥그릇을 위협하는 근거는 자신의 밥그릇을 부풀리거나 사수하는 데 있다.

푸르미 마트에서 노조를 둘러싸고 일어나는 갈등이 꽤 치열하고도 매우 가변적인 것은 이 투쟁에 참여하는 대부분의 사람이 생계를 걸고 싸우고 있기 때문이다. 이는 노조원뿐만 아니라 얼핏 사측으로 보이는 인물에게도 해당되는 이야기다. 대표적으로 싸움의 전방에 내몰린 과장들은 엄밀하게는 사측이 아니지만 지금껏 쌓아올린 자신의 자리를 한순간에 잃을까 불안해하며 사측의 입장을 대변해 노조원들과 반목한다.

<송곳>에서 그려지는 투쟁의 일대기에서 때로 시청자는 한없이 평범하게만 보였던 보통 사람이 자신의 자리를 지키기 위해 얼마나 나빠질 수 있는가를 목격한다. 여기서 우리는 마냥 분노하지 못하고 한편으로 답답함과 안타까움을 느낀다. 동시에 푸르미 직원들이 '회사'를 상대로 투쟁하는 것이 왜 이렇게나 힘든지에 대한 힌트도 얻게 된다. 뚫기 힘든

회사 권력의 벽을 견고히 다지는 과정에서 최전방에 서 있는 사람들 역시 투쟁하는 노동자들과 멀지 않은 처지의 사람들이기 때문이다. 노동자가 절실하게 투쟁할수록 또 다른 노동자인 그들 역시 맹렬하게 방어한다. 아이러니하게도 그들이 지키고자 하는 것은 같다. 사측 대변자인 양 전면에서 노동자와 대치하는 그들마저도 궁극적으로 지키고자 하는 것은 회사가 아니라 자기 자신과 사랑하는 사람들이다.

선한 약자와 시시한 약자

그러나 이 적나라한 투쟁도의 목적은 모두를 이해하는 데 있지 않다. 이해는 밑거름이자 밟고 일어설 지지대다. <송곳>이 찌르고자 하는 것은 불가피하고 그럴듯하게 벌어지는 부조리에서 마땅히 이루어져야 하는 '그럼에도 불구하고'의 역설이다.

마트 내 직원들을 억압하는 과장들과 그들을 진두지휘하는 부장마저 변명의 여지가 있는 현실적인 사람으로 묘사됐듯이 노조원들 역시 선한 약자로만 그려지지는 않는다. 그들은 구고신이 표현한 것처럼 선한 약자보다는 '시시한 약자'에 가깝다.

부당 해고 위기에 처해 노조에 가입하기 전 그들 중 누군가는 협력업체 직원인 프로모터들의 권리를 알게 모르게 무시했던 사람이고 누군가는 노조 활동을 통한 이득과 손해를 가늠하며 자신의 이익 위주로만 충실히 행동한다. 또한 적지 않은 노조원이 파업 중 회사가 대체 고용한 인력을 상대로 모욕적인 언사와 위험한 행동을 불사하기도 한다. 그들의 선택은 안타까우면서도 분명 이해 가능한 범위에 있다. 대신 그들에게 무조건적인 지지를 보내기에는 망설여지게 만든다.

그렇게 시청자로부터 마음 편히 약자를 지지할 수 있는 배경을 앗아가 버리는 것 또한 이 드라마가 원하는 방향이다. <송곳>은 마냥 선한 약자에 대한 무조건적인 지지보다 시시한 약자를 보면서 느끼는 망설임과 불편한 감성을 더 가치 있게 여긴나. 그것이 현실이고 현실의 싸움이기 때문이다. 더불어 실질적으로 우리가 극복해야 할 대상이기도 하다.

노동자에게는 노동자의 권리가 있다. 그 권리는 그들이 완벽하지 않거나 선한 사람이 아니라고 해서 줄이거나 박탈해도 되는 게 아니다. 그런데 권리의 주체가 타인일 때 사람들은 때로 그 사람이 권리를 누릴 만한 자격이 있는지 점수를 매기고 싶은 충동에 휩싸인다. 원리·원칙보다 자연스럽게 생기는 감정에 판단을 맡겨두고 싶은 본능은 우리가 인간이기 때문에 종종 빠지기 쉬운 함정이다. 위험한 것은 이러한 인간적이고도 감정적인 오류가 세상의 많은 나쁜 것을 여전히 나쁜 채로 유지하는 데 이용될 수 있다는 것이다.

구고신은 누군가의 권리를 그 사람이 걸어온 길에 대한 상벌로써 적용하지 말라고 권고한다. 이수인은 함께 의지하고 때로는 자신이 보호해야 할 사람들로부터 느끼는 짙은 회의감 속에서도 그 과제를 극복한다. 이수인이 숙제를 푸는 동안 시청자도 같은 숙제를 푼다. 그때 시청자는 한편으로 드라마로부터 시험받는 듯한 인상을 받을 수도 있다. 특히나 지지하고 응원해왔던 약자가 마냥 선하기만 한 게 아니라 실상은 시시하고 추레할 수도 있다는 사실이 드러날 때마다 그 시험은 괴로워진다. <송곳>이 종종 그들의 권리를 평가하고 싶은가에 대한 질문과 유혹을 우리에게 던지는 것은 꽤나 곤혹스럽지만 매우 유의미한 체험이다. 우리가 알게 모르게 세상의 부당한 것을 유지하는 데 협조하는 함정에 쉽게 빠지지 않을 수 있도록 기회를 제공하기 때문이다.

무수한 동의로 쌓아 올린 무통각 사회

나쁜 것이 계속 나쁘게 유지되도록 기여하는 것 중 가장 강력한 것은 바로 사람들의 동의다. 묵인과 외면, 체념 역시 그 뒤를 따른다. 이 위험한 의지들은 <송곳>에서 중심 사건인 마트 내 노조에서뿐만 아니라 이수인이 거쳐 온 다양한 사회생활의 실패기에서도 빈번하게 등장한다. 학교와 군대, 육군사관학교에서의 생활이 바로 그에 해당된다.

푸르미 직원의 노조 활동을 훼방 놓는 데에서 가장 큰 공신이 회사라는 추상적 이미지를 뒤집어쓴 또 다른 노동자이었듯이 이수인이 부당한 것에 대항할 때마다 가장 큰 좌절감을 안겨준 대상 역시 조직에 이미 '적응'한 구성원들이었다. 그들이 무서운 이유는 부당함을 모르지 않기 때문이다. 그리고 그들이 알면서도 행동하지 않는 것보다 무서운 건 각자 외면하고 묵인하기로 하면서 그런 서로를 이해하고 있다는 사실이다. 자신의 선택이 불가피했다는 변명은 적지 않은 동료를 보는 순간 위안받는 동시에 확신으로 굳어진다. 이렇게 다수의 이해를 기반으로 하면 그들에게서 동의를 이끌어내고 유지하는 것은 더욱더 쉬워진다. 이것이 바로 부당한 것이 기세를 떨칠 수 있는 이유이자 강력한 지지 기반이다.

다수의 동의, 즉 같은 결정을 공유하고 있다는 사실은 더없이 안락함을 안겨준다. 그 안락함은 이내 고통을 망각시키는 훌륭한 마취제로 쓰인다. 세상의 환부가 치료되지 않고 그대로 유지될 수 있는 까닭은 많은 사람이 그것에 고통을 느끼지 않기 때문이다. <송곳>이 적나라하게 묘사하는 사회 곳곳의 모습은 더없이 현실적이다. 그리고 그 현실적인 모습은 문득 지금 사회가 무통각증을 앓고 있는 것이 아닌가 하는 의문과 깨달음을 던지게 한다.

한숨이 찌르는 것, 그리고 거인들

고통을 느끼지 못하는 것은 사실 전혀 이롭지 않다. 고통은 '여기에 아픈 곳이 있다. 그러니 살피고 치료하라'는 신호다. 무통각증을 앓고 있는 사람이 위험한 이유는 그 신호를 전달받지 못해 상처를 방치하다 생명을 위협하는 지경에까지 노출될 수 있기 때문이다. <송곳>이 한숨을 유도하는 장면에는 사실 우리가 무통각증을 자처하면서 잊고 지내온 너무나 현실적인 모습의 객관화가 자리하고 있다. 결국 우리가 뱉은 한숨이 날카로운 송곳이 되어 찌르는 것은 무감각에 익숙해진 우리 자신이다.

시청자는 스스로가 쉽게 구고신과 이수인이 될 수 없다는 것을 잘 안다. 그렇기에 열렬히 더 그들을 동경하고 좋아할 수 있는 것이기도 하다. 반면 비교적 우리와 가까워 보이는 사람들은 때로 시시해보일 수도 있는 평범한 약자인 푸르미 마트 일동점의 노동자들이다. 그들의 긴긴 투쟁이 일단락되는 시점인 마지막에 이르러 내뱉은 한숨 역시 잔뜩 쌓였을 때 우리는 문득 시시한 약자인 그들에게서 한 가지 비범함을 발견한다. 그들이 고통을 생생하고 열렬하게 느끼며 체념과 동의의 안락함에 쉽게 빠지지 않았다는 사실이다. 이수인을 필두로 한 푸르미 마트 일동점의 직원들은 그들이 직면한 고통에 기꺼이 용기를 내어 부딪친다. 통각을 느끼며 피를 흘리는 그들은 결코 환자가 아니다. 그 아픔을 맹렬하게 인식했기에 상처를 제대로 치료할 수 있는 의사가 되었고 잘못된 것을 뒤집을 수 있는 거인이 되었다. 그리고 세상은 아마, 그런 사람들이 바꿀 것이다.

입선

침묵하는 사회, 외면하는 사회

SBS <마을 - 아치아라의 비밀>로 본 우리 사회의 어두운 이면

김지산

들어가며

"연극은 사회를 비추는 거울"이라는 말이 있다. 연극은 무대라는 작은 공간 위에서 가상의 현실을 배우를 통해 그려내고, 이를 관람하는 관객과 소통함으로써 우리가 살고 있는 사회를 대변하기 때문이다. 미디어가 발전하면서 대중문화의 중심은 점점 아날로그에서 디지털로, 즉 연극에서 영화와 드라마로 넘어갔고, 그 결과로 연극과 희곡을 동시에 뜻하는 '드라마(drama)'는 이제 통상적으로 TV 드라마를 뜻하는 용어가 되었다. 그런 의미에서 이제 '드라마는 사회를 비추는 거울'이라는 말을 사용할 때가 되지 않았나 싶다.

2년 만에 브라운관에 복귀하는 배우 문근영의 캐스팅으로 화제를 모은 SBS 드라마 <마을 - 아치아라의 비밀>(이하 <마을>, 2015. 10. 7~12. 3,

16부작)은 드라마가 사회를 비추는 거울임을 방증하였다. <마을>은 드라마에서 흔한 소재인 러브 라인이 없었음에도 매회 극적인 긴장감과 재미를 선사함으로써 극의 몰입을 극대화한 웰메이드 드라마라 평가받았으며, 배우들의 뛰어난 연기와 탄탄한 극본은 극에 생명력을 불어넣었다. 특히 마지막까지도 범인이 누구인지 예측할 수 없는 반전과 전개로 시청자의 큰 호평을 받았다. 비록 시청률이 낮았음에도 <마을>이 작품성이 뛰어난 드라마로 인정받은 이유는 바로 현재 우리가 살고 있는 한국 사회의 어두운 현실을 그대로 보여주었기 때문이다. 즉, 피해자는 침묵하고 외면받는 반면, 가해자는 이렇다 할 단죄를 받지 않는 우리 사회의 부조리함을 그려내어 시청자와 공감대를 형성하는 거울 역할에 충실했기 때문에 작품성을 인정받았다고 사료된다.

마치 현실을 보는 듯한 착각을 불러일으킬 정도였던 <마을>이 전달하고자 하는 메시지가 무엇인지 알아봄으로써 우리 사회의 어떠한 이면을 투영했는지 역설하고자 한다.

<마을>의 간략한 내용

23년 전 교통사고로 가족을 잃은 소윤은 유일한 혈육인 외할머니의 손에 이끌려 다섯 살의 어린 나이에 캐나다로 유학을 간다. 금세 새로운 환경에 적응한 소윤은 가족에 대한 그리움을 가진 채 성장한다. 그러던 어느 날, 외할머니의 갑작스러운 죽음으로 혼자가 된 소윤은 외할머니의 유품을 정리하던 중 의문의 우편 봉투를 발견한다. 그 속에는 23년 전 자신과 가족의 죽음을 다룬 기사가 들어 있었다. 살아 있음에도 자신이 죽었다는 기사를 본 소윤은 혼란에 빠지고, 이내 외할머니에게 편지를 보낸 사람이 누구인지, 왜 그런 편지를 보냈는지 이유를 찾기 위해 발신란에 적인 아치아라 마을로 향한다. 혼자 세상에 남겨진 것이 아닐 수도 있다는 막연한 기대를 가지고 도착한 아치아라 마을. 그곳에서 소윤은 한 여성의 백골 사체를 발견한다. 연이어 '경기 동북부 연쇄살인 사건'에 대한 이슈까지 겹치면서 혼란스러운 국면이 발생하고, 소윤은 언니로 추정되는 백골 사체의 진실이 무엇인지 파헤치기 위해 사건의 중심에 서게 된다.

침묵하는 사회, 외면하는 사회

현재진행형인 '경기 동북부 연쇄살인 사건'의 공포가 대한민국을 뒤덮고 있는 상황이지만, <마을> 속 주 배경으로 등장하는 아치아라 마을은 범죄 없는 평화로운 곳으로 소개된다. 아치아라 마을과 그 외 지역의 모습이 정반대로 그려지는 아이러니함에서부터 드라마는 침묵하는 사회, 외면하는 사회에 대한 화두를 던지며 시작한다. 그리고 이내 김혜진(장희진 분)이라는 여성의 백골 사체가 발견된 후 소윤이 진실을 밝히는 과정에서 이는 극명하게 그려진다. 무범죄, 청정 지역으로 소개된 아치아라 마을은 사실 20여 년 전 성폭행 사건이 발생한 곳이었고, 당시 성폭행 피해자들은 주위의 비난이 두려워 침묵하고 있었다. 게다가 그 사건은 결국 20여 년 후 혜진이 살해당하는 비극의 단초를 제공한다. 하지만 소윤이 아치아라 마을로 오기 전까지 사건의 진실을 밝히려는 의지를 가진 인물은 단 한 명도 없다. 오히려 혜진의 죽음에 대한 진실을 파헤치는 과정에서 소윤이 혜진의 동생이었음이 밝혀지자 마을 사람들은 그녀를 배척하고 조롱한다. 그런데, 시간이 한참 흐른 후 김혜진의 엄마라 주장하는 여성이 아치아라 마을에서 그녀의 장례식을 거행하겠다고 하자 마을 사람들은 장례식에 참석해 동정을 표명한다. 마치 자신들은 처음부터 혜진에게 관심이 많았다는 듯이 말이다. 침묵과 외면이 당연하게 받아들여지고, 때로는 기존의 질서와 평화를 유지하기 위한 수단으로 사용되는 비정상적인 사회의 모습이 뚜렷하게 그려져 있는 대목이다.

8회에서 윤지숙(신은경 분)의 대사를 통해 아치아라 마을은 서로 옆집 숟가락이 몇 개인지까지 다 알 정도의 조그마한 마을로 묘사된다. 그러한 환경에 놓인 피해자가 할 수 있는 것은 아무것도 없었다. 자기 자신을 지키는 방법은 결국 침묵과 외면밖에 없었고, 그에 따른 고통은 고스란히 피해자의 몫으로 돌아갔다. 과거 밀양 성폭행 사건, 광주 인화학교 사건 등 실제 사건과 다를 바 없는 피해자에 대한 태도는 현 대한민국 사회에 깊이 스며든 윤리 의식이 얼마나 허황된 것인지 보여준다.

드라마에서 그린 사건의 시발점은 '성폭행'이지만, 결국 침묵과 외면이 팽배한 아치아라 마을의 모습은 비단 성폭행뿐만 아니라 서서히 잊혀가는 총칭적 사회문제를 다루고 있다. 즉, 피해자를 감싸주고 처음부터 잘못된 것을 바로잡는 사회가 만들어졌으면 추가적으로 발생하지 않았을 고통을 그려냄으로써 제대로 된 역할을 수행하지 못하는 비정상적인 우리 사회를 그려내고 있는 것이다. 이를 통해 <마을>은 어느 순간부터 진실보다 진실에 대한 외면과 침묵이 정답이 된 사회 속에서 살고 있는 우리는 누구라도 침묵하고 외면하는 사람이 될 수 있고 반대로 침묵과 외면을 받는 사람이 될 수도 있음에 대한 경각심을 일깨워주고 있다.•

• <마을>의 극본을 집필한 도현정 작가는 ≪헤럴드경제≫와의 인터뷰에서 "개인이든 사회든 우리 모두는 '기존의 질서와 평화를 유지하고 싶은 본성'을 가지고 있다. 때문에 묵인되고 덮어지는 작고 큰 '범죄'가 발생하고, 그로 인한 파장으로 희생되는

피해자와 방관자는 있고 가해자는 없다

범인이 누구인지 예측할 수 없었던 <마을>은 비로소 마지막 회가 돼서야 피해자와 가해자에 대한 정확한 정보를 제공했다. 가해자는 20여 년 전 모든 비극의 시초를 제공한 목재소 주인 남 씨와 비밀을 밝히려는 혜진을 살해한 남 씨의 부인, 그리고 아치아라 마을에서 발생한 모든 사건을 은폐하기 위해 살인을 사주하는 노회장이었다. 반대로 피해자는 어린 나이에 성폭행을 당하고 혜진을 낳은 뒤 평생 트라우마에 시달린 지숙과 부모에게서 원치 않은 버림을 받아야 했던 혜진이었다. 하지만, <마을>은 가해자 어느 누구도 처벌을 받는 장면을 보여주지 않았다. 오히려 죽은 줄로만 알았던 노회장이 버젓이 살아 있는 모습과 공소시효가 지나 강간으로 기소가 불가능한 남 씨의 모습, 그리고 피해자인 지숙이 남 씨의 부인과 통화한 녹취 내용으로 인해 시체 유기 혐의로 경찰에 체포되는 장면을 교차적으로 보여주어 피해자와 가해자가 뒤바뀐 상황을 보여준다. 동시에 도의원이자 해원철강의 대표이며 지숙의 남편인 서창권(정성모 분)과 노회장의 정치적 연결 고리는 그대로 남겨두어 끊이지 않는 사회적 비리에 대한 비판 의식을 보여준다. 결국 피해자였던 모녀(지숙과 혜진)가 죽음과 수감이라는 비참한 결말을 맞이할 뿐, 권선징악의 결말은 없었다. 권선징악이라는 말이 무색하게 <마을>은 돈과 권력이 있는 자에 대한 '무전유죄 유전무죄'의 실태와 법의 테두리를 교묘히 빠져나가는 범죄자의 실태를 보여주었다.

또한, 그 가운데서 부조리함을 알고도 가만히 있었던 사회 구성원들

사람들은 사회적 약자다. 아치아라 사람들처럼 과거의 침묵이 결국 부메랑으로 되돌아온다는 이야기를 담고 싶었다"라고 말한 바 있다.

역시 공범이라는 메시지를 남긴다. 이 대목은 과거의 사건이 시간의 흐름에 따라 점점 기억 속에서 사라질 찰나 소윤의 등장으로 재조명되자 폭력적으로 변하는 사람들의 모습을 통해 알 수 있다. 소윤이 캐나다에서 온 영어 선생님이라며 친절하게 대하던 마을 사람들은 그녀가 곧 혜진의 동생임을 알게 되자 환향녀라고 조롱하고 심지어 물을 뿌리기까지 한다. '방관자 효과'라는 말처럼 작은 불의를 그냥 넘어감으로써 평화를 유지하려는 개인의 이기적인 본성을 그려내어 이러한 사회가 지속되었을 때 우리가 맞이해야 할 미래는 무엇인지 생각하게끔 한다.

> 여긴 학교고 넌 학생이니까 내 말 잘 들어. 이 세상 누구라도, 아무리 하찮고 나쁜 사람일지라도, 그렇게 죽어도 싼 사람은 없다. 유부남과 간통한 여자가 됐든, 그 여자의 동생이 됐든, 감히 너 따위한테 그 죽음을 판단할 권리는 없다. (<마을> 2회 소윤의 대사 중)

진실을 외면하고자 하는 방관자들 속에서 기세를 잃지 않고 오히려 위와 같이 진실을 향해 떳떳하게 외치는 소윤의 모습은 시청자에게 카타르시스를 선사한다. 비록 <마을> 속 사회는 피해자가 있고 방관자가 있으나 정작 이들을 양산한 가해자가 없는 비정상적인 구조지만, 피해자와 방관자가 있으면 가해자도 분명 존재하는 정상적인 사회를 추구하는 희망이 담긴 장면이다.

나가며

<마을>을 연출한 이용석 PD는 2015년 10월 27일 SBS 탄현 제작

센터에서 열린 기자 간담회를 통해 <마을>은 쪽대본, 러브 라인, 연기 못하는 배우가 없는 '3무(無) 드라마'라고 말했다. 추리 스릴러라는 생소한 장르물로서 사회에 대한 강한 비판 의식을 담은 드라마였다. 로맨스적인 요소가 없다는 것은 곧 기존 한국 드라마에 익숙한 대중에게는 생소하고 낯선 장르라는 의미이고, 나아가 높은 시청률을 보장할 수 없다는 것을 의미하기도 한다.• 그럼에도 불구하고 <마을>은 현 우리 사회가 가진 침묵과 외면의 문제에 대해 비판적 의식을 가지고 접근하였다. 외면과 침묵의 범주 속에서 다루어진 요소는 성폭력이지만, 결국 <마을>은 성폭력뿐만 아니라 우리 사회에 만연한 모든 도덕적, 윤리적 문제를 다루고 있는 셈이다.

시청률은 모든 것을 설명하지 않는다. <마을>은 그간 한국 드라마에서 시도하지 않았던 추리 스릴러물로서 회가 거듭될수록 차근히 진행되는 복선과 짜임새 있는 구성 그 자체만으로도 큰 성과였다고 말하고 싶다. 작품 자체에서 말하고자 하는 메시지가 뚜렷하고, 이를 풀어나가는 데 있어서 자연스러운 전개를 보여줬다는 점에서 이 드라마의 가치를 높이 평가할 수 있겠다.

마치 한국 사회의 축소판을 보는 듯한 <마을> 속 아치아라 마을의 모습은 피해자가 목소리를 내는 행위 자체를 그릇된 행동이라 못 박아버리는 비정상적인 사회에 던지는 경고 메시지였다. 침묵과 묵인, 외면과 방관이 불러오는 '나비효과'에 대한 경각심을 가짐으로써 허위적인 윤리 의식에서 벗어난 정상적인 사회를 원하는 모든 이의 염원을 <마을>은 말하고 있다. 사회적 문제에 대한 드라마를 보면서 우리 사회의 단면을

• <마을>은 평균 5~6%의 시청률을 기록했으며, 최종회는 자체 최고시청률인 7.6%를 기록하였다.

보여주는 것 같아 씁쓸함이 드는 것은 드라마를 통해 그려지는 가상의 세계가 현실에서 벗어나지 못하기 때문 아닐까. 바람직한 사회를 원하는 염원이 담겨 있기에 단순히 인기를 추구하는 드라마가 아닌 <마을> 같은 드라마가 양산되어야 할 것이다.

응답할 수 없는 유토피아 2016

2016 좋은 방송을 위한 시민의 비평상 수상집

엮은이 | 방송문화진흥회
펴낸이 | 김종수
펴낸곳 | 한울엠플러스(주)

편집책임 | 최규선
편집 | 김다정

초판 1쇄 인쇄 | 2016년 12월 7일
초판 1쇄 발행 | 2016년 12월 12일

주소 | 10881 경기도 파주시 광인사길 153 한울시소빌딩 3층
전화 | 031-955-0655
팩스 | 031-955-0656
홈페이지 | www.hanulmplus.kr
등록번호 | 제406-2015-000143호

Printed in Korea.
ISBN 978-89-460-6249-8 03070

* 책값은 겉표지에 표시되어 있습니다.